四部要籍選刊·子部

清謝墉刻本

荀子

三

【戰國】荀況 撰

浙江大學出版社

本册目録

第三册

荀子卷第十四 ○此卷各本皆無注

樂論篇第二十

夫樂者樂也人情之所必不免也故人不能無樂樂則必發於聲音形於動靜而人之道聲音動靜性術之變盡是矣故人不能不樂樂則不能無形形而不爲道則不能無亂先王惡其亂也故制雅頌之聲以道之使其聲足以樂而不流使其文足以辨而不諰○禮記樂記作論而不息史記樂書作綸而不息此作諰乃諰之訛莊子人間世篇氣息茀然向本作諰崔本亦同案詩南有喬木不可休息息亦是思字此二字形近易訛也使其曲直繁省廉肉節奏足以感動人之善心○繁省史記同禮記作繁瘠使夫

邪汙之氣無由得接焉是先王立樂之方也而墨子非之奈何○墨子書有非樂篇故樂在宗廟之中君臣上下同聽之則莫不和敬閨門之內父子兄弟同聽之則莫不和親鄉里族長之中長少同聽之則莫不和順故樂者審一以定和者也比物以飾節者也合奏以成文者也○禮記作節奏合以成文史記同足以率一道足以治萬變是先王立樂之術也而墨子非之奈何故聽其雅頌之聲而志意得廣焉執其干戚習其俯仰屈伸而容貌得莊焉行其綴兆要其節奏而行列得正焉進退得齊焉故樂者出所以征誅也入所以揖讓也征誅

揖讓其義一也出所以征誅則莫不聽從入所以揖讓則莫不從服故樂者天下之大齊也中和之紀也人情之所必不免也是先王立樂之術也而墨子非之柰何且樂者先王之所以飾喜也軍旅鈇鉞者先王之所以飾怒也先王喜怒皆得其齊焉○禮記齊作儕是故喜而天下和之怒而暴亂畏之先王之道禮樂正其盛者也而墨子非之故曰墨子之於道也猶瞽之於白黑也猶聾之於清濁也猶之楚而北求之也夫聲樂之入人也深其化人也速故先王謹爲之文樂中平則民和而不流樂肅莊則民齊而不亂民和齊

則兵勁城固敵國不敢嬰也如是則百姓莫不安其處樂其鄉以至足其上矣然後名聲於是白光輝於是大四海之民莫不願得以爲師是王者之始也樂姚冶以險則民流僈鄙賤矣流僈則亂鄙賤則爭亂爭則兵弱城犯敵國危之如是則百姓不安其處不樂其鄉不足其上矣故禮樂廢而邪音起者危削侮辱之本也故先王貴禮樂而賤邪音其在序官也曰脩憲命審誅賞禁淫聲以時順脩使夷俗邪音不敢亂雅太師之事也墨子曰樂者聖王之所非也而儒者爲之過也君子以爲不然樂者聖人之所樂也而

可以善民心其感人深其移風易俗故先王導之以
禮樂而民和睦夫民有好惡之情而無喜怒之應則
亂先王惡其亂也故脩其行正其樂而天下順焉故
齊衰之服哭泣之聲使人之心悲帶甲嬰軸歌於行
伍使人之心傷姚冶之容鄭衛之音使人之心淫紳
端章甫舞韶歌武使人之心莊故君子耳不聽淫聲
目不視女色口不出惡言此三者君子慎之凡姦聲
感人而逆氣應之逆氣成象而亂生焉正聲感人而
順氣應之順氣成象而治生焉唱和有應善惡相象
故君子慎其所去就也君子以鐘鼓道志以琴瑟樂

心動以干戚飾以羽旄從以磬管○元刻作簫管與禮記同故其清明象天其廣大象地其俯仰周旋有似於四時○元刻周旋作隨還故樂行而志清禮脩而行成耳目聰明血氣和平移風易俗天下皆寧莫善於樂○宋本作美善相樂故曰樂者樂也君子樂得其道小人樂得其欲以道制欲則樂而不亂以欲忘道則惑而不樂故樂者所以道樂也金石絲竹所以道德也樂行而民鄉方矣故樂者治人之盛者也而墨子非之且樂也者和之不可變者也禮也者理之不可易者也樂合同禮別異禮樂之統管乎人心矣窮本極變樂之情也著誠去僞

禮之經也墨子非之幾遇刑也明王已沒莫之正也愚者學之危其身也君子明樂乃其德也亂世惡善不此聽也於乎哀哉不得成也弟子勉學無所營也○勉元刻作免古通用聲樂之象鼓大麗○宋本作天麗鐘統實磬廉制竽笙簫和筦籥發猛塤篪翁博瑟易良琴婦好歌清盡舞意天道兼鼓其樂之君邪故鼓似天鐘似地磬似水竽笙簫和筦籥似星辰日月鞉柷拊鞷椌楬似萬物曷以知舞之意曰目不自見耳不自聞也然而治俯仰詘信進退遲速莫不廉制盡筋骨之力以要鐘鼓俯會之節而靡有悖逆者眾積意謘謘乎○元

刻無意字譔說文作譔云語詩譔也直离切元刻正同

吾觀於鄉而知王道之易易也○案禮記鄉飲酒義此爲孔子之言句首孔子曰三字似當有主人親速賓及介而衆賓皆從之至于門外主人拜賓及介而衆賓皆入貴賤之義別矣○兩皆字元刻作自與禮記同三揖至于階三讓以賓升拜至獻酬辭讓之節繁及介省矣至于衆賓升受坐祭立飲不酢而降隆殺之義辨矣○元刻而字下有降字與禮記同工入升歌三終主人獻之笙入三終主人獻之閒歌三終合樂三終工告樂備遂出二人揚觶乃立司正焉知其能和樂而不流也賓酬主人主人酬介介酬衆賓少長以齒終

於沃者焉○元刻沃下有洗字與禮記同知其能弟長而無遺也降說屨升坐脩爵無數飲酒之節朝不廢朝莫不廢夕賓出主人拜送節文終遂焉知其能安燕而不亂也貴賤明隆殺辨和樂而不流弟長而無遺安燕而不亂此五行者是足以正身安國矣○元刻無是字與禮記同彼國安而天下安故曰吾觀於鄉而知王道之易易也

亂世之徵○舊本不提行今案當分段其服組其容婦其俗淫其志利其行雜其聲樂險其文章匿而采其養生無度其送死瘠墨賤禮義而貴勇力貧則爲盜富則爲賊治世反是也

荀子卷第十四

荀子卷第十五

登仕郎守大理評事楊倞注

解蔽篇第二十一

蔽者言不能通明滯於一隅如有物壅蔽之也

凡人之患蔽於一曲而闇於大理一曲一端之曲說是時各蔽於異端曲說故作此篇以解之治則復經兩疑則惑矣言治世用禮義則自復經常之正道兩疑謂不知一於正道而疑蔽者爲是一本作兩則疑惑矣天下無二道聖人無兩心今諸侯異政百家異說則必或是或非或治或亂○宋本或皆作惑元刻治作理亂國之君亂家之人此其誠心莫不求正而以自爲也妬繆於道而人誘其所迨也迨近也近謂所好也言亂君亂人本亦求理以其嫉妬迷繆於道故人因其所好而誘之謂若好儉則墨

氏誘之好辭則惠氏誘之也私其所積唯恐聞其惡也積習倚其所私以觀異術唯恐聞其美也倚任也或曰偏倚也猶傷觀也言妬於異術也○案傷觀元刻作倚觀是以與治雖走而是己不輟也走並馳治謂正道也既私其所習妬繆於道雖與治並馳而自是不輟雖或作離豈不蔽於一曲而失正求也哉心不使焉則白黑在前而目不見雷鼓在側而耳不聞況於使者乎雷鼓大鼓聲如雷者使役也以論不役心於正道則自無聞見矣況乎役心於異術豈復更聞正求哉德道之人有賢德也亂國之君非之上亂家之人非之下豈不哀哉上下其非故可哀也

數爲蔽數爲蔽之端也○正文數宋本作故欲爲蔽惡爲蔽始爲蔽終爲蔽遠爲蔽近爲蔽博爲蔽淺爲蔽古爲蔽今爲蔽

此其所知所好滯於一隅故皆爲蔽也 凡萬物異則莫不相爲蔽此心術之公患也 公共也所好異則相爲蔽 昔人君之蔽者夏桀殷紂是也桀蔽於末喜斯觀而不知關龍逢以惑其心而亂其行 末喜桀妃斯觀未聞韓侍郎云斯或當爲斟斟觀夏同姓國蓋其君當時爲桀佞臣也國語史蘇曰昔夏桀伐有施有施人以末喜女焉賈侍中云有施喜姓國也 紂蔽於妲己飛廉而不知微子啓以惑其心而亂其行 妲己紂妃飛廉紂之佞臣惡來之父善走者秦之祖也微子紂之庶兄微國子爵啓其名也國語曰殷紂伐有蘇有蘇氏以妲己女焉賈侍中云有蘇己姓國也 故羣臣去忠而事私百姓怨非而不用 事任也不用不爲上用也非或爲誹 賢良退處而隱逃此其所以喪九牧之地而虛宗廟之國也 九牧九州之牧虛讀爲墟 桀死於亭

山亭山南巢之山或本作鬲山案漢書地理志廬江有灊縣當是誤以灊爲鬲鬲傳寫又誤爲亭灊音潛紂縣於赤斾史記武王斬紂頭縣於太白旗此云赤斾所傳聞異也身不先知人又莫之諫此蔽塞之禍也成湯監於夏桀故主其心而愼治之主其心言不爲邪佞所惑也是以能長用伊尹而身不失道此其所以代夏王而受九有也文王監於殷紂故主其心而愼治之是以能長用呂望而身不失道此其所以代殷王而受九牧也九有九牧皆九州也撫有其地則謂之九有養其民則謂之九牧遠方莫不致其珍故目視備色耳聽備聲口食備味形居備宮名受備號生則天下歌死則四海哭○案元刻作天下哭夫是之謂至盛詩曰鳳凰秋秋

其翼若干，其聲若簫，有鳳有凰，樂帝之心。此不蔽之福也。逸詩也。爾雅：鶡鳳，其雌凰。秋秋，猶蹌蹌，謂舞也。干，楯也。此帝蓋謂堯也。堯時鳳凰巢於阿閣，言堯能用賢，不蔽，天下和平，故有鳳凰來儀之福也。

昔人臣之蔽者，唐鞅、奚齊是也。唐鞅，宋康王之臣。呂氏春秋曰：宋康王染於唐鞅、田不禋。奚齊，晉獻公驪姬之子。論衡曰：宋王問唐鞅曰：吾殺戮甚衆而羣臣愈不畏，何也？對曰：王之所罪盡不善者也，罪不善者，善者胡爲畏？王欲羣臣之畏也，不若無辨其善與不善，一時罪之，則羣臣畏矣。宋王從之。○宋本此注多脫字，從元刻補正。呂氏淫辭篇亦載此事。一時罪之作而時罪之。

唐鞅蔽於欲權而逐載子，載讀爲戴。戴，戴不勝，使薛居州傅王者，見孟子。或曰：戴子，戴驩也。韓子曰：戴驩爲宋太宰，夜使人曰：吾聞數夜有乘輜車至李史門者，謹爲我司之。使者報曰：不見輜車，見有奉笥而與李史語，有間李史受笥。又戴驩謂齊王曰：王大仁於薛公，大不忍人。據其時代，當是戴驩也。蓋爲唐鞅所逐奔齊也。○案：引韓子前一段見内儲說上。

宋本字有錯誤据本書訂正輜車本書作轀車後一段本書作成驩又內儲說下云戴驩皇喜二人爭事相害皇喜遂殺宋君而奪其政則非唐鞅所逐也或說似牽合奚齊蔽於欲國而罪申生申生晉獻公之太子奚齊之兄爲驪姬所譖獻公殺之春秋穀梁傳曰晉里克殺其君之子奚齊其君之子云者國人不子也不正其殺世子申生而立之也唐鞅戮於宋奚齊戮於晉逐賢相而罪孝兄身爲刑戮然而不知此蔽塞之禍也故以貪鄙背叛爭權而不危辱滅亾者自古及今未嘗有之也鮑叔甯戚隰朋仁知且不蔽故能持管仲而名利福祿與管仲齊持扶翼也召公呂望仁知且不蔽故能持周公而名利福祿與周公齊傳曰知賢之謂明輔賢之謂彊○宋本彊作能案彊字與上下韻叶勉之彊之

其福必長此之謂也此不蔽之福也 勉之彊之言必勉彊於知賢輔賢然後其福長也彊直亮反 昔賓孟之蔽者亂家是也 賓孟周景王之佞臣欲立王子朝者亂家謂亂周之家事使庶孽爭位也 墨子蔽於用而不知文 欲使上下勤力股無胈脛無毛而不知貴賤等級之文飾也 宋子蔽於欲而不知得 宋子以人之情欲寡而不欲多但任其所欲則自治也蔽於此說而不知得欲之道也 慎子蔽於法而不知賢 慎子本黃老歸刑名多明不尚賢不使能之道故其說曰多賢不可以多君無賢不可以無君其意但明得其法雖無賢亦可爲治而不知法待賢而後舉也 申子蔽於埶而不知知 申子名不害河南京縣人韓昭侯相也其說但賢得權埶以刑法馭下而不知權埶待才智然後治亦與慎子意同下知音智 惠子蔽於辭而不知實 惠子蔽於虛辭而不知實理虛辭謂若山出口丁子有尾之類也 莊子蔽於天而不知人

天謂無爲自然之道莊子但推治亂於天而不知在人也故由用謂之道盡利矣由從也若由於用則天下之道無復仁義皆盡於求利也由俗謂之道盡嗛矣俗當爲欲嗛與慊同快也言若從人所欲不爲節限則天下之道盡於快意也嗛口簟反○盡用矣盡嗛矣元刻兩矣字俱作也今從宋本由法謂之道盡數矣由法而不由賢則天下之道盡於術數也由埶謂之道盡便矣便便安也從埶而去智則盡於逐便無復脩立由辭謂之道盡論矣論辨說也由天謂之道盡因矣因任其自然無復治化也此數具者皆道之一隅也夫道者體常而盡變一隅不足以舉之言道者體常盡變猶天地常存能盡萬物之變化也曲知之人觀於道之一隅而未之能識也曲知言不通於大道也一隅猶眛況大道乎故以爲足而飾之謂其持之有故其言之成理也內以自亂外

以惑人上以蔽下下以蔽上此蔽塞之禍也孔子仁知且不蔽故學亂術足以爲先王者也亂雜也言其多才藝足以及先王也一家得周道舉而用之不蔽於成積也一家得謂作春秋也周道舉謂刪詩書定禮樂成積舊習也言其所用不滯於衆人舊習故能功業如此故德與周公齊名與三王竝此不蔽之福也聖人知心術之患見蔽塞之禍故無欲無惡無始無終無近無遠無博無淺無古無今兼陳萬物而中縣衡焉不滯於一隅但當其中而縣衡揣其輕重也是故衆異不得相蔽以亂其倫也倫理何謂衡曰道道謂禮義故心不可以不知道心不知道則不可道而可非道心不知道則不以道爲可可謂合意也人孰欲得恣而

守其所不可以禁其所可（人心誰欲得縱恣而肎守其不合意之事以自禁其合意者）以其不可道之心取人則必合於不道人而不知合於道人（各求其類）以其不可道之心與不道人論道人亂之本也（必有妬賢害善○宋本作與不可道之人論道人元刻作與不道人無可之論道人五字今案當作與不道人論道兩本有衍有脫下一人字亦可去）夫何以知（問何道以知道人也）曰心知道然後可道可道然後能守道以禁非道以其可道之心取人則合於道人而不合於不道之人矣以其可道之心與道人論非道治之要也（必能懲姦去惡○正文非字疑衍注似曲爲之說）何患不知（心苟知道何患不知道人）故治之要在於知道人何以知道（既知道人在於知道問知道之術如何也）曰

心在心無邪心何以知曰虛壹而靜能然則可以知道也心未嘗不臧也然而有所謂虛臧讀爲藏古字通下同言心未嘗不苞藏然有所謂虛也心未嘗不滿也然而有所謂一滿當爲兩兩謂同時兼知心未嘗不動也然而有所謂靜雖動不使害靜也人生而有知知而有志志也者臧也在心爲志然而有所謂虛不以已所臧害所將受謂之虛見善則遷不滯於積習也○已所臧元刻作所已臧心生而有知知而有異異也者同時兼知之同時兼知之兩也然而有所謂一不以夫一害此一謂之壹既不滯於一隅物雖輻湊而至盡可以一待之也心臥則夢偷則自行使之則謀臥寢也自行放縱也使役也言人心有所思寢則必夢偷則必放縱役用則必謀慮故心未嘗不動

也然而有所謂靜不以夢劇亂知謂之靜夢想象也劇囂煩也言處心有常不蔽於想象囂煩而介於胷中以亂其知斯爲靜也此皆明不蔽於一端虛受之義也未得道而求道者謂之虛壹而靜有求道之心不滯於偏見曲說則是虛壹而靜作之則將須道者之虛則人將事道者之壹則盡盡將思道者靜則察此義未詳或恐脫誤耳或曰此皆論虛壹而靜之功也作動也須待也將行也當爲須道者虛則將事道者壹則盡思道者靜則察其餘字皆衍也作之則行言人心有動作則自行也以虛心須道則萬事無不行以一心事道則萬物無不盡以靜心思道則萬變無不察此皆言執其本而末隨也知道察知道行體道者也知道察謂思道者靜則察也知道行謂須道者虛則將也體謂不離道也虛壹而靜謂之大清明言無有壅蔽者○元刻無大字萬物莫形而不見莫見而不論莫論而失

位既虛壹而靜則通於萬物故有形者無不見見則無不能論說論說則無不得其宜坐於室而見四海處於今而論久遠○元刻論作聞疏觀萬物而知其情參稽治亂而通其度疏通參驗稽考度制也經緯天地而材官萬物制割大理而宇宙裏矣材謂當其分官謂不失其任裏當爲理材或爲裁也恢恢廣廣孰知其極睪睪廣廣孰知其德涫涫紛紛孰知其形明參日月大滿八極夫是之謂大人夫惡有蔽矣哉此皆明虛壹而靜則通於神明人莫能測也又安能蔽哉睪讀爲皞皞皞廣大貌涫涫沸貌紛紛雜亂貌涫音官又音貫○正文上夫字宋本無心者形之君也而神明之主也出令而無所受令心出令以使百體不爲百體所使也自禁也自使也自奪也自取也自行也自止也此六

者皆由心使之然所以爲形之君也故口可劫而使墨云形可劫而使詘申心不可劫而使易意是之則受非之則辭劫迫也云言也百體可劫心不可劫所以尤妄愼擇所好懼蔽塞之患也故曰心容其擇也無禁必自見其物也雜博容受也言心能容受萬物若其選擇無所禁止則見雜博不精所以貴夫虛壹而靜也其情之至也不貳其情之至極在一而不貳若雜博則惑○元刻情作精注同詩云采采卷耳不盈頃筐嗟我懷人寘彼周行詩周南卷耳之篇毛公云采采事采之也卷耳苓耳也頃筐畚屬易盈之器也思君子置於周之列位也○注卷耳苓耳也宋本元刻皆同俗本依廣雅改作枲耳不知毛傳自用爾雅爲訓耳頃筐易滿也卷耳易得也然而不可以貳周行采易得之物實易滿之器以懷人寘周行之心貳之則不能滿況乎難得之正道而可以他術貳之乎故曰

心枝則無知傾則不精貳則疑惑以贊稽之萬物可兼知也枝旁引如樹枝也贊助也稽考也以一而不貳之道助考之則可兼知萬物若博雜則愈不知也身盡其故則美故事也盡不貳之事則身美矣類不可兩也故知者擇一而壹焉凡事類皆不可兩故知者精於一道而專一焉故異端不能蔽也農精於田而不可以爲田師賈精於市而不可以爲賈師工精於器而不可以爲器師皆蔽於一技故不可爲師長也有人也不能此三技而可使治三官曰精於道者也精於一道故可以理萬事精於物者也○案此句當在不可以爲器師之下譌脫在此也○精於物者以物物謂能各物其一物若農賈之屬也○注各字舊本皆作名訛今改正下同精於道者兼物物謂能兼治各物其一物者也故君子壹於道而以

贊稽物一於道所以助考物也助考謂兼治也壹於道則正以贊稽物則察以正志行察論則萬物官矣在心爲志發言爲論官謂各當其任無差錯也昔者舜之治天下也不以事詔而萬物成舜能一於道但委任衆賢而已未嘗躬親以事告人處一危之其榮滿側養一之微榮矣而未知一謂心一也危之當爲之危危謂不自安戒懼之謂也側謂逼側亦充滿之義微精妙也處心之危言能戒懼兢兢業業終使之安也養心之微謂養其未萌不使異端亂之也處心之危有形故其榮滿側可知也養心之微無形故雖榮而未知言舜之爲治養其未萌也故道經曰人心之危道心之微今虞書有此語而云道經蓋有道之經也孔安國曰危則難安微則難明故戒以精一信執其中引此以明舜之治在精一於道不蔽於一隅也危微之幾惟明君子而後能知之幾萌兆也與機同故人心譬如槃

水正錯而勿動則湛濁在下而清明在上湛讀爲沈泥滓也下同則足以見鬚眉而察理矣理肌膚之文理微風過之湛濁動乎下清明亂於上則不可以得大形之正也心亦如是矣故導之以理養之以清物莫之傾清謂神和之氣則足以定是非決嫌疑矣小物引之則其正外易其心內傾則不足以決庶理矣言此者以喻心不一於道爲異端所蔽則惑也○庶理宋本作麤理今從元刻故好書者衆矣而倉頡獨傳者壹也倉頡黃帝史官言古亦有好書者不如倉頡一於其道異術不能亂之故獨傳也○案宋本此注之末有情箸古者倉頡之有天下守法授親神農亦然也十九字文義不順今刪去之好稼者衆矣而后稷獨傳者壹也好樂者衆矣而夔獨傳者壹也好

義者衆矣而舜獨傳者壹也倕作弓浮游作矢而羿精於射倕舜之共工世本云夷牟作矢宋衷注云黄帝臣也此云浮游未詳或者浮游夷牟之別名或聲相近而誤耳言倕游雖作弓矢未必能射而羿精之也弓矢舜已前有之此云倕作弓當是改制精巧故亦言作也奚仲作車乘杜作乘馬而造父精於御自古及今未嘗有兩而能精者也奚仲夏禹時車正黄帝時已有車服故謂之軒轅此云奚仲者亦改制耳世本云相土作乘馬杜與土同乘馬四馬也四馬駕車起於相土故曰作乘馬以其作乘馬之法故謂之乘杜一乘並音剩相土契孫也呂氏春秋曰乘馬作一駕曾子曰是其庭可以搏鼠惡能與我歌矣是蓋當爲視曾子言有人視庭中可以搏擊鼠則安能與我成歌歌詠乎言外物誘之思不精故不能成歌詠也○正文矣字元刻作乎空石之中有人焉其名曰觙空石石穴也蓋古有善射之人處深山空石之中名

之曰觙觙字及事並未詳所出或假設喻耳其爲人也善射以好思好喜也清靜思其射之妙耳目之欲接則敗其思蚊蝱之聲聞則挫其精是以闢耳目之欲而遠蚊蝱之聲閑居靜思則通挫損也精精誠也闢屏除也言閑居靜思不接外物故能通射之妙思仁若是可謂微乎言靜思仁如空石之人思射則可謂微乎假設問之辭也孟子惡敗而出妻可謂能自彊矣此已下荅之之辭孟子惡其敗德而出其妻可謂能自彊於脩身也有子惡臥而焠掌可謂能自忍矣未及好也有子蓋有若也焠灼也惡其寢臥而焠其掌若刺股然也未及好也當爲未及好思也誤分在下更作一句耳有子焠掌可謂能自忍其身則未及善射好思者也若思道之至人則自無寢焉用焠掌乎闢耳目之欲可謂能自彊矣未及思也蚊蝱之聲聞則挫其精可謂

危矣未可謂微也（可謂能自彊矣未及思也十字並衍耳可謂危矣言能闢耳目之欲則可謂能自危而戒懼未可謂微也微者精妙之謂也）夫微者至人也（惟精惟一如舜者）至人也何彊何忍何危（既造於精妙之域則其與理會不在作爲苟未臻極雖在空石之中猶未至也）故濁明外景清明內景（景光色也濁謂混跡清謂虛白）聖人縱其欲兼其情而制焉者理矣夫何彊何忍何危（兼猶盡也聖人雖縱欲盡情而不過制者由於暗與理會故也何必如空石之徒乎）故仁者之行道也無爲也聖人之行道也無彊也（無爲謂知遵理則不作所謂造形而悟也無彊謂全無違理彊制之萌也）仁者之思也恭聖人之思也樂此治心之道也（思慮也恭謂乾乾夕惕也樂謂性與天道無所不適）凡觀物有疑中心不定則外物不清吾慮不清（清明審也）

則未可定然否也冥冥而行者見寢石以爲伏虎也見植林以爲後人也冥冥蔽其明也冥冥暮夜也醉者越百步之溝以爲蹞步之澮也蹞與跬同半步曰跬澮小溝也俯而出城門以爲小之閨也閨小門也酒亂其神也厭目而視者視一以爲兩掩耳而聽者聽漠漠而以爲哅哅埶亂其官也厭指按也一涉反漠漠無聲也哅哅喧聲也官司主也言埶亂耳目之所主守哅許用反故從山上望牛者若羊而求羊者不下牽也遠蔽其大也從山下望木者十仞之木若箸而求箸者不上折也高蔽其長也皆知爲高遠所蔽故不往求然則守道者亦安知異術之蔽類此也水動而景搖人不以定美惡水埶玄也玄幽深也或讀爲眩瞽

者仰視而不見星人不以定有無用精惑也精目之明也有人焉以此時定物則世之愚者也彼愚者之定物以疑決疑決必不當夫苟不當安能無過乎以疑決疑猶愼墨之屬也夏首之南有人焉曰涓蜀梁夏首夏水之首楚詞云過夏首而西浮顧龍門而不見王逸曰夏首夏水口也涓蜀梁未詳何代人姓涓名蜀梁列仙傳有涓子齊人隱於宕山餌朮能致風雨者也其爲人也愚而善畏善猶喜也好有所畏明月而宵行俯見其影以爲伏鬼也卬視其髮以爲立魅也卬與仰同背而走比至其家失氣而死豈不哀哉背弃去也失氣謂困甚氣絕也○正文比至其家下宋本有者字今從元刻去之凡人之有鬼也必以其感忽之閒疑玄之時正之感驚動也感忽猶慌惚也玄亦幽深難測

也必以此時定其有鬼也此人之所以無有而有無之時也無有謂以有爲無也有無謂以無爲有也此皆人所疑惑之時也而已以正事故傷於溼而擊鼓鼓痺則必有敝鼓喪豚之費矣而未有俞疾之福也已以正事謂人以此定事也痺冷疾也傷於溼則患痺反擊鼓烹豚以禱神何益於愈疾乎若以此定事則與俗不殊也俞讀爲愈故雖不在夏首之南則無以異矣愼墨之蔽亦猶是也

凡以知人之性也可以知物之理也以知人之性推之則可知物理以可以知人之性求可以知物之理而無所疑止之則沒世窮年不能徧也疑止謂有所不爲窮年盡其年壽疑或爲凝其所以貫理焉雖億萬已不足以浹萬物之變與愚者

若一（貫習也浹周也子叶反或當爲接）學老身長子而與愚者若一
猶不知錯夫是之謂妄人（錯置也謂廢捨也身巳老矣子巳長矣猶不知廢捨
無益之學夫是之謂愚妄人也）故學也者固學止之也惡乎止之曰
止諸至足曷謂至足曰聖也（或曰聖下更當有王字誤脫耳言人所學當止
於聖人之道及王道不學異術也聖王之道是謂至足也）聖也者盡倫者也王也
者盡制者也（倫物理也制法度也）兩盡者足以爲天下極矣（所以
爲至足也）故學者以聖王爲師案以聖王之制爲法法其
法以求其統類類以務象效其人（統類法之大綱○法其法元刻作治
其法）嚮是而務士也類是而幾君子也（幾近也類聖人而近之則爲君
子士者脩飾之名君子有道德之稱也）知之聖人也（知聖王之道者）故有知非

以慮是則謂之懼自知其非以圖慮於是則謂之能戒懼也有勇非以持是則謂之賊勇於爲非以持制是也察孰非以分是則謂之篡孰甚也察甚甚其非以分爲是之心此篡奪之人也多能非以脩蕩是則謂之知脩飾也蕩動也多能知非脩飾蕩動而爲是則謂之知言智者能變非爲是也辯利非以言是則謂之詍辯說利口而飾非以言亂是則謂之詍詍多言也詩曰無然詍詍傳曰天下有二非察是是察非衆以爲是者而非之以爲非者而察之謂合王制與不合王制也所以非察是是察非觀其合王制與否也天下有不以是爲隆正也然而猶有能分是非治曲直者邪有不以合王制與不合爲隆正者而能分是非治曲直乎言必不能也若夫非分是非非治曲直非辨治亂非治人道雖能之無益於人不

能無損於人案直將治怪說玩奇辭以相撓滑也案彊鉗而利口厚顏而忍詬無正而恣睢妄辨而幾利滑亂也音骨彊彊服人鉗鉗人口也詬詈也恣睢矜夸也幾近也妄辨幾利謂妄為辨說所近者惟利也不好辭讓不敬禮節而好相推擠此亂世姦人之說也則天下之治說者方多然矣慎墨宋惠之屬傳曰析辭而為察言物而為辨君子賤之博聞彊志不合王制君子賤之此之謂也所謂析言破律亂名改作者也為之無益於成也求之無益於得也憂戚之無益於幾也言役心無益復憂戚亦不能近道也則廣焉能弃之矣不以自妨也不少頃干之胷中廣讀為曠遠也不以自妨謂不以無益害有益也不慕往不閔來無邑憐

之心不慕往謂不悅慕無謚之事而往從之也不閔來謂不憂閔無謚之事而來正之也或曰往古昔也來將來也不慕往古不閔將來言惟義所在無所繫滯也邑憐未詳或曰邑與悒同悒悒快也憐讀爲吝惜也言弃無謚之事更無悒快吝惜之心此皆明不爲異端所蔽也當時則動物至而應事起而辨治亂可否昭然明矣

周而成泄而敗明君無之有也以周密爲成以漏泄爲敗明君無此事也明君日月之照臨安用周密也宣而成隱而敗闇君無之有也以宣露爲成以隱蔽爲敗闇君亦無此事也闇君務在隱蔽而不知昭明之功也故君人者周則讒言至矣直言反矣小人邇而君子遠矣詩云墨以爲明狐狸而蒼此言上幽而下險也逸詩墨謂蔽塞也狐狸而蒼言狐狸之色居然有異若以蔽塞爲明則臣下誑君言其色蒼然無別猶指鹿爲馬者也幽暗也險傾側也

○正文墨以爲明元刻明作朗狐狸而蒼宋本而作其王伯厚詩攷引作而今從之又注傾側也元刻作詐也君人者宣則直言至矣而讒言反矣君子邇而小人遠矣反還也讒言復歸而不敢出矣或曰反倍也言與讒人相倍反也詩曰明明在下赫赫在上此言上明而下化也詩大雅大明之篇言文王之德明明在下故赫赫然著見於天也

荀子卷第十五

荀子卷第十六

登仕郎守大理評事楊倞注

正名篇第二十二

是時公孫龍惠施之徒亂名改作以是爲非故作正名篇尹文子曰形以定名名以定事事以驗名察其所以然則形名之與事物無所隱其理矣名有三科一曰命物之名方圓白黑是也二曰毀譽之名善惡貴賤是也三曰況謂之名賢愚愛憎是也○事以驗名案本書作檢名

後王之成名後之王者有素定成就之名謂舊名可法效者也刑名從商爵名從周文名從禮商之刑法未聞康誥曰殷罰有倫是亦言殷刑之允當也爵名從周謂五等諸侯及三百六十官也文名謂節文威儀禮卽周之儀禮也散名之加於萬物者則從諸夏之成俗曲期成俗舊俗方言也期會也曲期謂委曲期會物之名也

者也遠方異俗之鄉則因之而爲通遠方異俗名之乖異者則因其所名遂以爲通而不改作也散名之在人者舉名之分散在人者生之所以然者謂之性人生善惡故有必然之理是所受於天之性也性之和所生精合感應不事而自然謂之性和陰陽沖和氣也事任使也言人之性和氣所生精合感應不使而自然言其天性如此也精合謂若耳目之精靈與見聞之物合也感應謂外物感心而來應也性之好惡喜怒哀樂謂之情人性感物之後分爲此六者謂之情情然而心爲之擇謂之慮情雖無極心擇可否而行謂之慮也心慮而能爲之動謂之僞僞矯也心有選擇能動而行之則爲矯拂其本性也慮積焉能習焉而後成謂之僞心雖能動亦在積久習學然後能矯其本性也○此僞字元刻作爲非也觀荀此篇及禮論等篇僞即今之爲字故曰桀紂性也堯舜僞也謂堯舜不能無待於人爲耳

後儒但知有眞僞字昧古六書之法而訾之者衆矣下兩而爲承上文亦必本是而僞正利而爲謂之事爲正道之事利則謂之事業謂商農工賈者也正義而爲謂之行苟非正義則謂之姦邪行下孟反所以知之在人者謂之知知有所合謂之智知之在人者謂在人之心有所知者知有所合謂所知能合於物也○謂之智智亦當同上作謂之知而皆讀爲智耳下能字亦可不分兩音智所以能之在人者謂之能智有所能在人之心者謂之能能才能也○句首智字衍注當云在人有所能謂之能此似有舛誤能有所合謂之能能當爲耐古字通也耐謂堪任其事耐乃來乃代二反性傷謂之病傷於天性不得其所節遇謂之命節時也當時所遇謂之命命者如天所命然是散名之在人者也是後王之成名也略舉此上事是散名之在人者而後王可因襲成就素定之名也而或者乃爲堅白之說以是爲非斯亂名之尤也故

王者之制名，名定而實辨，道行而志通，則慎率民而一焉。道謂制名之道，志通言可曉也。禮記曰：黃帝正名百物，以明民。慎率民而一焉，言不敢以異端改作也。故析辭擅作名以亂正名，使民疑惑，人多辨訟，則謂之大姦，其罪猶爲符節度量之罪也。新序曰：子産決鄧析教民之難，約大獄袍衣，小獄襦袴，民之獻袍衣襦袴者不可勝數，以非爲是，以是爲非，鄭國大亂，民口讙譁，子産患之，於是討鄧析而僇之，民乃服，是非乃定，是其類也。○今本新序缺此文。故其民莫敢託爲奇辭以亂正名，故其民慤，慤則易使，易使則公，其民莫敢託爲奇辭以亂正名，故壹於道法而謹於循令矣。如是則其迹長矣。迹，王者所立之迹也。下不敢亂其名，畏服於上，故迹長也。長，丁丈反。迹長功成，治之極也，是謹於守名約之功也謹嚴也約要約今聖王沒名守慢奇辭起名實亂是非之形不明則雖守法之吏誦數之儒亦皆亂也奇辭亂實故法吏迷其所守偏儒疑其所習若有王者起必將有循於舊名有作於新名名之善者循之不善者作之故孔子曰必也正名乎然則所爲有名與所緣有同異與制名之樞要不可不察也緣因也樞要大要總名也物無名則不可分辨故因而有名也名不可一貫故因耳目鼻口而制同異又不可常別雖萬物萬殊有時欲舉其大綱故制爲名之樞要謂若謂之禽知其二足而羽謂之獸知其四足而毛既爲治在正名則此三者不可不察而知其意也異形離心萬物之形各異則分離人之心言人心知其不同也此巳下覆明有名之意交喻異物名實玄紐玄深隱也紐結也若不爲分別立名使物物而交相譬喻之則名實深隱紛結難知也貴賤不明同異不別如

是則志必有不喻之患而事必有困廢之禍故知者爲之分別制名以指實無名則物雜亂故智者爲之分界制名所以指明實事也上以明貴賤下以辨同異貴賤明同異別如是則志無不喻之患事無困廢之禍此所爲有名也有名之意在此

然則何緣而以同異設問覆明同異之意也曰緣天官天官耳目鼻口心體也謂之官言各有所司主也緣天官言天官謂之同則同謂之異則異也凡同類同情者其天官之意物也同故比方之疑似而通是所以共其約名以相期也同類同情謂若天下之馬雖白黑大小不同天官意想其同類所以共其省約之名以相期會而命之名也○注末名也上宋本有各爲制三字衍形體色理以目異形體形狀也色五色也理文理也言萬物形體色理以目別異之而制名聲音清

濁調竽奇聲以耳異清濁宮徵之屬調竽謂調和笙竽之聲也竽笙類所以導衆樂者也不言革木之屬而言竽者或曰竽八音之首故黃帝使冷綸取竹作管是竹爲聲音之始莊子天籟地籟亦其義也奇奇異也奇聲萬物衆聲之異者也○調竽二字上下必有脫誤不必從爲之辭甘苦鹹淡辛酸奇味以口異奇味衆味之異者也香臭芬鬱腥臊洒酸奇臭以鼻異芬花草之香氣也鬱腐臭也禮記曰鳥皫色而沙鳴鬱酒未詳酸暑浥之酸氣也奇臭衆臭之異者氣之應鼻者爲臭故香亦謂之臭禮記曰皆佩容臭或曰洒當爲漏篆文猶相似因誤耳禮記曰馬黑脊而般臂漏鄭音螻螻蛄臭者也○洒从水西聲古音與辛相同洒酸猶辛酸辣氣之觸鼻者疾養滄熱滑鈹輕重以形體異疾痛也養與癢同滄寒也滑與汩同鈹與披同皆壞亂之名或曰滑如字鈹當爲鈒傳寫誤耳與澀同輕重謂分銖與鈞石也此皆在人形體別異之而立名也滄初亮反又楚陵反說故喜怒哀樂愛惡欲

以心異說讀爲脫誤也脫故猶律文之故誤也心有徵知徵召也言心能召萬物而知之徵知則緣耳而知聲可也緣目而知形可也緣因也以心能召萬物故可以因耳而知聲因目而知形爲之立名心雖有知不因耳目亦不可也然而徵知必將待天官之當簿其類然後可也天官耳目也當主也丁浪反簿簿書也當簿謂如各主當其簿書不雜亂也類謂可聞之物耳之類可見之物目之類言心雖能召所知知必將任使耳目令各主掌其類然後可也言心亦不能自主之也五官簿之而不知心徵之而無說則人莫不然謂之不知此所緣而以同異也五官耳目鼻口心也五官能主之而不能知心能召而知之若又無說則人皆謂之不知也以其如此故聖人分別因立同異之名使人曉之也然後隨而命之既分同異之後然後隨所名而命之此已下覆明制名樞要之意也同則同之異則異之同類

則同名異類則異名單足以喻則單，單不足以喻則兼，單物之單名也兼復名也喻曉也謂若止喻其物則謂之馬喻其毛色則謂之白馬黃馬之比也○注復名宋本作複名案復亦與複通用單與兼無所相避則共，雖共不為害矣。謂單名復名有不可相避者則雖共同其名謂若單名謂之馬雖萬馬同名復名謂之白馬亦然雖共不害於分別也知異實者之異名也，故使異實者莫不異名也，不可亂也，知謂人心知之異實者異名則不亂也謂若牛與馬為異實也猶使異實者莫不同名也。恐異實異名卒不可偏舉故猶使異實者有時而同一名也或曰異實當為同實言使異實者者異名其不可相亂猶如使同實者莫不同名也故萬物雖眾，有時而欲偏舉之，故謂之物。物也者，大共名也。推而共之，共則有共，至於無共然後止。推此共名之理則有共至於無共言自同至於異也起於總謂之物散爲萬名是異名者本生於別同名者也有時而欲徧舉之故謂之鳥獸鳥獸也者大別名也推而別之別則有別至於無別然後止言自異至於同也謂總其萬名復謂之物是同名者生於欲都舉異名也言此者所以別異名同名之意名無固宜約之以命約定俗成謂之宜異於約則謂之不宜名無故宜言名本無定也約之以命謂立其約而命之若約爲天則人皆謂之天也名無固實約之以命實約定俗成謂之實名實名謂以名實各使成言語文辭謂若天地日月之比也名有固善徑易而不拂謂之善名徑疾平易而不違拂謂易曉之名也即謂呼其名遂曉其意不待訓解者拂音佛物有同狀而異所者謂若兩馬同狀各在一處之類也有異狀而同所者謂若老幼異狀同是一身也蠶蛾之類亦是也可別也狀同而

爲異所者雖可合謂之二實卽謂兩馬之類名雖可合同謂之馬其實二也狀變而實無別而爲異者謂之化有化而無別謂之一實狀雖變而實不別爲異所則謂之化化者改舊形之名若田鼠化爲鴽之類雖有化而無別異故謂之一實言其實一也此事之所以稽實定數也稽考其實而定一二之數也此制名之樞要也此皆明制名之大意是其樞要也後王之成名不可不察也此三者制名之實後王可因其成名而名之故不可不察也

見侮不辱聖人不愛己殺盜非殺人也此惑於用名以亂名者也見侮不辱宋子之言也聖人不愛己未聞其說似莊子之意殺盜非殺人亦見莊子宋子言見侮不辱則使人不鬬或言聖人不愛己而愛人莊子又云殺盜賊不爲殺人言此三者徒取其名不究其實是惑於用名以亂正名也驗之所以爲有名而觀其孰

行則能禁之矣（驗其所爲有名本由不喻之患困廢之禍因觀見侮不辱之說精孰可行與否則能禁也言必不可行也）山淵平情欲寡芻豢不加甘大鍾不加樂此惑於用實以亂名者也（山淵平卽莊子云山與澤平也情欲寡卽宋子云人之情欲寡也芻豢不加甘大鍾不加樂墨子之說也古人以山爲高以泉爲下原其實亦無定但在當時所命耳後世遂從而不改亂名之人既以高下是古人之一言未必物之實也則我以山泉爲平奚爲不可哉古人言情欲多我以爲寡芻豢甘大鍾樂我盡以爲不然亦可也此惑於用實本無定以亂古人之舊名也）驗之所緣無以同異而觀其孰調則能禁之矣（驗其所緣同異本由物一貫則不可分別故定其名而別之今山淵平之說以高爲下以下爲高若觀其精孰得調理與否則能禁惑於實而亂名者也）非而謁楹有牛馬非馬也此惑於用名以亂實者也（非而謁楹有牛未詳所出馬非馬是公孫龍白

馬之說也白馬論曰言白所以命色也馬所以命形也色非形形非色故曰白馬非馬也是惑於形色之名而亂白馬之實也驗之名約以其所受悖其所辭則能禁之矣名約卽名之樞要也以用也悖違也所受心之所是所辭心之所非驗其名之大要本以稽實定數今馬非馬之說則不然若用其心之所受者違其所辭者則能禁之也凡邪說辟言之離正道而擅作者無不類於三惑者矣辟讀爲僻故明君知其分而不與辨也明君守聖人之名分不必亂名辨說是非也夫民易一以道而不可與共故故事也言聖人謹守名器以道一民不與之共事共則民以他事亂之故老子曰國之利器不可以示人也故明君臨之以埶道之以道道達之以正道申之以命章之以論禁之以刑故其民之化道也如神辨埶惡用矣哉申重也章明也論謂先聖格言但用此道馭之

不必更用辨執也辨說謂說其所以然也 今聖王沒天下亂姦言起君子無埶以臨之無刑以禁之故辨說也 荀卿自述正名及辨說之意也 實不喻然後命命不喻然後期期不喻然後說說不喻然後辨 命謂以名命之也期會也言物之稍難名命之不喻者則以形狀大小會之使人易曉也謂若白馬但言馬則未喻故更以白會之若是事多會亦不喻者則說其所以然若說亦不喻者則反覆辨明之也 故期命辨說也者用之大文也而王業之始也 無期命辨說則萬事不行故爲用之大文飾王業之始在於正名故曰王業之始也 名聞而實喻名之用也 名之用本在於易知也 累而成文名之麗也 累名而成文辭所以爲名之華麗詩書之言皆是也或曰麗與儷同配偶也○注麗與儷同舊本脫與儷二字今補 用麗俱得謂之知名 淺與深俱不失其所則爲知名 名也者所以

期累實也名者期於累數其實以成言語或曰累實當爲異實言名者所以期於使實各異也辭也者兼異實之名以論一意也辭者說事之言辭兼異實之名謂兼數異實之名以成言辭猶若元年春王正月公卽位兼說卽實之名以論公卽位之一意也辨說也者不異實名以喻動靜之道也動靜是非也言辨說者不唯兼異常實之名所以喻是非之理辭者論一意辨者明兩端也期命也者辨說之用也期謂委曲爲名以會物也期與命所以爲辨說之用辨說也者心之象道也辨說所以爲心想象之道故心有所明則辨說也心也者道之工宰也工能成物宰能主物心之於道亦然也道也者治之經理也經常也理條貫也言道爲理國之常法條貫也心合於道說合於心辭合於說言經爲說成文爲辭謂心能知道說能合心辭能成言也正名而期質請而喻辨異而不過推類

而不悖聽則合文辨則盡故以正道而辨姦猶引繩以持曲直是故邪說不能亂百家無所竄正名而期謂正其名以會物使人不惑也質物之形質貭請而喻謂若形質自請其名然因而喻知其實也辨異而不過謂足以別異物則已不過說也推類而不悖謂推同類之物使共其名不使乖悖也聽則合文辨則盡故謂聽它人之說則取其合文理者自辨說則盡其事實也正道謂正名之道持制也竄匿也百家無所隱竄言皆知其姦詐也有兼聽之明而無奮矜之容有兼覆之厚而無伐德之色說行則天下正說不行則白道而冥窮是聖人之辨說也是時百家曲說皆競自矜伐故述聖人辨說雖兼聽兼覆而無奮矜伐德之色也白道明道也冥幽隱也冥窮謂退而窮處也詩曰顒顒卬卬如珪如璋令聞令望豈弟君子四方爲綱此之謂也詩大雅卷阿之

篇顒顒體貌敬順也卬卬志氣高朗也辭讓之節得矣長少之理順矣忌諱不稱祅辭不出以仁心說以學心聽以公心辨以仁心說謂務於開導不騁辭辨也以學心聽謂悚敬而聽它人之說不爭辨也以公心辨謂以至公辨它人之說是非也不動乎衆人之非譽不以衆人是非而爲之動但自正其辭說也不治觀者之耳目其所辨說不求夸眩於衆人不賂貴者之權埶不爲貨賂而移貴者之權埶也不利傳辟者之辭利謂悅愛之辟讀爲僻故能處道而不貳吐而不奪利而不流貴公正而賤鄙爭是士君子之辨說也吐而不奪謂吐論而人不能奪利或爲和詩曰長夜漫兮永思騫兮大古之不慢兮禮義之不愆兮何恤人之言兮此之謂

也逸詩也漫謂漫漫長夜貌騫咎也引此以明辨說得其正何憂人之言也

君子之言涉然而精俛然而類差差然而齊彼正其名當其辭以務白其志義者也涉然深入之貌俛然俯就貌俛然而類謂俯近於人皆有統類不虛誕也差差不齊貌謂論列是非似若不齊然終歸於齊一也當丁浪反彼名辭也者志義之使也足以相通則舍之矣苟之姦也通謂得其理使所吏反故名足以指實辭足以見極則舍之矣極中也本也見賢遍反外是者謂之訒是君子之所弃而愚者拾以爲己寶訒難也過於志義相通之外則是務爲難說耳君子不用也故愚者之言芴然而粗嘖然而不類諮諮然而沸芴與忽同忽然無根本貌粗疎略也嘖爭言也助革反或曰與賾同深也諮諮多言也謂愚者言淺則疎略深則無統類

又諸諸然沸騰也彼誘其名眩其辭而無深於其志義者也誘誑也但欺誑其名而不正眩惑其辭而不實又不深明於志義相通之理也故窮藉而無極甚勞而無功貪而無名藉踐履也才夜反謂踐履於無極之地貪而無名謂貪於立名而實無名也故知者之言也知讀爲智慮之易知也行之易安也持之易立也成則必得其所好而不遇其所惡焉而愚者反是詩曰爲鬼爲蜮則不可得有靦面目視人罔極作此好歌以極反側此之謂也詩小雅何人斯之篇毛云蜮短狐也靦姡也鄭云使女爲鬼爲蜮也則女誠不可得見也姡然有面目女乃人也人相視無有極時終必與女相見作此歌求女之情女之情展轉極於是也

凡語治而待去欲者無以道欲而困於有欲者也凡言

治待使人盡去欲然後爲治則是無道欲之術而反爲有欲者所困也凡語治而待寡欲者無以節欲而困於多欲者也若待人之寡欲然後治之則是無節欲之術而反爲多欲者所困故能導欲則欲自去矣能節欲則欲自寡矣有欲無欲異類也生死也非治亂也二者異類如生死之殊非治亂所繫治亂所繫在於導欲則治不導欲則亂也欲之多寡異類也情之數也非治亂也情之數言人情必然之數也治亂所繫在節欲則治不節欲則亂不在欲之多寡也欲不待可得而求者從所可凡人之情欲雖未可得以有欲之意求之則從其所可得者也○宋本注多膽字今刪正欲不待可得所受乎天也求者從所可受乎心也天性有欲心爲之節制所受乎天之一欲制於所受乎心之多固難類所受乎天也此一節未詳或恐脫誤耳或曰當爲所受乎天之一欲制

於所受乎心之計其餘皆衍字也一欲大凡人之情欲也言所受乎天之大欲皆制節於所受心之計度心之計度亦受於天故曰所受人之所欲生甚矣人之所惡死甚矣然而人有從生成死者非不欲生而欲死也不可以生而可以死也此明心制欲之義故欲過之而動不及心止之也動謂作爲也言欲過多而所作爲不及其欲由心制止之也心之所可中理則欲雖多奚傷於治所可謂心以爲可也言若心止之而中理欲雖多無害於治也欲不及而動過之心使之也心之所可失理則欲雖寡奚止於亂心使之失理則欲雖寡亦不能止亂故治亂在於心之所可以於情之所欲明在心不在欲不求之其所在而求之其所以雖曰我得之失之矣所在心也所以欲也性者天之就也

情者性之質也欲者情之應也以欲爲可得而求之情之所必不免也性者成於天之自然情者性之質體欲又情之所應所以人必不免於有欲也○以欲爲可得宋本作以所欲以爲可得今從元刻以爲可而道之知所必出也心以欲爲可得而道達之智慮必出於此也故雖爲守門欲不可去夫人各有心故雖至賤亦不能去欲也性之具也雖爲天子欲不可盡具全也若全其性之所欲雖爲天子亦不能盡秦皇漢武之比也欲雖不可盡可以近盡也以用也近盡近於盡欲也言天子雖不可盡欲若知道則用可近盡而止之不使故肆也之欲雖不可去求可節也雖至賤亦不可去欲若知道則求節欲之道而爲也之所欲雖不可盡求者猶近盡欲雖不可去所求不得慮者欲節求也爲賤者之謀慮皆在節其所求之欲也○注賤者舊本作貴賤

訛今改正道者進則近盡退則節求天下莫之若也道謂中和之道儒者之所守也進退亦謂貴賤也道者貴則可以知近盡賤則可以知節求天下莫及之也凡人莫不從其所可而去其所不可知道之莫之若也而不從道者無之有也知節欲無過於道則皆從道也假之有人而欲南無多而惡北無寡豈爲夫南者之不可盡也離南行而北走也哉有人欲往南而惡往北也欲南無多謂南雖至多猶欲之也惡北無寡謂北雖至寡猶惡之也言此人既欲南而惡北豈爲夫南之不可得盡因肎捨南而走北乎今人所欲無多所惡無寡豈爲夫所欲之不可盡也離得欲之道而取所惡也哉今夫人情欲雖至多猶欲之惡雖至寡猶惡之豈爲欲之不可得盡因肎取所惡哉言聖人以道節欲則各安其分矣而宋墨之徒不喻斯理而彊令去欲寡

欲此何異使之離南而北走捨欲而取惡必不可得也故可道而從之奚以損之而亂可道合道也損滅也言若合道則從之奚以損亂而過此也不可道而離之奚以益之而治不合道則離之奚以益治而過此此明上合道雖爲有欲之說亦可從之不合道雖爲去欲之說亦可離之也故知者論道而已矣小家珍說之所願皆衰矣知治亂者論合道與不合道而已矣不在於有欲無欲也能知此者則宋墨之家自珍貴其說願人之去欲寡欲者皆衰矣凡人之取也所欲未嘗粹而來也其去也所惡未嘗粹而往也故人無動而不可以不與權俱粹全也凡人意有所取其欲未嘗全來意有所去其惡未嘗全去皆所不全適意也權者稱之權所以知輕重者也能權變適時故以喻道也言人之欲惡常難適意故其所舉動而不可不與道俱不與道俱則惑於欲惡矣故達道者不戚戚於貧賤不汲汲於富貴故能遣夫得喪欲惡

不以介懷而欲自節矣衡不正則重縣於仰而人以爲輕輕縣於俛而人以爲重此人所以惑於輕重也衡稱之衡也不正謂偏舉也衡若均舉之則輕重等而平矣若偏舉之則重縣於仰輕縣於俛而猶未平也遂以此定輕重是惑也權不正則禍託於欲而人以爲福福託於惡而人以爲禍此亦人所以惑於禍福也權不正謂不知道而偏見如稱之權不正者也禍託於欲謂無德而祿因以爲福不知禍不旋踵也福託於惡謂若有才未偶因以爲禍不知先號後笑也言不知道則惑於倚伏之理也道者古今之正權也離道而內自擇則不知禍福之所託道能知禍福之正如權之知輕重之正離權則不知輕重離道則不知禍福也易者以一易一人曰無得亦無喪也易謂以物相易以一易兩人曰無喪而有得也以兩易一人

曰無得而有喪也計者取所多謀者從所可以兩易一人莫之爲明其數也從道而出猶以一易兩也奚喪從道則無所喪儒術是也離道而內自擇是猶以兩易一也奚得離道則無所得宋墨是也其累百年之欲易一時之嫌然且爲之不明其數也累積也嫌惡也此謂不以道求富貴終遇禍也有嘗試深觀其隱而難其察者有讀爲又雖隱而難察以下四事觀之則可知也志輕理而不重物者無之有也理爲道之精微外重物而不內憂者無之有也行離理而不外危者無之有也外危而不內恐者無之有也心憂恐則口銜芻豢而不知其味耳聽鍾鼓而不知其聲目視黼黻而不知其狀輕煖

平簞而體不知其安故嚮萬物之美而不能嗛也嚮讀爲享獻也謂受其獻也嗛足也快也史記樂毅曰先王以爲嗛於志嗛口簟反假而得問而嗛之則不能離也假或有人問之暫以爲足其意終亦不能離於不足也故嚮萬物之美而盛憂兼萬物之利而盛害如此者其求物也養生也粥壽也也皆當爲邪問之辭故欲養其欲而縱其情縱其情則欲終不可養也欲養其性而危其形欲養其樂而攻其心欲養其名而亂其行皆外重物之所致也如此者雖封侯稱君其與夫盜無以異乘軒戴絻其與無足無以異絻與冕同○夫盜元刻無夫字乘軒上有雖字無足當謂貧人之本不足者夫是之謂以己爲物役矣己爲物之役使心平愉則色不及傭而可以養

目所視之物不及傭作之人亦可養目聲不及傭而可以養耳蔬食菜羹而可以養口麤布之衣麤紃之履而可以養體麤紃之履麤麻屨也○蔬食當作疏食屋室廬庾葭稾蓐尙机筵而可以養形廬草屋也庾屋如廩庾者葭蘆也以廬庾爲屋室葭稾爲席蓐皆貧賤人之居也尙机筵未詳或曰尙同言尙古猶若稱尙書之尙也尙尙机筵質朴之机筵也故無萬物之美而可以養樂無埶列之位而可以養名埶列班列也名美名也如是而加天下焉其爲天下多其和樂少矣以是無貪利之心加以天下之權則爲天下必多爲己之私和樂少矣夫是之謂重己役物知道則心平愉心平愉則欲惡有節不能動故能重己而役物自有嘗試已下皆論知道不知道也無稽之言不見之行不聞之謀君子愼之無稽之言言無考驗者也不見之行不聞

之謀謂在幽隱人所不聞見者君子尤當戒慎不可忽也中庸曰戒慎乎其所不覩恐懼乎其所不聞莫見乎隱莫顯乎微故君子慎其獨也說苑作無類之說不戒之行不贊之辭君子慎之此三句不似此篇之意恐誤在此耳○案此篇由孔子必也正名之恉推演之極言人不能無欲必貴乎導欲以合乎道而不貴乎絕欲此荀子之闢小家珍說而與孔孟所言治己治人之恉相合後儒專言遏制淨盡者幾何不以雍而潰矣

荀子卷第十六

荀子卷第十七

登仕郎守大理評事楊倞注

性惡篇第二十三

〔當戰國時競爲貪亂不脩仁義而荀卿明於治道知其可化無勢位以臨之故激憤而著此論書曰惟天生民有欲無主乃亂惟聰明時乂亦與此義同也舊第二十六今以是荀卿論議之語故亦升在上○書作惟天生聰明時乂此無天生二字似誤脫〕

人之性惡其善者僞也〔僞爲也矯也矯其本性也凡非天性而人作爲之者皆謂之僞故爲字人傍爲亦會意字也〕今人之性生而有好利焉順是故爭奪生而辭讓亾焉〔天生性也順是謂順其性也〕生而有疾惡焉〔疾與嫉同惡烏路反〕順是故殘賊生而忠信亾焉生而有耳目之欲有好聲色焉順是故淫亂生而禮義文理亾焉

文理謂節文條理也然則從人之性順人之情必出於爭奪合
於犯分亂理而歸於暴故必將有師法之化禮義之
道道與導同然後出於辭讓合於文理而歸於治用此觀
之然則人之性惡明矣其善者僞也故枸木必將待
檃栝烝矯然後直枸讀爲鉤曲也下皆同檃栝正曲木之木也烝謂烝之使柔矯謂矯
之使直也鈍金必將待礱厲然後利礱厲皆磨也厲與礪同○注礪舊作勵誤
今人之性惡必將待師法然後正得禮義然後治今
人無師法則偏險而不正無禮義則悖亂而不治古
者聖王以人之性惡以爲偏險而不正悖亂而不治
是以爲之起禮義制法度以矯飾人之情性而正之

以擾化人之情性而導之也使皆出於治合於道者也（矯彊抑也擾馴也）今之人化師法積文學道禮義者爲君子縱性情安恣睢而違禮義者爲小人用此觀之然則人之性惡明矣其善者僞也孟子曰人之學者其性善（孟子言人之有學適所以成其天性之善非矯也與告子所論者是也）曰是不然是不及知人之性而不察乎人之性僞之分者也（不及知謂智慮淺近不能及於知猶言不到也書曰予沖人不及知也）凡性者天之就也不可學不可事禮義者聖人之所生也人之所學而能所事而成者也（聖人之所生明非天性也事爲也任也周禮太宰職六曰事典以富邦國以任百官鄭云任事也○鄭注本云任猶傳也玩楊意却只作事）不可學不可事

而在人者謂之性可學而能可事而成之在人者謂之僞是性僞之分也（不可學不可事謂不學而能不事而成也）今人之性目可以見耳可以聽夫可以見之明不離目可以聽之聰不離耳（可見之明常不離於目可聽之聰常不離於耳也）目明而耳聰不可學明矣（如目明耳聰之不假於學是乃天性也）孟子曰今人之性善將皆失喪其性故也（孟子言失喪本性故惡也）曰若是則過矣今人之性生而離其朴離其資必失而喪之（朴質也資材也言人若生而任其性則離其質朴而偸薄離其資材而愚惡其失喪必也）用此觀之然則人之性惡明矣所謂性善者不離其朴而美之不離其資而利之也（不離質朴資材自得美利不假飾而善此則爲天性）使夫資朴

之於美心意之於善若夫可以見之明不離目可以聽之聰不離耳使質朴資材自善如聞見之聰明常不離於耳目此乃天性也故曰目明而耳聰也故曰如目明耳聰此乃是其性不然則是矯僞使之也今人之性飢而欲飽寒而欲煖勞而欲休此人之情性也今人飢見長而不敢先食者將有所讓也勞而不敢求息者將有所代也所以代尊長也夫子之讓乎父弟之讓乎兄子之代乎父弟之代乎兄此二行者皆反於性而悖於情也悖違然而孝子之道禮義之文理也故順情性則不辭讓矣辭讓則悖於情性矣用此觀之然則人之性惡明矣其善者僞也

問者曰人之性惡則禮義惡生禮義從何而生惡音烏應之曰凡禮義者是生於聖人之僞非故生於人之性也故猶本也言禮義生於聖人矯僞抑制非本生於人性也故陶人埏埴而爲器陶人瓦工也埏擊也埴黏土也擊黏土而成器埏音羶然則器生於工人之僞非故生於人之性也言陶器自是生於工人學而爲之非本生於人性自能爲之也或曰工人當爲陶人故猶本也故工人斲木而成器然則器生於工人之僞非故生於人之性也聖人積思慮習僞故以生禮義而起法度然則禮義法度者是生於聖人之僞非故生於人之性也自是聖人矯人性而爲之如陶人工人然也若夫目好色耳好聲口好味心好利骨體膚理好愉佚是皆生

於人之情性者也膚理皮膚文理也佚與逸同人勞苦則皮膚枯槁也感而自然不待事而後生之者也受性自爾不待學而知也夫感而不能然必且待事而後然者謂之生於僞是性僞之所生其不同之徵也徵驗故聖人化性而起僞言聖人能變化本性而興起矯僞也僞起於性而生禮義老子曰智惠出有大僞莊子亦云仁相僞也義相虧也皆言非其本性也禮義生而制法度然則禮義法度者是聖人之所生也故聖人之所以同於衆其不異於衆者性也所以異而過衆者僞也聖人過衆在能起僞夫好利而欲得者此人之情性也假之人有弟兄資財而分者且順情性好利而欲得若是則兄弟相拂奪矣拂違戾也或曰

拂字從木旁弗擊也方言云自關而西謂之柫今之農器連枷也且發辭也○拂奪宋本作怫奪注同且化禮義之文理若是則讓乎國人矣故順情性則弟兄爭矣化禮義則讓乎國人矣凡人之欲爲善者爲性惡也爲其性惡所以欲爲善也夫薄願厚惡願美狹願廣貧願富賤願貴苟無之中者必求於外故富而不願財貴而不願埶苟有之中者必不及於外既有富貴於中故不及財埶於外也用此觀之人之欲爲善者爲性惡也無於中故求於外亦猶貧願富之比今人之性固無禮義故彊學而求有之也性不知禮義故思慮而求知之也然則生而已則人無禮義不知禮義生而已謂不矯僞者○生而已元刻作性而已下同人無禮義

則亂不知禮義則悖然則生而已則悖亂在己用此觀之人之性惡明矣其善者僞也不矯而爲之則悖亂在己以此知其性惡也

孟子曰人之性善曰是不然凡古今天下之所謂善者正理平治也所謂惡者偏險悖亂也是善惡之分也已善惡之分在此二者分扶問反今誠以人之性固正理平治邪則有惡用聖王惡用禮義矣哉有讀爲又惡音烏雖有聖王禮義將曷加於正理平治也哉今不然人之性惡今以性善爲不然者謂人之性惡也故古者聖人以人之性惡以爲偏險而不正悖亂而不治故爲之立君上之埶以臨之明

禮義以化之起法正以治之重刑罰以禁之使天下皆出於治合於善也是聖王之治而禮義之化也今當試去君上之埶無禮義之化去法正之治無刑罰之禁倚而觀天下民人之相與也（倚任也或曰倚偏倚猶偏觀也）若是則夫彊者害弱而奪之衆者暴寡而譁之（衆者陵暴於寡而諠譁之不使得發言也）天下之悖亂而相亾不待頃矣（頃少頃也本或爲須須臾也）用此觀之然則人之性惡明矣其善者僞也

故善言古者必有節於今善言天者必有徵於人（節準徵驗）凡論者貴其有辨合有符驗（辨別也周禮小宰聽稱責以傅別鄭司農云別之爲兩兩家各執其一符以竹爲之亦相合之物言論議如別之合如符之驗然可施行也）故

坐而言之起而可設張而可施行今孟子曰人之性善無辨合符驗坐而言之起而不可設張而不可施行豈不過甚矣哉故性善則去聖王息禮義矣性善則不假聖王禮義也性惡則與聖王貴禮義矣故檃栝之生爲枸木也繩墨之起爲不直也立君上明禮義爲性惡也用此觀之然則人之性惡明矣其善者僞也直木不待檃栝而直者其性直也枸木必將待檃栝烝矯然後直者以其性不直也今人之性惡必將待聖王之治禮義之化然後皆出於治合於善也用此觀之然則人之性惡明矣其善者僞也

問者曰：禮義積僞者，是人之性，故聖人能生之也。言禮義雖是積僞所爲，亦皆人之天性，自有聖人能生之，衆人但不能生耳。應之曰：是不然。夫陶人埏埴而生瓦，然則瓦埴豈陶人之性也哉？豈陶人亦性而能瓦埴哉，亦積僞然後成也。工人斲木而生器，然則器木豈工人之性也哉？夫聖人之於禮義也，辟則陶埏而生之也。辟讀爲譬。然則禮義積僞者，豈人之本性也哉？凡人之性者，堯舜之與桀跖，其性一也；君子之與小人，其性一也。言皆惡也。今將以禮義積僞爲人之性邪？然則有曷貴堯禹，曷貴君子矣哉？所以貴堯禹者，以其能化性異於衆也。有讀爲又。凡所貴堯禹君子者，能化性，能起僞，僞起而生禮義然則聖人之於禮義積僞也亦陶埏而生之也（聖人化性於禮義猶陶人埏埴而生瓦）用此觀之然則禮義積僞者豈人之性也哉（既類陶埏而生明非本性也）所賤於桀跖小人者從其性順其情安恣睢以出乎貪利爭奪故人之性惡明矣其善者僞也（桀跖小人是人之本性也）天非私曾騫孝己而外衆人也（曾騫曾參閔子騫也孝己殷高宗之太子皆有至孝之行也）然而曾騫孝己獨厚於孝之實而全於孝之名者何也以綦於禮義故也（三人能矯其性極爲禮義故也）天非私齊魯之民而外秦人也然而於父子之義夫婦之別不如齊魯之孝具敬父者何也（孝具能具孝道敬父當爲敬文傳寫誤耳敬而有文謂夫婦有別也）以秦人之

從情性安恣睢慢於禮義故也豈其性異矣哉綦禮義則為會閔慢禮義則為秦人明性同於惡唯在所化耳若以為性善則會閔不當與眾人殊齊魯不當與秦人異也

塗之人可以為禹曷謂也塗道路也舊有此語今引以自難言若性惡何故塗之人皆可以為禹也曰凡禹之所以為禹者以其為仁義法正也然則仁義法正有可知可能之理人皆有之然而塗之人也皆有可以知仁義法正之質皆有可以能仁義法正之具然則其可以為禹明矣今以仁義法正為固無可知可能之理邪然則唯禹不知仁義法正不能仁義法正也唯讀為雖將使塗之人固無可以知仁義

法正之質而固無可以能仁義法正之具邪然則塗之人也且內不可以知父子之義外不可以知君臣之正不然（以塗之人無可知可能之論爲不然也）今塗之人者皆內可以知父子之義外可以知君臣之正然則其可以知之質可以能之具其在塗之人明矣今使塗之人者以其可以知之質可以能之具本夫仁義之可知之理可能之具然則其可以爲禹明矣今使塗之人伏術爲學專心一志思索孰察加日縣久積善而不息則通於神明參於天地矣（伏術伏膺於術孰察精孰而察加日累日也縣久縣繫以久長）故聖人者人之所積而致矣（雖性惡若積習則可爲聖人書曰惟

狂克念作聖曰聖可積而致然而皆不可積何也曰可以而不可使也可以爲而不可使爲以其性惡故小人可以爲君子而不肎爲君子君子可以爲小人而不肎爲小人小人君子者未嘗不可以相爲也然而不相爲者可以而不可使也故塗之人可以爲禹則然塗之人能爲禹未必然也○故塗之人可以爲禹下元刻有未必然也塗之人可以爲禹十一字宋本無雖不能爲禹無害可以爲禹足可以徧行天下然而未嘗有能徧行天下者也夫工匠農賈未嘗不可以相爲事也事業然而未嘗能相爲事也用此觀之然則可以爲未必能也雖不能無害可以爲然則能不能之

與可不可其不同遠矣其不可以相爲明矣工賈可以相爲而不能相爲是可與能不同也可與能既不同則終不可以相爲也此明禹亦性惡以能積僞爲聖人非禹性本善也聖人異於衆者在化性也堯問於舜曰人情何如舜對曰人情甚不美又何問焉妻子具而孝衰於親嗜欲得而信衰於友爵祿盈而忠衰於君人之情乎人之情乎甚不美又何問焉唯賢者爲不然引此亦以明性之惡韓侍郎作性原曰性也者與生俱生也情也者接於物而生也性之品有三而其所以爲性五情之品有三而其所以爲情七曰何也曰性之品有上中下三上焉者善焉而已矣中焉者可道而上下也下焉者惡焉而已矣其所以爲性者五曰仁曰禮曰信曰義曰智上焉者之於五也主於一而行於四中焉者之於五也一不少有焉則少反焉其於四也混下焉者之於五也反於一而悖於四性之於情視其品情之品有上中下

三其所以爲情者七曰喜曰怒曰哀曰懼曰愛曰惡曰欲上焉者之於七也動而處其中中焉者之於七也有所甚有所亾然而求合其中者也下焉者之於七也亾與甚直情而行者也情之於性視其品孟子之言性曰人之性善荀子之言性曰人之性惡揚子之言性曰人之性善惡混夫始善而進惡與始惡而進善與始也混而今也善惡皆舉其中而遺其上下者也得其一而失其二者也叔魚之生也其母視之知其必以賄死楊食我之生也叔向之母聞其號也知必滅其宗越椒之生也子文以爲大慼知若敖氏之鬼不食也人之性果善乎后稷之生也其母無災其始匍匐也則岐岐然嶷嶷然文王之在母也母不憂既生也傅不勤既學也師不煩人之性果惡乎堯之朱舜之均文王之管蔡習非不善也而卒爲姦瞽叟之舜鯀之禹習非不惡也而卒爲聖人之性善惡果混乎故曰三子之言性也舉其中而遺其上下者也得其一而失其二者也曰然則性之上下者其終不可移乎曰上之性就學而愈明下之性畏威而寡罪是故上者可學而下者可制也其品則孔子謂不移也曰今之言性者異於此何也曰今之言者雜老

佛而言也雜老佛而言之也者奚言而不異有聖人之知者有士君子之知者有小人之知者有役夫之知者多言則文而類終日議其所以言之千舉萬變其統類一也是聖人之知也文謂言不鄙陋也類謂其統類不乖謬也雖終日議其所以然其言千舉萬變終始條貫如一是聖人之知也少言則徑而省論而法若佚之以繩是士君子之知也徑易也省謂辭寡論而法謂論議皆有法不放縱也論或爲倫佚猶引也佚以繩言其直也聖人經營事廣故曰多言君子止恭其所守故曰少言也其言也諂其行也悖其舉事多悔是小人之知也言諂行悖謂言行相違也○宋本諂作諂悔作侮今從元刻齊給便敏而無類雜能旁魄而無用疾齊也給謂應之速如供給者也便謂輕巧敏速也無類首尾乖戾雜能多異術也旁魄廣博也無用不應於

用便匹延反魄音薄○無用宋本元刻俱作毋用注同折速粹孰而不急折謂折辭若堅白之論者也速謂發辭捷速粹孰所著論甚精孰也不急言不急於用也不恤是非不論曲直以期勝人爲意是役夫之知也期於必勝人惠施之論也徒自勞苦爭勝而不知禮義故曰役夫之知也有上勇者有中勇者有下勇者天下有中敢直其身中謂中道敢果決也直其身謂中立而不倚無回邪也先王有道敢行其意言不疑也上不循於亂世之君下不俗於亂世之民循順從也俗謂從其俗也仁之所在無貧窮仁之所以無富貴唯仁所在謂富貴禮記曰不祈多積多文以爲富也○案此言仁之所在雖貧窮甘之仁之所以雖富貴去之注非天下知之則欲與天下同苦樂之得權位則與天下之人同休戚苦或爲共也天下不知之則傀然獨立天

地之閒而不畏是上勇也傀傀偉大貌也公回反或曰傀傀與塊同獨居之貌也禮恭而意儉大齊信焉而輕貨財大重也齊信謂整齊於信也賢者敢推而尙之不肖者敢援而廢之是中勇也尙上也援牽引也輕身而重貨恬禍而廣解恬安也謂安於禍難也而廣自解說言以辭勝人也解佳買反苟免不恤是非然不然之情以期勝人爲意是下勇也○苟免上當脫三字以上二句例之自明繁弱鉅黍古之良弓也繁弱封父之弓左傳曰封父之繁弱鉅與拒同黍當爲來史記蘇秦說韓王曰谿子少府時力距來司馬貞云言弓弩埶勁足以拒於來敵也然而不得排檄則不能自正排檄輔正弓弩之器檄巨京反桓公之葱大公之闕文王之錄莊君之曶闔閭之干將莫邪鉅闕辟閭此皆古之良劍也

葱闕錄曶齊桓公齊太公周文王楚莊王之劒名皆未詳所出葱青色也錄與綠同二劒以色爲名曹植七啓說劒云雕以翠綠亦其類也曶劒光采慌忽難視以形爲名也闕未詳或曰闕缺也劒至利則喜缺因以爲名鉅闕亦是也干將莫邪鉅闕皆吳王闔閭劒名辟閭未詳新序閭丘卬謂齊宣王曰辟閭巨闕天下之良劒也或曰辟閭卽湛盧也闔閭盧聲相近盧黑色也湛盧言湛湛然如水而黑也又張景陽七發說劒曰舒辟不常李善云辟卷也言神劒柔可卷而懷之舒則可用辟閭或此義歟○曶舊本作智譌今改正注同然而不加砥厲則不能利不得人力則不能斷驊騮騹驥纖離綠耳此皆古之良馬也皆周穆王八駿名騹讀爲騏謂青驪文如博棊列子作赤驥與此不同纖離卽列子盜驪也然而前必有銜轡之制後有鞭策之威加之以造父之馭然後一日而致千里也夫人雖有性質美而心辯知必將求賢師

而事之擇良友而友之得賢師而事之則所聞者堯舜禹湯之道也得良友而友之則所見者忠信敬讓之行也身日進於仁義而不自知也者靡使然也靡謂相順從也或曰靡磨切也今與不善人處則所聞者欺誣詐偽也所見者汙漫淫邪貪利之行也汙穢行也漫誕漫欺誑也莊子北人無擇曰舜以其辱行漫我也身且加於刑戮而不自知者靡使然也傳曰不知其子視其友不知其君視其左右靡而已矣靡而已矣

君子篇第二十四

凡篇名多用初發之語名之此篇皆論人君之事即君子當為天子恐傳寫誤也舊第三十一今升在上

天子無妻告人無匹也告言也妻者齊也天子尊無與二故無匹也四海之內無客禮告無適也適讀爲敵禮記曰天子無客禮莫敢爲主焉君適其臣升自阼階不敢有其室也足能行待相者然後進口能言待官人然後詔官人掌喉舌之官也不視而見不聽而聰不言而信不慮而知不動而功告至備也盡委於羣下故能至備也天子也者埶至重形至佚心至愈愈讀爲愉志無所詘形無所勞尊無上矣詩曰普天之下莫非王土率土之濱莫非王臣此之謂也詩小雅北山之篇率循也濱涯也聖王在上分義行乎下則士大夫無流淫之行百吏官人無怠慢之事衆庶百姓無姦怪之俗無盜賊之罪莫敢犯大上之禁

大讀爲太太上至尊之號天下曉然皆知夫盜竊之人不可以爲富也皆知夫賊害之人不可以爲壽也皆知夫犯上之禁不可以爲安也由其道則人得其所好焉不由其道則必遇其所惡焉道謂政令是故刑罰綦省而威行如流治世曉然皆知夫爲姦則雖隱竄逃亡之由不足以免也故莫不服罪而請自請刑戮○治世元刻無治字由猶通故莫不宋本無故字書曰凡人自得罪此之謂也言人人自得其罪不敢隱也與今康誥義不同或斷章取義歟故刑當罪則威不當罪則侮爵當賢則貴不當賢則賤不當則爲下所侮賤古者刑不過罪爵不踰德故殺其父而臣其子殺其兄而臣其弟言當罪而用賢歸於

至公也謂若殛鮌興禹殺管叔封康叔之比也刑罰不怒罪爵賞不踰德分然各以其誠通善惡分然其忠誠皆得通達無屈滯是以爲善者勸爲不善者沮刑罰綦省而威行如流政令致明而化易如神傳曰一人有慶兆民賴之此之謂也尚書甫刑之辭亂世則不然刑罰怒罪爵賞踰德以族論罪以世舉賢秦誓所謂罪人以族官人以世公羊亦云尹氏卒曷爲貶譏世卿也故一人有罪而三族皆夷德雖如舜不免刑均是以族論罪也三族父母妻族也夷滅也均同也謂同被其刑也○案士昏禮記惟是三族之不虞鄭注三族謂父昆弟己昆弟子昆弟也又注周禮小宗伯禮記仲尼燕居皆云三族父子孫先祖當賢後子孫必顯行雖如桀紂列從必尊此以世舉賢也當賢謂身當賢人之號也

列從謂行列相從當或爲嘗也以族論罪以世舉賢雖欲無亂得乎哉詩曰百川沸騰山冢崒崩高岸爲谷深谷爲陵哀今之人胡憯莫懲此之謂也詩小雅十月之交之篇毛云沸出也騰乘也山頂曰冢崒者崔嵬高岸爲谷深谷爲陵言易位也鄭云憯曾也懲止也變異如此禍亂方至哀哉今在位之人何曾無以道德止之論法聖王則知所貴矣論議法效聖王以義制事則知所利矣以義制事則利博論知所貴則知所養矣事知所利則動知所出矣養謂自奉養所出謂所從也二者是非之本得失之原也故成王之於周公也無所往而不聽知所貴也桓公之於管仲也國事無所往而不用知所利也吳有伍子胥而不能用國至於亾倍道失賢

也故尊聖者王貴賢者霸敬賢者存慢賢者亾古今一也故尙賢使能等貴賤分親疏序長幼此先王之道也故尙賢使能則主尊下安貴賤有等則令行而不流流邪移也各知其分故無違令親疏有分則施行而不悖施謂恩惠親疏有分則恩惠各親其親不乖悖施式豉反分扶問反故長幼有序則事業捷成而有所休捷速也長幼各任其力故事業速成而亦有所休息之時也故仁者仁此者也仁謂愛說也此謂尙賢使能等貴賤分親疏序長幼五者也愛說此五者則爲仁也義者分此者也分別此五者使合宜則爲義也節者死生此者也能爲此五者死生則爲名節也忠者惇愼此者也愼讀如順人臣能厚順此五者則爲忠也兼此而能之備矣兼此仁義忠節而能之則爲德備也備而不矜一自

善也謂之聖一皆也德備而不矜伐於人皆所以自善則謂之聖人夫衆人之心有一善則揚揚如也聖人包容萬物與天地同功何所矜伐爲也不矜矣夫故天下不與爭能而致善用其功不矜而推衆力故天下不敢爭能而極善用於衆功矜則有敵故不尊也有而不有也夫故爲天下貴矣有能而不自有詩曰淑人君子其儀不忒其儀不忒正是四國此之謂也詩曹風尸鳩之篇言善人君子其儀不忒故能正四方之國以驗正身待物則四國皆化恃才矜能則所得者小也

荀子卷第十七

荀子卷第十八

登仕郎守大理評事楊　倞　注

成相篇第二十五

以初發語名篇雜論君臣治亂之事以自見其意故下云託於成相以喻意漢書藝文志謂之成相雜辭蓋亦賦之流也或曰成功在相故作成相三章舊第八今以是荀卿雜語故降在下○成相之義非謂成功在相也篇內但以國君之愚闇爲戒耳禮記治亂以相相乃樂器所謂春牘又古者瞽必有相審此篇音節即後世彈詞之祖篇首即稱如瞽無相何倀倀義已明矣首句請成相言請奏此曲也漢藝文志成相雜辭十一篇惜不傳大約託於瞽矇諷誦之詞亦古詩之流也逸周書周祝解亦此體

請成相請言成相之辭世之殃愚闇愚闇墮賢良世之殃由於愚闇此愚闇以重墮賢良也墮許規反○案愚闇重言之者即下文愚以重愚闇以重闇之意注似尚有脫誤又

隓字即陊字之俗說文於隓下作許規切下有墮注爲篆文又載陊字注今俗作隓徒果切則此字當從徒果切廣韻亦然且繹尚書元首叢脞之韻可見人主無賢如瞽無相何倀倀倀無所往貌相息亮反倀丑羊反請布基愼聖人愼讀爲順請說陳布基業在乎順聖人也愚而自專事不治主忌苟勝羣臣莫諫必逢災主既猜忌又苟欲勝人也論臣過反其施言論人臣之過在乎不行施惠施式豉反尊主安國尙賢義拒諫飾非愚而上同國必禍所以尊主安國在崇尙賢義若拒諫飾非以愚闇之性苟合於上則必禍也曷謂罷國多私假設問荅以明其義罷讀曰疲謂弱不任事者也所以弱者由於多私國語曰罷士無伍韋昭曰罷病也無行曰病比周還主黨與施還繞遠賢近讒忠臣蔽塞主埶移曷謂賢明君臣明君臣之道則爲賢上能尊主愛下民主誠聽之

天下為一海內賓主之孽讒人達賢能遁逃國乃曆孽災也曆顛覆也愚以重愚闇以重闇成為桀久而愚闇愈甚遂至於桀也

世之災妬賢能飛廉知政任惡來惡來飛廉之子秦之先也史記曰惡來有力飛廉善走父子俱以材力事紂也卑其志意大其園囿高其臺卑其志意言無遠慮不慕往古○臺下宋本有榭字元刻無以韻讀之元刻是也今從之

武王怒師牧野紂卒易鄉啓乃下易鄉回面也謂前徒倒戈攻于後啓微子名下降也鄉讀為向武王善之封之於宋立其祖立其祖使祭祀不絕也左傳曰宋祖帝乙

世之衰讒人歸比干見刳箕子累累讀為縲書曰釋箕子之囚武王誅之呂尚招麾殷民懷招麾指揮也

世之禍惡賢士子胥見殺百里徙子胥吴大夫伍員字也為夫差所殺百里奚虞公之臣徙遷也謀不

見用虞滅係虜遷徙於秦穆公任之強配五伯六卿施穆公秦穆公任好也伯讀曰霸六卿天子之制春秋時大國亦僭置六卿六卿施言施六卿也世之愚惡大儒逆斥不通孔子拘逆拒斥逐大儒不使通也拘謂畏匡尼陳也展禽三絀春申道綴基畢輸展禽魯大夫無駭之後名獲字子禽謚曰惠居於柳下三絀爲士師三見絀也春申楚相黃歇封爲春申君綴止也輿輟同畢盡也輸傾委也言春申爲李園所殺其儒術政治道德基業盡傾覆委地也○此春申句有誤必非指黃歇注非請牧基賢者思牧治堯在萬世如見之讒人罔極險陂傾側此之疑陂與詖同言當疑此讒人傾險也基必施辨賢罷罷讀曰疲文武之道同伏戲文武周文王武王伏戲古三皇太昊氏始畫八卦造書契者戲與羲同由之者治不由者亂何疑爲凡成相辨法方至治之極復後王後王當時

之王言欲爲至治在歸復後王謂隨時設教不必拘於古法慎墨季惠百家之說誠不詳慎到墨翟惠施或曰季郎莊子曰季眞之莫爲者也又曰季子聞而笑之據此則是梁惠王犀首惠施同時人也韓侍郎云或曰季梁也列子曰季梁楊朱之友言四子及百家好爲異說故不用心詳明之詳或爲祥治復一脩之吉君子執之心如結言堅固不解也衆人貳之讒夫弃之形是詰衆人則不能復一讒夫則兼弃之但詰問治之形狀言侮嫚也或曰形當爲刑無德化唯刑戮是詰言苛暴也水至平端不傾心術如此象聖人聖人心平如水而有埶直而用抴必參天而有埶之上疑脫一字言既得權埶則度己以繩接人用抴功業必參天也世無王窮賢良無王者興賢良窮困暴人芻豢仁人糟糠禮樂滅息聖人隱伏墨術行治之經禮與刑君子以脩百姓寧明德慎罰國

家既治四海平治之志後埶富爲治之意後權埶與富者則公道行而貨
賂息也君子誠之好以待君子必誠此意好以待用處之敦固有深
藏之能遠思敦厚也有讀爲又既處之厚固又能深藏遠慮思乃精志之榮
好而壹之神以成好而不二則通於神明也精神相反一而不貳
爲聖人相反謂反覆不離散也治之道美不老老休息也莊子曰佚我以老爲
治當日新爲美無休息也君子由之佼以好佼亦好也音絞下以教誨子
弟上以事祖考接下以仁事親以孝也成相竭辭不蹷竭盡也論成相
之事雖終篇無顛蹷之辭蹷音厥君子道之順以達道言說也辭既不蹷君子言之
必弘順而通達宗其賢良辨其殃孽君子尋成相之辭必能宗其賢良以致治辨其
殃孽之爲害也

請成相道聖王道亦言說前章意未盡故再論之也堯舜尚賢身辭讓許由善卷重義輕利行顯明莊子曰堯讓天下於許由許由不受又讓於子州支父子州支父曰予適有幽憂之病方且治之未暇治天下也遂不受舜讓天下於善卷善卷不受遂入深山不知其處也堯讓賢以爲民爲萬民求明君所以不私其子汜利兼愛德施均辨治上下貴賤有等明君臣堯授能舜遇時尚賢推德天下治雖有賢聖適不遇世孰知之蓋以自歎堯不德舜不辭皆歸至公妻以二女任以事大人哉舜南面而立萬物備委任羣下無爲而理舜授禹以天下舜所以授禹亦以天下之故也尚得推賢不失序得當爲德外不避仇內不阿親賢者予謂殛鯀與禹又不私其子予讀爲與禹勞心力堯有德干戈不用

三苗服舉舜甽畝任之天下身休息甽與畎同得后稷五穀殖夔爲樂正鳥獸服謂擊石拊石百獸率舞笙鏞以閒鳥獸蹌蹌也契爲司徒民知孝弟尊有德禹有功抑下鴻抑遏也下謂治水使歸下也鴻即洪水也書曰禹降水警予也辟除民害逐共工今尚書舜流共工于幽州此云禹未詳北决九河通十二渚疏三江案禹貢道弱黑漾沇淮渭洛七水又有潍淄其道伊洛瀍澗既入于河數則不止於十二此云十二者未詳其說也禹傅土平天下傳讀爲敷孔安國云洪水泛謚禹分布治九州之土也躬親爲民行勞苦行讀如字謂所行之事也得謚皋陶橫革直成爲輔橫革直成未聞韓侍郎云此論謚皋陶之功橫而不順理者革之直者成之也○困學紀聞曰呂氏春秋得陶化謚眞窺橫革之交五人佐禹故功績銘乎金石著於盤盂陶即皋陶也化謚即伯謚也眞窺即直成也倂橫革之交二人皆禹輔

佐之名案窺與成音同與窺形似呂氏春秋蓋本作窺傳寫誤爲窺耳直與眞亦形似呂氏語見求人篇

契玄王生昭明詩曰天命玄鳥降而生商又曰玄王桓撥皆謂契也史記曰契爲堯司徒封於商賜姓子氏契卒子昭明立也居于砥石遷于商砥石地名未詳所在或曰卽砥柱也左氏傳曰閼伯居商丘相土因之相土昭明子也言契初居砥石至孫相土乃遷商丘也十有四世乃有天乙是成湯史記曰契卒子昭明立昭明卒子相土立相土卒子昌若立昌若卒子曹圉立曹圉卒子冥立爲夏司空勤其官死於水殷人郊之冥卒子振立振卒子微立微卒子報丁立報丁卒子報乙立報乙卒子報丙立報丙卒子主壬立主壬卒子主癸立主癸卒子天乙立是十四世也

天乙湯論舉當身讓卞隨舉牟光莊子曰湯讓天下於卞隨務光二人不受皆投水死牟與務同也道古賢聖基必張道說古之賢聖基業必張大也

願陳辭世亂惡善不此治不知治此世亂惡善之弊隱諱疾賢良由姦詐鮮無災隱諱過惡疾害賢良長用姦詐少無災也患難哉阪爲先聖阪與反同反先聖之所爲○患難哉阪爲先二句句三字聖知不用愚者謀七字句與辭治災哉時韻阪爲先三字未詳楊注不得其句蓋此篇通例兩三字句一七字句一四字句又一七字句如此五句爲一章也知不用愚者謀前車已覆後未知更何覺時前車已覆猶不知戒更何有覺悟之時也○前車已覆四字句更改也不覺悟不知苦迷惑失指易上下中不上達蒙揜耳目塞門戶不能闢四門也○中元刻作忠古通用門戶塞大迷惑悖亂昏莫不終極莫冥冥言闇也不終極無已時也是非反易比周欺上惡正直惡烏路反下同正直惡心無度邪枉辟回失道途辟讀爲僻己無郵人我獨

自美豈獨無故故事也不可尤責於人自美其身己豈無事己亦有事而不知其過也或曰下無獨字○無獨字則與全篇句法合不知戒後必有恨恨悔○後必有三字爲句有讀曰又所謂貳過也古音戒又悔態爲韻後遂過不肎悔不肎悔前之非讒夫多進反覆言語生詐態人之態不如備如當爲知言人爲詐態上不知爲備爭寵嫉賢利惡忌利在惡忌賢者妬功毀賢下斂黨與上蔽匿斂聚也下聚黨與則上蔽匿也上壅蔽失輔埶失輔獨之臣則埶不在上任用讒夫不能制孰公長父之難孰公長父皆厲王之孽臣未詳其姓名墨子曰厲王染於厲公長父榮夷終厲公與孰公不同未知孰是或曰孰公長父卽詩所云皇父也孰或爲郭○案古郭虢字通郭公長父卽呂氏春秋當染篇之虢公長父也作郭字爲是之難二字當屬下爲七字句注厲公宋本從立元刻從糸字書皆無攷墨子所染篇作厲公厲王流于彘地彘

名在河東左傳晉大夫有彘子言孰　公長父姦邪遂使難作厲王流竄於彘周幽厲所以敗不聽規諫忠是害嗟我何人獨不遇時當亂世言自古忠良多有遇害何獨我哉自慰勉之辭也欲衷對言不從衷誠也欲誠意以對時君恐言不從而遇禍也恐爲子胥身離凶進諫不聽剄而獨鹿棄之江獨鹿與屬鏤同本亦或作屬鏤吳王夫差賜子胥之劒名屬之欲反鏤力朱反國語里革曰鳥獸成水蟲孕水虞於是禁罝罜麗此當是自剄之後盛以罜麗弃之江也賈逵云罜麗小罟也○案楊云本或作屬鏤則訓劒不可易國語以下必後人採他說附詿之罝韋昭云當爲罜此衍罝字而又訛罜作罜宋本亦同　又無水虞二字觀往事以自戒治亂是非亦可識託於成相以喻意識如字亦讀爲志也

請成相言治方言爲治之方術君論有五約以明君謹守之

下皆平正國乃昌論爲君之道有五甚簡約明白謂臣下職一也君法明二也刑稱陳三也言有節四也上通利至莫敢恣五也臣下職莫游食游食謂不勤於事素湌游手也務本節用財無極事業聽上莫得相使一民力所興事業皆聽於上羣下不得擅相役使則民力一也禮記曰用民之力歲不過三日也守其職足衣食民不失職則衣食足矣厚薄有等明爵服貴賤有別利往卬上莫得擅與孰私得利之所往皆卬於上莫得擅爲賜與則誰敢私得於人乎擅相賜與若齊田氏然卬與仰同安亮反君法明論有常君法所以明在言論有常不二三也表儀既設民知方進退有律莫得貴賤孰私王進人退人皆以法律貴賤各以其才孰有私佞於王乎君法儀禁不爲爲君之法儀在自禁止不爲惡莫不說教名不移既能正己則民皆悅上之教而名器不移也說讀爲悅修之者

榮離之者辱孰它師孰敢以它爲師言皆歸王道不敢離貳也刑稱陳守其銀稱謂當罪當罪之法施陳則各守其分限稱尺證反銀與垠同下不得用輕私門下不得專用刑法則私門自輕罪禍有律莫得輕重威不分禍亦罪也請牧祺明有基祺祥也請牧治吉祥之事在明其所有之基業也主好論議必善謀五聽脩領莫不理續主執持五聽折獄之五聽也脩領謂脩之使得綱領莫不有文理相續主自執持此道不使權歸於下○脩領宋本作循領今從元刻注同聽之經明其請請當爲情聽獄之經在明其情○案請古與情通用列子說符篇楊朱曰發于此而應于彼者唯請釋文引徐廣曰古情字或假借作請又墨子書多以請爲情參伍明謹施賞刑參伍猶錯雜也謂或往參之或往伍之皆使明謹施其賞刑言精研不使僭濫也顯者必得隱者復顯民反誠幽隱皆通則民不詐僞也言有節稽其

實節謂法度欲使民言有法及不欺誣在稽考行實也信誕以分賞罰必下不欺上皆以情言明若日上通利隱遠至上通利不壅蔽則幽隱遐遠者皆至也觀法不法見不視所觀之法非法則雖見不視也耳目既顯吏敬法令莫敢恣此已上論君有五之事也君教出行有律五論之教既出則民所行有法言知方也吏謹將之無鈹滑將持也詩曰無將大車鈹與披同滑與汨同言不使紛披汨亂也下不私請各以宜舍巧拙請謁舍止也羣下不私謁各以所宜不苟求也如此則以道事君巧拙之事亦皆止○各以宜舍巧拙句中脫一字或當作各以所宜舍巧拙臣謹修君制變臣職在謹修君職在制變公察善思論不亂以治天下後世法之成律貫律貫法之爲條貫也○案全篇與詩三百篇中韻同

賦篇第二十六所賦之事皆生人所切而時多不知故特明之或曰荀卿所賦甚多今存者唯此言也舊第二十二今亦降在下

爰有大物爰於也言於此有大物夫人之大者莫過於禮故謂之大物也非絲非帛文理成章絲帛能成黼黻文章禮亦然也非日非月爲天下明生者以壽死者以葬城郭以固三軍以強粹而王駁而伯無一焉而亾臣愚不識敢請之王言禮之功用甚大時人莫知故荀卿假爲隱語問於先王云臣但見其功亦不識其名王唯先王能知敢請解之先王因重演其義而告之曰此夫文而不采者與先王爲解說曰此乃有文飾而不至華采者與簡然易知而致有理者與君子所敬而小人所不者與性不得則若禽獸性得之則甚雅似者與雅正也似謂似續古人詩

曰維其有之是以似之匹夫隆之則爲聖人諸侯隆之則一四
海者與致明而約甚順而體請歸之禮極明而簡約言易知也甚
順而有禮言易行也先王○此曰上事也如禮記
言唯歸於禮乃合此義也禮文王世子子貢問樂之
比下
放此
皇天隆物以示下民隆猶備也物萬物也或厚或薄帝不齊均
言人雖同見方所知或多厚或寡薄天帝或不能齊均也桀紂以亂湯武以賢湣
湣淑淑皇皇穆穆湣湣思慮昏亂也淑淑未詳或曰美也皇皇穆穆言緒之美也言或
愚或智也周流四海曾不崇日崇充也言智慮周流四海曾不充滿一日而徧也
君子以脩跖以穿室跖柳下惠之弟太山之盜也君子用智以脩身跖用智以穿室
皆帝不齊均之意也大參乎天精微而無形言智慮大則參天小則精微無形也

賦篇

嘉善謝氏

行義以正事業以成（皆在智也行下孟反）可以禁暴足窮百姓待之而後寧泰（足窮謂使窮者足也百姓待君上之智而後安寧泰當爲泰寧也）臣愚不識願問其名曰此夫安寬平而危險隘者邪（言智常欲見利遠害）脩潔之爲親而雜汙之爲狄者邪（智脩潔則可相親若雜亂穢汙則與夷狄無異言險詐難近也）甚深藏而外勝敵者邪法禹舜而能弇迹者邪（弇襲）行爲動靜待之而後適者邪血氣之精也志意之榮也（精靈榮華）百姓待之而後寧也天下待之而後平也明達純粹而無疵也夫是之謂君子之知（此論君子之智明小人之智不然也）知

有物於此居則周靜致下動則綦高以鉅（居謂雲物發在地時）

周密也鉅大也圓者中規方者中矩言滿天地之圓方也大參天地德厚堯禹參謂天地相似雲所以致雨生成萬物其德厚於堯禹者矣○藝文類聚大參作大齊注天地相似上似脫一與字精微乎毫毛而大盈乎大寓寓與宇同言細微之時則如毫毛其廣大時則盈於大宇之內宇覆也謂天所覆三蒼云四方上下爲宇上大參天地此又云大盈大宇言說雲之變化或大或小故重言之也忽兮其極之遠也攭兮其相逐而反也攭與劙同攭兮分判貌言雲或慌忽之極而遠舉或分散相逐而還於山也攭音戾卬卬兮天下之咸蹇也卬卬高貌雲高而不雨則天下皆蹇難也德厚而不捐五采備而成文捐弃也萬物或美或惡覆被之皆無捐弃也往來惽憊通于大神惽憊猶晦暝也通于大神言變化不測也憊困也人困目亦昏暗故惽憊爲晦暝也出入甚極莫知其門極讀爲亟急也門謂所出者也天下失之

則滅得之則存雲所以成雨也弟子不敢此之願陳君子設辭請測意之弟子荀卿自謂言弟子不敢願陳此事不知何名欲君子設辭請測其意亦言雲之功德雖君子乃明知之也曰此夫大而不塞者與雲氣無實故曰不塞充盈大宇而不窕入郄穴而不偪者與窕讀爲窱深貌也言充盈則滿大宇幽深則入郄穴而曾無偪側不容也窱它弔反行遠疾速而不可託訊者與訊書問也行遠疾速宏於託訊今雲者虛無故不可本或作託訓或曰與似續同也言雲行遠疾速不可依託繼續也○訊不與與前後韻協疑是訊託誤到耳注或作託訓亦似誤往來惛憊而不可爲固塞者與雖往來晦冥掩蔽萬物若使牢固蔽塞則不可暴至殺傷而不億忌者與億謂以意度之論語曰億則屢中或曰與抑同謂雷霆震怒殺傷萬物曾不億度疑忌言果決不測也功被天下而不私置者與天下同被其功曾無

所私置又言無偏頗託地而游宇友風而子雨風與雲並行故曰友雨因雲而生故曰子冬日作寒夏日作暑在冬而凝寒在夏而蒸暑也廣大精神請歸之雲至精至神通於變化唯雲乃可當此說也雲雲所以潤萬物人莫之知故於此具明也

有物於此儽儽兮其狀屢化如神儽讀如其蟲倮之倮儽儽無毛羽之貌變化卽謂三俯三起成蛾蛹之類也功被天下爲萬世文文飾禮樂以成貴賤以分養老長幼待之而後存名號不美與暴爲鄰侵暴者亦取名於蠶食故曰與暴爲鄰也功立而身廢事成而家敗蠶成而見殺是身廢絲窮而蠶盡是家敗弃其耆老收其後世耆老蛾也後世種也人屬所利飛鳥所害人屬則保而用之飛鳥則害而食之臣愚而不識

請占之五泰占驗也五泰五帝也五帝少昊顓頊高辛唐虞理皆務本深知蠶之功大故請驗之也○此與下文五泰宋本皆作五帝無五泰五帝也五字注今從元刻與困學紀聞所引合古音帝字不與敗世害韻五支六脂之別也五泰占之曰此夫身女好而頭馬首者與女好柔婉也其頭又類馬首周禮馬質禁原蠶者鄭玄云天文辰爲馬故蠶書曰蠶爲龍精月値大火則浴其種是蠶與馬同氣也屢化而不壽者與善壯而拙老者與壯得其養老而見殺有父母而無牝牡者與爲蠶之時未有牝牡也冬伏而夏游食桑而吐絲游謂化而出也前亂而後治蠶亂而絲治也夏生而惡暑生長於夏先暑而化喜溼而惡雨溼謂浴其種既生之後則惡雨也蛹以爲母蛾以爲父互言之也三俯三起事乃大已俯謂臥而不食事乃大已言三起之後事乃畢也謂化而成蠶也夫是之謂蠶理五帝

言此乃蠶蠶之功至大時人鮮知其本詩曰婦無之義理也蠶公事休其蠶織戰國時此俗尤甚故荀卿感而賦之

有物於此生於山阜處於室堂（山阜鐵所生也）無知無巧善治衣裳（知讀爲智）不盜不竊穿窬而行日夜合離以成文章（合離謂使離者相合文章亦待其連綴而成也）以能合從又善連衡（從豎也子容反衡橫也言箴亦能如戰國合從連橫之人南北爲從東西爲衡也）下覆百姓上飾帝王功業甚博不見賢良（見猶顯也不自顯其功伐見賢遍反）時用則存不用則亾（順時行藏）臣愚不識敢請之王王曰此夫始生鉅其成功小者邪（爲鐵則巨爲箴則小）長其尾而銳其剽者邪（長其尾謂線也剽末也謂箴之鋒也莊子曰有實而無乎處者宇也有長而無本剽者宙也剽杪末

之意匹小反頭銛達而尾趙繚者邪重說長其尾而銳其剽趙讀爲掉掉繚長貌言箴尾掉而繚也掉徒弔反一往一來結尾以爲事結其尾線然後行箴無羽無翼反覆甚極極讀爲亟急也尾生而事起尾邅而事已尾邅迴盤結則箴功畢也簪以爲父管以爲母簪形似箴而大故曰爲父言此者欲狀其形也管所以盛箴故曰爲母禮記曰箴管線纊也○簪當爲鐕子貫反謂所以琢箴之線孔者也箴賴以成形故曰爲父既以縫表又以連裏夫是之謂箴理理義理也箴古者貴賤皆有事故王后親織玄紞公侯夫人加之以紘綖大夫妻成祭服士妻衣其夫末世皆不修婦功故託辭於箴明其爲物微而用至重以譏當世也

天下不治請陳佹詩荀卿請陳佹異激切之詩言天下不治之意也天地易位四時易鄉皆言賢愚易位也鄉猶方也春夏秋冬皆不當其方言錯亂也鄉如字列

星殞墜旦暮晦盲 列星二十八宿有行列者隕墜以喻百官弛廢旦暮晦盲言無暫明時也或曰當時星辰隕墜旦暮昏霧也

幽晦登昭日月下藏 言幽闇之人登昭明之位君子明如日月反下藏也昭或爲照

公正無私反見從横 言公正無私之人反見謂從横反覆之志也

志愛公利重樓疏堂 欲在上位行至公以利百姓非謂重樓疏堂之榮貴也

無私罪人憼革貳兵 憼與儆同備也貳副也謂無私罪人言果於去惡也言去邪嫉惡乃以儆備增益兵革之道言彊盛也

道德純備讒口將將 紲退窮約將去也言以讒言相退送或曰將將讀爲鏘鏘進貌

仁人紲約敖暴擅彊

天下幽險恐失世英 天下幽暗凶險如此必恐時賢不見用也

螭龍爲蝘蜓鴟梟爲鳳皇 說文云螭如龍而黃北方謂之地螻蝘蜓守宮言世俗不知善惡螭龍之聖反謂之蝘蜓鴟梟之惡反以爲鳳皇也

比干見刳孔子拘匡昭昭乎其

知之明也郁郁乎其遇時之不祥也拂乎其欲禮義之大行也闇乎天下之晦盲也郁郁有文章貌拂違也此蓋誤耳當爲拂乎其遇時之不祥也郁郁乎其欲禮義之大行晦盲言人莫之識也皓天不復憂無疆也千歲必反古之常也皓與昊同昊天元氣昊大也呼昊天而訴之云世亂不復憂不可竟也復自解釋云亂久必反於治亦古之常道千或爲卒弟子勉學天不忘也言天道福善故曰不忘恐弟子疑爲善無益而解憜故以此勉之也聖人共手時幾將矣共讀爲拱聖人拱手言不得用也幾辭也將送也去也言戰國之時世事已去不可復治也與愚以疑願聞反辭反辭反覆敘說之辭猶楚詞亂曰弟子言當時政事既與愚反疑惑之人故更願以亂辭敘之也其小歌曰此下一章即其反辭故謂之小歌摠論前意也○曰各本多作也有一本作曰今從之念彼遠方何其塞矣遠方猶大道也仁

人絀約暴人衍矣衍饒也○衍不與塞服爲韻服字本有作般者則塞或蹇字之誤

忠臣危殆讒人服矣服用也本或作讒人般矣般樂也音盤

琁玉瑤珠不知佩也說文云琁赤玉瑤美玉也孔安國曰瑤美石言不知以此四寶爲佩說文云琁音瓊○瑤說文本訓美石楊所據乃誤本也如孔安國曰美石而今本禹貢注亦皆誤爲美玉

雜布與錦不知異也雜布麤布

閭娵子奢莫之媒也閭娵古之美女後語作明陬楚詞七諫謂閭娵爲醜惡蓋一名明陬漢書音義韋昭曰閭陬梁王魏嬰之美女子奢當爲子都鄭之美人詩曰不見子都蓋都字誤爲奢耳後語作子都莫之媒言無人爲之媒也娵子于反○明是閭字之誤楊未省照耳

嫫母力父是之嘉也嫫母醜女黃帝時人力父未詳喜悅也○力父俗本作刀父今從元刻與韓詩外傳四同

以盲爲明以聾爲聰

以危爲安以吉爲凶嗚呼上天曷維其同言或亂如此故歎而

者二、

告上天曷維其同言何可與之同也後語作曷其與同此章卽遺春申君之賦也

荀子卷第十八

荀子卷第十九

登仕郎守大理評事楊倞注

大略篇第二十七此篇蓋弟子雜錄荀卿之語皆略舉其要不可以一事名篇故揔謂之大略也舊第二十七○此卷舊不分段今案其意義之不相聯屬者閒一格以識別之

大略舉爲標首所以起下文也君人者隆禮尊賢而王重法愛民而霸好利多詐而危

欲近四旁莫如中央故王者必居天下之中禮也此明都邑居土中之意不近偏旁居中央取其朝貢道里均禮也言其禮制如此

天子外屏諸侯內屏禮也外屏不欲見外也內屏不欲見內也屏猶蔽也屏謂之樹鄭康成云若今浮思也何休注公羊云禮天子諸侯臺門天子外闕兩觀諸侯內闕一觀禮天子外屏諸侯內屏大夫以簾士以帷倞謂不欲

見内外不祭泉中魚之義也諸侯召其臣臣不俟駕顛倒衣裳而走禮也詩曰顛之倒之自公召之天子召諸侯諸侯輦輿就馬禮也輦謂人輓車言不暇待馬至故輦輿就馬也詩曰我出我輿于彼牧矣自天子所謂我來矣詩小雅出車之篇毛云出車就馬於牧地鄭云有人自天子所謂我來矣謂以王命召己也此明諸侯奉上之禮也天子山冕諸侯玄冠大夫裨冕士韋弁禮也山冕謂畫山於衣而服冕即衮冕也蓋取其龍則謂之衮冕取其山則謂之山冕鄭注周禮司服云古冕服十二章衣五章初一曰龍次二曰山次三曰華蟲次四曰火次五曰宗彝皆畫裳四章次六曰藻次七曰粉米次八曰黼次九曰黻皆繡鄭注覲禮云裨之言埤也天子六服大裘為上其餘為裨以事尊卑服之諸侯亦服焉上公衮無升龍侯伯鷩子男毳孤絺卿大夫玄鄭云大夫裨冕益亦言裨冕止於大夫士已下不得服也韋弁謂以爵韋

爲韠而載弁也玉藻曰韠君朱大夫素士爵韋也

天子御珽諸侯御荼大夫服笏禮也

御服皆器用之名尊者謂之御卑者謂之服御者言臣下所進御也珽大珪長三尺杼上終葵首謂剡上至其首而方也荼古舒字玉之上圓下方者也鄭康成云珽挺然無所屈也荼讀如舒遲之舒舒儒者所畏在前也

天子彫弓諸侯彤弓大夫黑弓禮也

彫謂彫畫爲文飾彤弓朱弓此明貴賤服御之禮也

諸侯相見卿爲介

相見謂於郊地爲會介副也聘義卿爲上擯大夫爲承擯君親禮賓言主君見聘使則以卿爲上擯出會則以卿爲上介也

以其教出畢行

教謂戒令畢行謂羣臣盡行從君也

使仁居守

使仁厚者主後事春秋傳一子守二子從此明諸侯出疆之禮又穀梁傳曰智者慮義者行仁者守然後可以會矣

聘人以珪問士以璧召人以瑗絕人以玦反絕以環

聘人以圭謂使人聘他國以珪璋也問謂訪其國事因遺之也衞侯使工尹襄問子

貢以弓是其類也說文云瑗者大孔璧也爾雅好倍肉謂之瑗瑗肉倍好謂之璧禮記曰君召臣以三節周禮珍圭以徵守鄭云以徵召守國之諸侯若今徵郡守以竹使符也然則天子以珍圭召諸侯諸侯召臣以瑗歟玦如環而缺肉好若一謂之環古者臣有罪待放於境三年不敢去與之環則還與之玦則絕皆所以見意也反絕謂反其將絕者此明諸侯以玉接人臣之禮也

人主仁心設焉知其役也禮其盡也故王者先仁而後禮天施然也人主根本所施設在仁其役用則在智盡善則在禮天施天道之所施設也此明爲國以仁爲先也

聘禮志曰幣厚則傷德財侈則殄禮禮云禮云玉帛云乎哉志記也言玉帛禮之末也禮記曰不以美沒禮也○案聘禮記曰多貨則傷于德幣美則沒禮

詩曰物其指矣唯其偕矣不時宜不敬交不驩欣雖指非禮也詩小雅魚麗之篇指與旨同美也偕齊等也時謂得時宜謂合宜此明聘好輕

財重禮之義也水行者表深使人無陷治民者表亂使人無失禮者其表也先王以禮表天下之亂今廢禮者是去表也故民迷惑而陷禍患此刑罰之所以繁也表標志也此明爲國當以禮示人也舜曰維予從欲而治虞書舜美皋陶之辭言皋陶明五刑故舜得從欲而治引之以喻禮能成聖亦猶舜賴皋陶也故禮之生爲賢人以下至庶民也非爲成聖也然而亦所以成聖也不學不成禮本爲中人設然聖人不學亦不成也堯學於君疇舜學於務成昭禹學於西王國君疇漢書古今人表作尹壽又漢藝文志小說家有務成子十一篇昭其名也尸子曰務成昭之教舜曰避天下之逆從天下之順天下不足取也避天下之順從天下之逆天下不足失也西王國未詳所說或曰大禹生於西羌西羌西王國西羌之賢人也新序子夏對哀

荀子卷十九大略篇　　三　　嘉善謝氏

公曰黃帝學于太塡顓頊學于錄圖帝嚳學于赤松子堯學于尹壽舜學于務成跗禹學于西王國湯學於成子伯文王學于時子思武王學于郭叔此明聖人亦資於教也○案新序五太塡作大眞古今人表作大塡錄圖作綠圖表同尹壽元刻作君壽宋本新序同吳祕注法言引新序作君疇成子伯新序作威子伯時子思作鋑時子思

五十不成喪七十唯衰存不成喪不備哭踊之節衰存但服縗麻而已其禮皆可略也禮記曰七十唯衰麻在身也

親迎之禮父南鄉而立子北面而跪醮而命之往迎爾相成我宗事鄭云相助也宗事宗廟之事也隆率以敬先妣之嗣若則有常儀禮作勗率鄭云勗勉也若汝也勉率婦道以敬其爲先妣之嗣也汝之行則當有常深戒之詩云大姒嗣徽音子曰諾惟恐不能敢忘命矣子言惟恐不能勉率以嗣先妣不敢忘父命也

夫行也者行禮之謂也所以稱行者在禮也禮也者貴者敬

焉老者孝焉長者弟焉幼者慈焉賤者惠焉惠亦賜也言行禮如此五者則可爲人之行也賜予其宮室猶用慶賞於國家也忿怒其臣妾猶用刑罰於萬民也宮室妻子也此明能治家則以治國也

君子之於子愛之而勿面使之而勿貌導之以道而勿彊面貌謂以顏色慰悅之不欲施小惠也故易家人曰有嚴君焉勿彊不欲使其愧也此語出曾子

禮以順人心爲本故亾於禮經而順人心者皆禮也禮記曰禮也者義之實也協諸義而協則禮雖先王未之有可以義起也○皆禮也各本作背禮者也誤

禮之大凡事生飾驩也送死飾哀也軍旅飾威也不可太質故爲之飾

親親故故庸庸勞勞仁之殺也庸功也庸庸勞勞謂稱其功勞以報有功勞者殺差等也皆仁恩之差也殺所介反貴貴尊

尊賢賢老老長長義之倫也倫理也此五者非仁恩皆出於義之理也行之得其節禮之序也行仁義得其節則是禮有次序仁愛也故親義理也故行禮節也故成非仁不親非義不行雖有仁義無禮以節之亦不成仁有里義有門里與門皆謂禮也里所以安居門所以出入也仁非其里而虛之非禮也義非其門而由之非義也虛讀爲居聲之誤也仁非其里義非其門皆謂有仁義而無禮也○非義也亦當爲非禮也推恩而不理不成仁仁雖在推恩而不得其理則不成仁謂若有父子之恩而無嚴敬之義遂理而不敢不成義雖得其理而不敢行則不成義義在果斷故曰非知之艱行之惟艱審節而不知不成禮雖能明審節制而不知其意也知或爲和和而不發不成樂雖和順積中而英華不發於外無以播於八音則不成樂故曰仁義禮樂其致一也言四

者雖殊同歸於得中故曰其致一也君子處仁以義然後仁也仁而能斷行義以禮然後義也雖能斷而不違禮然後爲義也制禮反本成末然後禮也反復也本謂仁義末謂禮節謂以仁義爲本終成於禮節也三者皆通然後道也通明三者然後爲道貨財曰賻輿馬曰賵衣服曰襚玩好曰贈玉貝曰唅此與公羊穀梁之說同玩好謂明器琴瑟笙竽之屬何休曰此皆春秋之制也賻猶覆也賵猶助也皆助生送死之禮襚猶遺也遺是助死者之禮也知生則賵賻知死則襚唅○今公羊注作知死者贈襚賻賵所以佐生也贈襚所以送死也送死不及柩尸弔生不及悲哀非禮也皆謂葬時故吉行五十犇喪百里賵贈及事禮之大也既說弔贈及事因明奔喪亦玄行遠也禮記奔喪曰日行百里不以夜行禮者政之輓也如輓車然爲政

不以禮政不行矣　天子卽位上卿進曰如之何憂之長也能除患則爲福不能除患則爲賊授天子一策上卿於周若冢宰也皆謂書於策讀之而授天子深戒之也言天下安危所繫其憂甚遠長問何以治之能爲天下除患則百福歸之不能則反爲賊害策編竹爲之後易之以玉焉中卿進曰配天而有下土者先事慮事先患慮患先事慮事謂之接接讀爲捷速也中卿若宗伯也接則事優成先患慮患謂之豫豫則禍不生事至而後慮者謂之後後則事不舉患至而後慮者謂之困困則禍不可禦授天子二策禦禁二策第二策也下卿進曰敬戒無怠慶者在堂弔者在閭下卿若司寇也慶者雖在堂弔者已在門言相襲之速閭門也禍與福鄰莫知其門言同

一門出入也賈誼曰憂喜聚門豫哉豫哉萬民望之授天子三策豫哉言可戒備也三策第三策禹見耕者耦立而式過十室之邑必下兩人其耕曰耦論語曰長沮桀溺耦而耕十室之邑必有忠信故下之也殺大蚤朝大晚非禮也殺謂田獵禽獸也禮記曰天子殺則下大綏諸侯殺則下小綏大夫殺則止佐車蚤謂下先上也又曰朝辨色始入殺太蚤爲陵犯也朝太晚爲懈弛也或曰禮記曰獺祭魚然後虞人入澤梁豺祭獸然後田獵先於此爲早也又曰田不以禮是暴天物也治民不以禮動斯陷矣平衡曰拜下衡曰稽首至地曰稽顙平衡謂磬折頭與腰如衡之平禮記平衡與此義殊大夫之臣拜不稽首非尊家臣也所以辟君也辟讀爲避一命齒於鄉再命齒於族三命族人雖七十不敢先一命公侯之士再命大夫三命卿也鄭注禮記曰此皆鄉

飲酒時齒謂以年次坐若立也禮記曰三命不齒族人雖七十者不敢先言不唯不與少者齒老者亦不敢先也

上大夫中大夫下大夫

此覆一命再命三命也一命雖公侯之士子男之大夫也故曰下大夫也

吉事尚尊喪事尚親

吉事朝廷列位也喪事以親者爲主禮記曰以服之精麤爲序也

君臣不得不尊父子不得不親兄弟不得不順夫婦不得不驩少者以長老者以養

不得謂不得聖人之禮法驩與歡同

故天地生之聖人成之

聘問也

享獻也私覿私見也

使大夫出以圭璋聘所以相問也聘享奉束帛加璧享所以有獻也享畢賓奉束錦以請覿所以私見也聘享以賓禮見私覿以臣禮見故曰私見鄭注儀禮云享獻也既聘又獻所以厚恩意也

言語之美穆穆皇皇

爾雅曰穆穆敬也皇皇正也郭璞云皇皇自脩正貌穆穆容儀謹敬也皆由言語之美所以威儀脩飾或曰穆穆美也皇皇有光儀也詩

曰皇皇者華朝廷之美濟濟鎗鎗鎗與蹌同濟濟多士貌蹌蹌有行列貌

爲人臣下者有諫而無訕有亾而無疾有怨而無怒謗上曰訕亾去也疾與嫉同惡也怨謂若公弟叔肸衞侯之弟鱄怒謂若慶鄭也

君於大夫三問其疾三臨其喪於士一問一臨諸侯非問疾弔喪不之臣之家之往也禮記曰諸侯非問疾弔喪而入諸臣之家是謂君臣爲謔也

既葬君若父之友食之則食矣不辟粱肉有酒醴則辭鄭云尊者之前可以食美變於顏色亦不可也

寢不踰廟設衣不踰祭服禮也謂制度精麤設宴也

易之咸見夫婦易咸卦艮下兌上艮爲少男兌爲少女故曰見夫婦夫婦之道不可不正也君臣父子之本也易說卦曰有天地然後有男女有男女然後有夫婦有夫婦然後有父子有父子然後有君臣故以

夫婦爲本咸感也以高下下以男下女柔上而剛下陽唱陰和然後相成也聘士之義親迎之道重始也聘士謂若安車束帛重其禮也迎魚敬反禮者人之所履也失所履必顛蹶陷溺所失微而其爲亂大者禮也禮之於正國家也如權衡之於輕重也如繩墨之於曲直也故人無禮不生事無禮不成國家無禮不寧和樂之聲此言珩珮之聲和樂人心步中武象趨中韶護珮玉之聲緩則中武象速則中韶護禮記曰古之君子必珮玉右徵角左宮羽趨以采薺行以肆夏是其類也或曰此和樂謂在車和鸞之聲步驟之節也君子聽律習容而後士君子在位者之通稱禮記曰既服習容觀玉聲聽律謂聽珮聲使中音律也言威儀如此乃可爲士士者修立之名也霜降逆女冰泮殺內

十日一御此蓋誤耳當爲冰泮逆女霜降殺內故詩曰士如歸妻迨冰未泮殺減也內謂妾御也十日一御卽殺內之義冰泮逆女謂發生之時合男女也霜降殺內謂閉藏之時禁嗜欲也月令在十一月此云霜降荀卿與呂氏所傳聞異也鄭云歸妻謂請期也冰未泮正月中以前二月可以成婚矣故云冰泮逆女殺所介反○案詩陳風東門之揚毛傳云言男女失時不待秋冬正義引荀卿語幷云毛公親事荀卿故亦以秋冬爲婚期家語所說亦同匏有苦葉所云迨冰未泮周官媒氏仲春會男女皆是要其終言不過是耳楊注非十日一御君子之謹游於房也不必連冰泮言

坐視膝立視足應對言語視面儀禮士相見云子視父則遊目無上於面無下於帶若不言立則視足坐則視膝鄭云不言則伺其行起而已立視前六尺而大之六六三十六三丈六尺蓋臣於君前視也近視六尺自此而廣之雖遠視不過三丈六尺曲禮曰立視五嶲彼在車上故與此不同也

文貌情用相爲內外表裏文謂禮物貌謂

威儀情謂中誠用謂語言質文相成不可偏用也禮之中焉能思索謂之能慮　禮者本末相順終始相應　禮者以財物爲用以貴賤爲文以多少爲異並解於禮論篇　下臣事君以貨中臣事君以身上臣事君以人貨謂聚斂及珍異獻君身謂死衛社稷人謂舉賢也　易曰復自道何其咎易小畜卦初九之辭復返也自從也本雖有失返而從道何其咎過也　春秋賢穆公以爲能變也公羊傳曰秦伯使遂來聘遂者何秦大夫也秦無大夫此何以書賢穆公也何賢乎穆公以爲能變也謂前不用蹇叔百里之言敗於殽函而自變悔作秦誓詢茲黃髮是也　士有妒友則賢交不親君有妒臣則賢人不至蔽公者謂之昧隱良者謂之妒掩蔽公道謂之暗昧　奉妒昧者謂之交譎交通於譎詐之人相成爲惡也　交譎之

人妒昧之臣國之薉孽也（薉與穢同孽妖孽言終爲國之災害也）口能言之身能行之國寶也口不能言身能行之國器也（如器物雖不言而有行也）口能言之身不能行國用也（國賴其言而用也）口言善身行惡國妖也治國者敬其寶愛其器任其用除其妖　不富無以養民情（衣食足知榮辱）不教無以理民性（人性惡故須教）故家五畝宅百畝田務其業而勿奪其時所以富之也（宅居處也百畝一夫田也務謂勸勉之孟子曰五畝之宅樹之以桑五十者可以衣帛矣百畝之田無失其時八口之家可以無飢矣）立大學設庠序脩六禮明十教所以道之也詩曰飲之食之教之誨之王事具矣（禮記曰六禮冠昏喪祭鄉相見十教卽十義也禮記曰父慈子孝兄良弟悌夫義婦

聽長惠幼順君仁臣忠十者謂之人義道謂教道之也十或爲七也武王始入殷表商容之閭釋箕子之囚哭比干之墓天下鄉善矣表築旌之言武王好善天下鄉之孔安國曰商容殷之賢人紂所貶退也天下國有俊士世有賢人天下之國皆有俊士每世皆有賢人迷者不問路溺者不問遂亾人好獨以喻雖有賢俊不能用也所以迷由於不問路溺由於不問遂亾由於好獨遂謂徑隧水中可涉之徑也獨謂自用其計詩曰我言維服勿用爲笑先民有言詢于芻蕘言博問也詩大雅板之篇毛云芻蕘薪者也鄭云服事也我之所言乃今之急事汝無笑也有法者以法行無法者以類舉皆類於法而舉之也以其本知其末以其左知其右凡百事異理而相守也其事雖異其守則一謂若爲善不同同歸於理之類也慶賞刑罰

通類而後應（通明於類然後百姓應之謂必賞功罰必罰罪不失其類）政教習俗相順而後行（順人心然後可行也）八十者一子不事九十者舉家不事廢疾非人不養者一人不事父母之喪三年不事齊衰大功三月不事從諸侯不（不當爲來謂從他國來或君之人入采地）與新有昏朞不事（古者有喪昏皆不事所以重其哀戚與嗣續也事謂力役）

子謂子家駒續然大夫不如晏子（子孔子謂言也子家駒魯公子慶之孫公孫歸父之後名羈駒其字也續言補續君之過不能興功用故不如晏子也○續然大夫四字未詳）晏子功用之臣也不如子產（雖有功用不如子產之恩惠也）子產惠人也不如管仲（雖有恩惠不如管仲之才略也）管仲之爲人力功不力義力知不力仁（雖九合諸侯一匡天下而不全用仁義也）野人

也不可以爲天子大夫言四子皆類郊野之人未浸漬於仁義故不可爲王者佐

孟子三見宣王不言事門人曰曷爲三遇齊王而不言事孟子曰我先攻其邪心以正色攻去邪心乃可與言也公行子之之燕孟子曰公行子有子之喪右師往弔趙岐云齊大夫也子之蓋其先也遇曾元於塗曰燕君何如曾元曰志卑言不求遠大也曾元曾參之子志卑者輕物物事輕物者不求助不求賢以自輔苟不求助何能舉既無輔助必不勝任矣氐羌之虜也謂見俘掠不憂其係壘也而憂其不焚也壘讀爲纍氐羌之俗死則焚其屍今不憂虜獲而憂不焚是愚也呂氏春秋曰憂其死而不焚利夫秋豪害靡國家然且爲之幾爲知計哉靡披靡也利夫秋豪之細其害遂披靡而來及於國家言不卹其大而憂其小與氐羌之虜何異幾

辭也或曰幾讀爲豈今夫亾箴者終日求之而不得其得之非目益明也眸而見之也心之於慮亦然眸謂以眸子審視之也言心於思慮亦當反覆盡其精妙如眸子之求箴也義與利者人之所兩有也雖堯舜不能去民之欲利然而能使其欲利不克其好義也克亦勝也雖桀紂亦不能去民之好義然而能使其好義不勝其欲利也故義勝利者爲治世利克義者爲亂世上重義則義克利上重利則利克義故天子不言多少諸侯不言利害大夫不言得喪皆謂言貨財也士不通貨財士賤雖得言之亦不得貨遷如商賈也有國之君不息牛羊息蕃育也錯質之臣不息雞豚錯置也質讀爲贄孟子曰出疆必載

質蓋古字通耳置贄謂執贄而置於君士相見禮曰士大夫奠贄於君再拜稽首禮記曰畜乘馬者不察於雞豚或曰置質猶言委質也言凡委質爲人臣則不得與下爭利家卿不脩幣大夫不爲場園家卿上卿不脩幣謂不脩財幣販息之也治稼穡曰場樹菜蔬曰園謂若公儀子不奪園夫工女之利也從士以上皆羞利而不與民爭業樂分施而恥積臧然故民不困財貧窶者有所竄其手竄容也謂容集其手而力作也文王誅四武王誅二周公卒業至成康則案無誅已並解在仲尼篇言周公終王業猶不得無誅伐至成康然後刑措也重引此者明不與民爭利則刑罰省也多積財而羞無有羞貧重民任而誅不能使民不能勝任而復誅之此邪行之所以起刑罰之所以多也上好羞則民闇飾矣好羞貧而事奢侈則民闇自脩飾也上好富則

民死利矣二者亂之衢也衢道民語曰欲富乎忍恥矣傾絕矣絕故舊矣與義分背矣忍恥不顧廉恥傾絕謂傾身絕命而求也分背如人分背而行上好富則人民之行如此安得不亂湯旱而禱曰政不節與使民疾與何以不雨至斯極也疾苦宮室榮與婦謁盛與何以不雨至斯極也榮盛謁請也婦謁盛謂婦言是用也苞苴行與讒夫興與何以不雨至斯極也貨賄必以物苞裹故總謂之苞苴興起也鄭注禮記云苞苴裹魚肉者或以葦或以茅也天之生民非爲君也天之立君以爲民也故古者列地建國非以貴諸侯而已列官職差爵祿非以尊大夫而已差謂制等級也主道知人臣道知事人謂賢良事謂職守故舜之

治天下不以事詔而萬物成不以事詔告但委任而已謂若使禹治水不告治水之方略農精於田而不可以爲田師工賈亦然以賢易不肖不待卜而後知吉以治伐亂不待戰而後知克無人禦敵故知必克齊人欲伐魯忌卞莊子不敢過卞卞魯邑莊子卞邑大夫有勇者晉人欲伐衛畏子路不敢過蒲蒲衞邑子路蒲宰杜元凱云蒲邑在長垣縣西南不知而問堯舜好問則無不知故可比聖人也無有而求天府知無而求之是有天府之富曰先王之道則堯舜已問先王之道則可爲堯舜六貳之博則天府已求財於六貳之博得之不窮故曰天府天府天之府藏言六貳之博可以得貨財先王之道可以爲堯舜故以喻焉六貳之博即六博也王逸注楚辭云投六箸行六棊故曰六博今之博局亦二六相對也○貳當作戟聲之誤也即六經

也

君子之學如蛻幡然遷之如蟬蛻也幡與翻同故其行效其立效其坐效其置顏色出辭氣效效放也置措也言造次皆學而不捨也無留善有善即行無留滯無宿問當時即問不俟經宿善學者盡其理善行者究其難非知之艱行之惟艱故善行之者是究其難君子立志如窮似不能通變雖天子三公問正以是非對至尊至貴對之唯一故曰如窮也君子隘窮而不失不失道而隕穫○隘窮即阨窮勞倦而不苟不苟免也臨患難而不忘細席之言尸子子夏曰君子漸於飢寒而志不僻侉於五兵而辭不懾臨大事不忘昔席之言昔席蓋昔所踐履之言此細亦當讀爲昔或曰細席講論之席臨難不忘素所講習忠義之言漢書王吉諫昌邑王曰廣厦之下細旃之上○案廣韻侉痛呼也安賀切宋本作銙字書無攷今從元刻歲不寒無以知松柏事

不難無以知君子無日不在是（無有一日不懷道所謂造次必於是也）雨小漢故潛（未詳或曰爾雅云漢爲潛李巡曰漢水溢流爲潛今云雨小漢故潛言漢者本因雨小水濫觴而成至其盛也乃溢爲潛矣言自小至大者也）夫盡小者大積微者著德至者色澤洽行盡而聲問遠（色澤洽謂德潤身行下孟反）小人不誠於內而求之於外言而不稱師謂之畔（畔者倍之半也）教而不稱師謂之倍（教人不稱師其罪重故謂之倍倍者反逆之名也）倍畔之人明君不內朝士大夫遇諸塗不與言不足於行者說過（言說太過故行不能副也）不足於信者誠言（數欲誠實其言故信不能副君子所以貴行不貴言也）故春秋善胥命而詩非屢盟其心一也（春秋魯桓公三年齊侯衛侯胥命于蒲公羊傳曰相命也何言乎相命近正也）

古者不盟結言而退又詩曰君子屢盟亂是用長言其一心而相信則不在盟誓也

善爲詩者不說善爲易者不占善爲禮者不相其心同也

皆言與理冥會者至於無言說者也相謂爲人贊相也

曾子曰孝子言爲可聞行爲可見

發言使人可聞不詐妄也立行使人可見不苟爲斯爲孝子也

言爲可聞所以說遠也行爲可見所以說近也近者說則親遠者說則附親近而附遠孝子之道也

說皆讀爲悅近親遠附則毀辱無由及親也

曾子行晏子從於郊曰嬰聞之君子贈人以言庶人贈人以財嬰貧無財請假於君子贈吾子以言

假於君子謙辭也晏子先於孔子曾子之父猶爲孔子弟子此云送曾子豈好事者爲之歟

乘輿之輪太山之木也示諸檃栝三月五月爲幬菜

敝而不反其常此皆言車之材也示讀爲寘檃栝矯煣木之器也言寘諸檃栝或三月或五月也幬菜未詳或曰菜讀爲菑謂轂與輻也言矯煣直木爲牙至於轂輻皆敝而規曲不反其初所謂三材不失職也周禮考工記曰望其轂欲其眼也進而視之欲其幬之廉也鄭云幬冒轂之革也革急則木廉隅見考工記又曰察其菑蚤不齵則輪雖敝不匡鄭云菑謂輻入轂中者也蚤讀爲爪謂輻入牙中者也匡刺也晏子春秋曰今夫車輪山之直木良匠煣之其員中規雖有槁暴不復贏矣君子之檃栝不可不謹也慎之爲移其性故不可慢蘭茝稾本漸於蜜醴一佩易之雖皆香草然以浸於甘醴一玉佩方可易買之言所漸者美而加貴也佩或爲倍謂其一倍也漸浸也子廉反此語與晏子春秋不同也○晏子作今夫蘭本三年而成湛之苦酒則君子不近庶人不佩湛之麋醢而賈匹馬矣說苑家語略同麋醢作鹿醢稾漸於蜜醴與漸於酒漸之滫中皆謂其不可久故一佩卽易之各書俱一意注非正君漸於香酒可讒而得

也雖正直之君其所漸染如香之於酒則讒邪可得而入言甘醴變香草之性甘言變正君之性或爲美或爲惡皆在其所漸染也君子之所漸不可不慎也人之於文學也猶玉之於琢磨也詩曰如切如磋如琢如磨謂學問也和之璧井里之厥也玉人琢之爲天子寶和之璧楚人卞和所得之璧也井里里名厥也未詳或曰厥石也晏子春秋作井里之困也○案厥同厭說文厭門梱也梱門厭也荀子以厥爲厭晏子以困爲梱皆謂門限意林不解乃改爲璞矣子贛季路故鄙人也被文學服禮義爲天下列士學問不厭好士不倦是天府也言所得多君子疑則不言未問則不立道遠日益矣未曾學問不敢立爲論議所謂不知爲不知也爲道久遠自日有所益不必道聽塗說也此語出曾子多知而無親博學而無方

好多而無定者君子不與（無親不親師也方法也此皆謂雖廣博而無師法也）少不諷壯不論議雖可未成也（諷謂就學諷詩書也言不學雖有善質未爲成人也）君子壹教弟子壹學亟成（壹專壹也亟急也己力反）君子進則能益上之譽而損下之憂（進仕損減）不能而居之誣也無益而厚受之竊也（誣君竊位）學者非必爲仕而仕者必如學（如往）子貢問於孔子曰賜倦於學矣願息事君（息休息）孔子曰詩云溫恭朝夕執事有恪事君難事君焉可息哉（詩商頌那之篇）然則賜願息事親孔子曰詩云孝子不匱永錫爾類事親難事親焉可息哉（詩大雅既醉之篇毛云匱竭也類善也言孝子之養無有匱竭之時故天長賜以善也）然則賜願

息於妻子孔子曰詩云刑于寡妻至于兄弟以御于家邦妻子難妻子焉可息哉詩大雅思齊之篇刑法也寡有之妻言賢也御治也言文王先立禮法於其妻以至于兄弟然後治于家邦言自家刑國也然則賜願息於朋友孔子曰詩云朋友攸攝攝以威儀朋友難朋友焉可息哉亦既醉之篇毛云言相攝佐者以威儀也然則賜願息耕孔子曰詩云晝爾于茅宵爾索綯亟其乘屋其始播百穀耕難耕焉可息哉詩豳風七月之篇于茅往取茅也綯絞也亟急也乘屋升屋治其敝漏也然則賜無息者乎孔子曰望其壙皋如也嵮如也鬲如也此則知所息矣壙丘壠皋當爲宰宰冢也宰如高貌嵮與塡同謂土塡塞也鬲謂隔絕於上列子作宰如墳如張湛注云見其墳壤鬲異則知息之有所也○公羊僖卅三年

傳宰上之木拱矣是宰訓冢也冢大也如大山也嵮讀爲顛山頂也鬲如形如寶五穀之器也山有似鬲者矣列子嵮如作墳如如大防也子貢曰大哉死乎君子息焉小人休焉國風之好色也傳曰盈其欲而不愆其止好色謂關雎樂得淑女也盈其欲謂好仇寤寐思服也止禮也欲雖盈滿而不敢過禮求之此言好色人所不免美其不過禮也故詩序云關雎樂得淑女以配君子憂在進賢不淫其色哀窈窕思賢才而無傷善之心焉是關雎之義也其誠可比於金石其聲可內於宗廟其誠以禮自防之誠也比於金石言不變也其聲可內於宗廟謂以其樂章播八音奏於宗廟鄉飲酒禮合樂周南關雎葛覃詩序云關雎后妃之德風之始也所以風化天下故用之鄉人焉用之邦國焉旣云用之邦國是其聲可內於宗廟者也小雅不以於汙上自引而居下以用也汙上驕君也言作小雅之人不爲驕君所用自引而疏遠也疾今之政以思往者其言

有文焉其聲有哀焉小雅多刺幽厲而思文武言有文謂不鄙陋聲有哀謂哀以思也

國將興必貴師而重傅貴師而重傅則法度存國將衰必賤師而輕傅賤師而輕傅則人有快人有肆意人有快則法度壞

古者匹夫五十而士禮四十而士五十而後爵此云五十而士恐誤或曰爲鄉士

天子諸侯子十九而冠冠而聽治其教至也十九而冠先於臣下一年也雖人君之子猶年長而冠冠而後聽其政治以明教至然後治事不敢輕易

君子也者而好之其人有君子之質而所好得其人謂得賢師也其人也而不教不祥祥善非君子而好之非其人也既無君子之質又所好非其人也非其人而教之齎盜糧借賊兵也若使不善人教非君子是猶資借盜賊之兵兵糧爲害滋甚不如不教也齎與資同兵五兵

也○此條言所好者君子是爲得其人非君子而好之則所好非其人也人可與言而不教是爲不祥不可與言而教之則又貲盜糧借賊兵也楊注不了　不自嗛其行者言濫過嗛足也謂行不足也所以不足其行者由於言辭汎濫過度也古之賢人賤爲布衣貧爲匹夫食則饘粥不足衣則豎褐不完然而非禮不進非義不受安取此豎褐僮豎之褐亦短褐也言賢人雖貧竆義不苟進安取此言過而行不副之事乎　子夏貧衣若縣鶉人曰子何不仕曰諸侯之驕我者吾不爲臣大夫之驕我者吾不復見柳下惠與後門者同衣而不見疑非一日之聞也柳下惠魯賢人公子展之後名獲字禽居於柳下謚惠季其伯仲也後門者君之守後門至賤者子夏言昔柳下惠衣之弊惡與後門者同時人尙無疑怪者言安於貧賤渾跡而人不知也非一日之聞言聞之久矣

○案柳下惠一條不當蒙上文與後門同衣而不見疑蓋卽毛詩巷伯篇故訓傳所云嫗不逮門之女而國人不稱其亂也非一日之聞言素行爲人所信

爭利如蚤甲而喪其掌蚤與爪同言仕亂世驕君縱得小利終喪其身○蚤者叉字之假借叉甲同義爪訓覆手不與蚤同此亦當别爲一條

君人者不可以不慎取臣匹夫者不可以不慎取友友者所以相有也友與有同義相有謂不使喪亾道不同何以相有也均薪施火火就燥平地注水水流溼夫類之相從也如此之箸也以友觀人焉所疑察其友則可以知人之善惡不疑也取友善人不可不慎是德之基也取友求善人不可不慎是德之基本言所以成德也○俗本正文亦作取友求善人宋本元刻皆無求字若有注可不費辭矣

詩曰無將大車維塵冥冥言無與小人處也詩小雅無將大

車之篇將猶扶進也將車賤者之事塵冥冥蔽人目明令無所見與小人處亦然也藍苴路作似知而非未詳其義或曰苴讀爲姐慢也趙蕤注長短經知人篇曰姐者類智而非智或讀爲狙伺也姐子野反僈弱易奪似仁而非仁者不爭而與物故僈弱易奪者似之易奪無執守之謂也○僈與懦同從宋本悍戇好鬭似勇而非也悍兇戾戇愚也丁絳反仁義禮善之於人也辟之若貨財粟米之於家也多有之者富少有之者貧至無有者窮故大者不能小者不爲是棄國捐身之道也○捐宋本作損今從元刻凡物有乘而來乘其出者是其反者也反復也出去也凡乘埶而來乘埶而去者皆是物之還反也言善惡皆所自取也流言滅之貨色遠之禍之所由生也生自纖纖也是故君子蚤絕之流言謂流

轉之言不定者也滅亦絶也凡禍之所由生自纖纖微細故君子早絶其萌此語亦出曾子○元刻作禍之所由生自纖纖也與大戴曾子立事篇同

言之信者在乎區蓋之閒區藏物處蓋所以覆物者凡言之可信者如物在器皿之閒言有分限不流溢也器名區者與匚同義漢書儒林傳唐生褚生應博士弟子選試誦說有法疑者匚蓋不言匚與區同也

疑則不言未問則不立重引此兩句以明之

知者明於事達於數不可以不誠事也誠忠誠言不可以虛妄事智者○事智者元刻作了知也

故曰君子難說說之不以道不說也說並音悅

語曰流丸止於甌臾流言止於知者甌臾皆瓦器也揚子雲方言云陳魏楚宋之閒謂罃爲臾甌臾謂地之坳坎如甌臾者也或曰甌臾窳下之地史記曰甌窶滿溝汙邪滿車裴駰云甌窶傾側之地汙邪下地也邪與臾聲相近蓋同也

此家言邪學之所以惡儒者也窶力侯反汙烏瓜反

家言謂偏見自成一家之言若宋墨者是非疑則度之以遠事驗之以
近物參之以平心流言止焉惡言死焉參驗之至則流言息死猶
盡也鄭康成云死之言澌澌猶消盡也曾子食魚有餘曰泔之門人
曰泔之傷人不若奧之泔與奧皆烹和之名未詳其說曾子泣涕曰
有異心乎哉傷其聞之晚也曾子自傷不知以食餘之傷人故泣涕深自引
過謝門人曰吾豈有異心故欲傷人哉乃所不知也言此者以譏時人飾非自是恥言不知與曾子異也
無用吾之所短遇人之所長遇當也言己才藝有所短宜自審其分不
可彊欲當人所長而辨爭也故塞而避所短移而從所仕疏知而
不法察辨而操辟勇果而亾禮君子之所憎惡也塞掩
也移就也仕與事同事所能也言掩其不善務其所能也疏通也察辨而操辟謂聰察其辨所操之事邪

僻也操七刀反多言而類聖人也［應萬變故多類謂皆當其類而無乖越此聖人也］少言而法君子也多言無法而流喆然雖辯小人也［喆當為湎非十二子篇有此語此當同或曰當為嗒也］國法禁拾遺惡民之串以無分得也［串習也工患反］有夫分義則容天下而治無分義則一妻一妾而亂天下之人唯各特意哉然而有所共予也［特意謂人人殊意予讀為與○唯元刻作雖］言味者予易牙言音者予師曠言治者予三王［易牙齊桓公宰夫知味者師曠晉平公樂師知音者］三王既已定法度制禮樂而傳之有不用而改自作何以異於變易牙之和更師曠之律無三王之治天下不待亾國不待死［言不暇有所待而死亾速之甚也更工衡

反飲而不食者蟬也不飲不食者浮蝣也浮蝣渠略朝生夕死蟲也言此者以喻人既飲且食必須求先王法略爲治不得苟且如浮蝣輩也

虞舜孝己孝而親不愛比干子胥忠而君不用仲尼顏淵知而窮於世劫迫於暴國而無所辟之辟讀爲避言賢者不遇時危行言遜則崇其善揚其美言其所長而不稱其所短也惟惟而亾者誹也惟讀爲唯唯以癸反唯唯聽從貌常聽從人而不免亾者由於退後卽誹謗也博而窮者訾也清之而兪濁者口也已解於榮辱篇

君子能爲可貴不能使人必貴己能爲可用不能使人必用己脩德在己所遇在命

誥誓不及五帝誥誓以言辭相誡約也禮記曰約信曰誓又曰殷人作誓而民始畔盟詛不及三王涖牲曰盟盟謂殺牲歃血告神以盟約也

交質子不及五伯此言後世德義不足雖要約轉深猶不能固也伯讀曰霸穀梁傳亦有此語

荀子卷第十九

三

藏版

荀子卷第二十

登仕郎守大理評事楊倞注

宥坐篇第二十八

此以下皆荀卿及弟子所引記傳雜事故總推之於末

孔子觀於魯桓公之廟有欹器焉春秋哀公三年桓宮僖宮災公羊傳曰此皆毁廟也其言災何復立也或曰三桓之祖廟欹器傾欹易覆之器孔子問於守廟者曰此爲何器守廟者曰此蓋爲宥坐之器宥與右同言人君可置於坐右以爲戒也說苑作坐右或曰宥與侑同勸也文子曰三王五帝有勸戒之器名侑卮注云欹器也○今說苑作右坐見敬愼篇孔子曰吾聞宥坐之器者虛則欹中則正滿則覆孔子顧謂弟子曰注水焉弟子挹水而注之挹酌中而正滿而覆虛而欹孔子喟然而歎曰

吁惡有滿而不覆者哉子路曰敢問持滿有道乎孔子曰聰明聖知守之以愚功被天下守之以讓勇力撫世守之以怯撫掩也猶言蓋世矣○據注則撫乃幠字之誤家語三恕篇作振世富有四海守之以謙此所謂挹而損之之道也挹亦退也挹而損之猶言損之又損

孔子爲魯攝相朝七日而誅少正卯爲司寇而攝相也朝謂聽朝也門人進問曰夫少正卯魯之聞人也夫子爲政而始誅之得無失乎聞人謂有名爲人所聞知者也始誅先誅之也孔子曰居吾語女其故人有惡者五而盜竊不與焉一曰心達而險二曰行辟而堅三曰言僞而辯四曰記醜而博五

曰順非而澤心達而險謂心通達於事而凶險也辟讀曰僻醜謂怪異之事澤有潤澤也此五者有一於人則不得免於君子之誅而少正卯兼有之故居處足以聚徒成羣言談足以飾邪營衆強足以反是獨立此小人之桀雄也不可不誅也營讀為熒熒衆惑衆也強剛愎也反是以非為是也獨立人不能傾之也是以湯誅尹諧文王誅潘止周公誅管叔太公誅華仕管仲誅付里乙子產誅鄧析史付韓子曰太公封於齊東海上有居士狂矞華仕昆弟二人立議曰吾不臣天子不友諸侯耕而食之掘而飲之吾無求於人無上之名無君之祿不仕而事力太公使執而殺之以為首誅周公從魯聞急傳而問之曰二子賢者也今日饗國殺之何也太公曰是昆弟立議曰不臣天子是望不得而臣也不友諸侯是望不得而使也耕而食之掘而飲之無求於人是望不得以賞罰勸

禁也且先王之所以使其臣民者非爵祿則刑罰也今四者不足以使之則望誰爲君乎是以誅之尹諧潘止付里乙史付事跡竝未聞也○家語作管仲誅付乙子產誅史何注先王宋本作夫王無下民字今據韓子外儲說右上增正此七子者皆異世同心不可不誅也詩曰憂心悄悄慍于羣小小人成羣斯足憂矣詩邶風柏舟之篇悄悄憂貌慍怒也

孔子爲魯司寇有父子訟者孔子拘之三月不別別猶決也謂不辨別其子之罪其父請止孔子舍之季孫聞之不說曰是老也欺予老大夫之尊稱春秋傳曰使圍將不得爲寡君老也語予曰爲國家必以孝今殺一人以戮不孝又舍之冉子以告孔子慨然歎曰嗚呼上失之下殺之其可乎不教其民

而聽其獄殺不辜也三軍大敗不可斬也獄犴不治不可刑也罪不在民故也獄犴不治謂法令不當也犴亦獄也詩曰宜犴宜獄獄字從二犬象所以守者犴胡地野犬亦善守故獄謂之犴也嫚令謹誅賊也嫚與慢同謹嚴也賊賊害人也今生也有時斂也無時暴也言生物有時而賦斂無時是陵暴也○生也二字各本皆脫今案注增不教而責成功虐也已此三者然後刑可卽也已止卽就書曰義刑義殺勿庸以卽予維曰未有順事言先教也書康誥言周公命康叔使以義刑義殺勿用以就汝之心不使任其喜怒也維刑殺皆以義猶自謂未有使人可順守之事故有抵犯者自責其教之不至也故先王既陳之以道上先服之服行也謂先自行之然後教之若不可尚賢以綦之若不可廢不能以單之綦極也謂優寵也單盡也

畫謂黜削單或爲殫○家語始誅篇作尙賢以勸之又不可而後以威憚之此注單或爲殫元刻作或爲憚與家語同同綦三年而百姓往矣百姓從化極不過三年也○往乃從之誤下注邪民不從然後俟之以刑則民知罪矣百姓既往然後誅其姦邪也詩曰尹氏大師維周之氏秉國之均四方是維天子是庳卑民不迷詩小雅節南山之篇氏本也庳讀爲毗輔也卑讀爲俾是以威厲而不試刑錯而不用此之謂也厲抗也試亦用也但抗其威而不用也錯置也如置物於地不動也今之世則不然亂其教繁其刑其民迷惑而墮焉則從而制之是以刑彌繁而邪不勝三尺之岸而虛車不能登也百仞之山任負車登焉何則陵遲故也岸崖也負重也任負車任重之車也遲慢也陵遲言丘陵之勢漸慢

也王肅云陵遲陂池也○案淮南子山以陵遲故能高陵遲猶迆邐陂陀之謂此注與匡謬正俗俱訓陵爲丘陵似泥數仞之牆而民不踰也百仞之山而豎子馮而游焉陵遲故也今夫世之陵遲亦久矣而能使民勿踰乎詩曰周道如砥其直如矢君子所履小人所視眷焉顧之潸焉出涕豈不哀哉詩小雅大東之篇言失其砥矢之道所以陵遲哀其法度墮壞

詩曰瞻彼日月悠悠我思道之云遠曷云能來詩邶風雄雉之篇○舊本連上文今案當分段子曰伊稽首不其有來乎稽首恭敬之至有所不來者爲上失其道而人散也若施德化使下人稽首歸向雖道遠能無來乎

孔子觀於東流之水子貢問於孔子曰君子之所以

見大水必觀焉者是何孔子曰夫水大徧與諸生而無爲也似德徧與諸生謂水能徧生萬物爲其不有其功似上德不德者說苑作徧予而無私其流也埤下裾拘必循其理似義埤讀爲卑裾與倨同方也拘讀與鉤同曲也其流必就卑下或方或曲必循卑下之理似義者無不循理也說苑作其流卑下句倨皆循其理似義○案宋本引說苑作其流也卑下句倨之也情義分然者也文義舛譌今案本書雜言篇訂正其洸洸乎不淈盡似道洸讀爲滉滉水至之貌淈讀爲屈竭也似道之無窮也淈家語作浩浩無屈盡之期似道也若有決行之其應佚若聲響其赴百仞之谷不懼似勇決行決之使行也佚與逸同奔逸也若聲響言若響之應聲也似勇者果於赴難也主量必平似法主讀爲注量謂阬受水之處也言所經阬坎注必平之然後過似有法度者均平也盈不求概似正概平斗斛之木也考工記曰概而不稅言水盈

滿則不待概而自平如正者不假於刑法之禁也淖約微達似察淖當爲綽約弱也綽約柔弱也雖至柔弱而侵淫通達於物似察之見細微也說苑作綽弱微達以出以入以就鮮絜似善化言萬物出入於水則必鮮絜似善化者之使人去惡就美也說苑作不清以入鮮絜以出也其萬折也必東似志折縈曲也雖東西南北千萬縈折不常然而必歸於東似有志不可奪者說苑作其折必東也是故君子見大水必觀焉

孔子曰吾有恥也吾有鄙也吾有殆也幼不能彊學老無以教之吾恥之無才藝以教人也去其故鄉事君而達卒遇故人曾無舊言吾鄙之舊言平生之言卒倉忽反與小人處者吾殆之也

孔子曰如垤而進吾與之如丘而止吾已矣今學曾

未如肬贅則具然欲爲人師肬贅結肉莊子曰以生爲負贅懸肬肬音尤具然自滿足之貌也○此條舊不提行今案當分段下兩條同

孔子南適楚厄於陳蔡之閒七日不火食藜羹不糂糂與糝同蘇覽反弟子皆有飢色子路進問之曰由聞之爲善者天報之以福爲不善者天報之以禍今夫子累德積義懷美行之日久矣奚居之隱也隱謂窮約孔子曰由不識○家語在厄篇作由未之識也吾語女女以知者爲必用邪王子比干不見剖心乎女以忠者爲必用邪關龍逢不見刑乎○逢字從元刻與家語同宋本作逄誤女以諫者爲必用邪吳子胥不磔姑蘇東門外乎磔車裂也姑蘇吳都名也夫遇不遇

者時也賢不肖者材也君子博學深謀不遇時者多矣由是觀之不遇世者衆矣何獨丘也哉且夫芷蘭生於深林非以無人而不芳君子之學非爲通也不爲求通爲窮而不困憂而意不衰也知禍福終始而心不惑也皆爲樂天知命夫賢不肖者材也爲不爲者人也爲善不爲善在人也遇不遇者時也死生者命也今有其人不遇其時雖賢其能行乎苟遇其時何難之有故君子博學深謀脩身端行以俟其時孔子曰由居吾語女昔晉公子重耳霸心生於曹重耳晉文公名亾過曹曹共公聞其駢脅使其裸浴薄而觀之公因此激怒而霸心生也越王句踐霸心生於會稽謂以甲盾五千棲於

會稽也齊桓公小白霸心生於莒小白齊桓公名齊亂奔莒蓋亦爲所不禮故居不隱者思不遠身不佚者志不廣佚與逸同謂奔竄也家語作常逸者女庸安知吾不得之桑落之下桑落九月時也夫子當時蓋暴露居此樹之下○正文桑落之下下宋本有乎哉二字今案可省

子貢觀於魯廟之北堂○舊本不提行今案當分段出而問於孔子曰鄉者賜觀於太廟之北堂吾亦未輟還復瞻被九蓋皆繼被有說邪匠過絕邪北堂神主所在也輟止也九當爲北傳寫誤耳被皆當爲彼蓋音盍戶扇也皆繼謂其材木斷絕相接繼也子貢問北盍皆繼續彼有說邪匠過誤而遂絕之邪家語作北蓋皆斷王肅云觀北面之蓋皆斷絕也孔子曰太廟之堂亦嘗有說言舊嘗說今則無也官致良工因麗節文致極也官致良工謂初造

太廟之時官極其良工工則因隨其木之美麗節文而裁制之所以斷絕家語作官致良工之匠匠致良材盡其功巧蓋貴文也非無良材也蓋曰貴文也非無良材大木不斷絕者蓋所以貴文飾也此蓋明夫子之博識也

子道篇第二十九

入孝出弟人之小行也弟與悌同謂自卑如弟也上順下篤人之中行也上順從於君父下篤愛於卑幼從道不從君從義不從父人之大行也若夫志以禮安言以類使則儒道畢矣志安於禮不妄動也言發以類不怪說也如此則儒者之道畢矣○言以類使元刻作言以類接雖舜不能加毫末於是矣孝子所以不從命有三從命則親危不從命則親安孝子不從命乃衷衷善也謂善發於衷心矣嘉善謝氏

從命則親辱不從命則親榮孝子不從命乃義從命則禽獸不從命則脩飾孝子不從命乃敬從命則陷身於禽獸之行不從命則使親爲脩飾君子不從命是乃敬親故可以從而不從是不子也未可以從而從是不衷也明於從不從之義而能致恭敬忠信端慤以愼行之則可謂大孝矣傳曰從道不從君從義不從父此之謂也故勞苦彫萃而能無失其敬彫傷也萃與顇同雖勞苦彫萃不敢解惰失敬也災禍患難而能無失其義則不幸不順見惡而能無失其愛不幸以不順於親而見惡也非仁人莫能行詩曰孝子不匱此之謂也

魯哀公問於孔子曰子從父命孝乎臣從君命貞乎

三問孔子不對不敢違哀公之意故不對○舊本皆連上今案當分段篇內並同孔子趨出以語子貢曰鄉者君問丘也曰子從父命孝乎臣從君命貞乎三問而丘不對賜以爲何如子貢曰子從父命孝矣臣從君命貞矣夫子有奚對焉○有讀爲又孔子曰小人哉賜不識也昔萬乘之國有爭臣四人則封疆不削千乘之國有爭臣三人則社稷不危百乘之家有爭臣二人則宗廟不毀父有爭子不行無禮士有爭友不爲不義故子從父奚子孝臣從君奚臣貞審其所以從之之謂孝之謂貞也審其可從則從不可從則不從也○家語三恕篇四人作七人三人作五人二人作三人末句作夫能審其所從之謂孝

之謂貞也

子路問於孔子曰有人於此夙興夜寐耕耘樹藝手足胼胝以養其親然而無孝之名何也樹栽植藝播種胼謂手足勞骿胼也胝皮厚也丁皮反　孔子曰意者身不敬與辭不遜與色不順與古之人有言曰衣與繆與不女聊繆紕繆也與讀爲歟聊賴也言雖與之衣而紕繆不精則不聊賴於汝也或曰繆綢繆也言雖衣服我綢繆我而不敬不順則不賴汝也韓詩外傳作衣于教于家語云人與己不順欺也王肅云人與己事實相通不相欺也皆與此不同○案今外傳九作衣歟食歟曾不爾卽卽疑聊之訛此云教于疑是飤于之訛今家語困誓篇作人與己與不汝欺與此所引亦不同　今夙興夜寐耕耘樹藝手足胼胝以養其親無此三者則何以爲而無孝之名也孔子

曰由志之吾語女雖有國士之力不能自舉其身非無力也勢不可也國士一國勇力之士故入而行不脩身之罪也出而名不章友之過也故君子入則篤行出則友賢何爲而無孝之名也

子路問於孔子曰魯大夫練而牀禮邪孔子曰吾不知也練小祥也禮記曰期而小祥居堊室寢有席又期而大祥居復寢中月而禫禫而牀也子路出謂子貢曰吾以夫子爲無所不知夫子徒有所不知子貢曰女何問哉子路曰由問魯大夫練而牀禮邪夫子曰吾不知也子貢曰吾將爲女問之子貢問曰練而牀禮邪孔子曰非禮也子貢出謂子路曰

女謂夫子爲有所不知乎夫子徒無所不知女問非也禮居是邑不非其大夫懼於訕上子路盛服見孔子孔子曰由是裾裾何也裾裾衣服盛貌說苑作襜襜也○見說苑雜言篇又案韓詩外傳三作疏疏家語三恕篇作倨倨昔者江出於㟭山其始出也其源可以濫觴及其至江之津也不放舟不避風則不可涉也放讀爲方國語曰方舟設泭韋昭曰方並也編木爲泭說苑作方舟方泭也詩曰方之舟之○注設柎舊本作投柎今據齊語改正非維下流水多邪維與唯同言豈不以下流水多故人畏之邪言盛服色厲亦然也說苑作非下衆水之多乎○今說苑作非唯下流衆川之多乎今女衣服既盛顏色充盈天下且孰肎諫女矣充盈猛厲由告之畢又呼其名丁寧之也子路趨而出改

服而入蓋猶若也（猶若舒和之貌禮記曰君子蓋猶猶爾也）孔子曰志之吾語女奮於言者華奮於行者伐色知而有能者小人也（奮振矜也色知謂所知見於顔色有能自有其能皆矜伐之意）故君子知之曰知之不知曰不知言之要也能之曰能之不能曰不能行之至也（皆在不隱其情）言要則知行至則仁既知且仁夫惡有不足矣哉

子路入子曰由知者若何仁者若何子路對曰知者使人知己仁者使人愛己子曰可謂士矣（士者脩立之稱）子貢入子曰賜知者若何仁者若何子貢對曰知者知人仁者愛人子曰可謂士君子矣顔淵入子曰回知

者若何仁者若何知者皆讀爲智顏淵對曰知者自知仁者自愛子曰可謂明君子矣

子路問於孔子曰君子亦有憂乎孔子曰君子其未得也則樂其意樂其爲治之意既已得之又樂其治是以有終身之樂無一日之憂小人者其未得也則憂不得既已得之又恐失之是以有終身之憂無一日之樂也

法行篇第三十

禮義謂之法所以行之謂之行行下孟反○此篇舊本皆不提行今各案其文義分之

公輸不能加於繩聖人莫能加於禮公輸魯巧人名班雖至巧繩墨

之外亦不能加也禮者衆人法而不知聖人法而知之衆人皆知禮可以爲法而不知其義者也

曾子曰無內人之疏而外人之親無禁辭也內人之疏外人之親謂以疏爲內以親爲外家語曰不比於親而比於疏者不亦遠乎韓詩外傳作無內疏而無外親也○今家語賢君篇作不比於數而比於疏不亦遠乎說苑亦作數字無身不善而怨人無刑已至而呼天內人之疏而外人之親不亦遠乎謂失之遠矣身不善而怨人不亦反乎反謂乖悖刑已至而呼天不亦晚乎詩曰涓涓源水不雝不塞轂已破碎乃大其輻事已敗矣乃重大息其云益乎源水水之泉源也雝讀爲壅大其輻謂壯大其輻也重大息嗟嘆之甚也三者皆言不慎其初追悔無及也○此所引詩逸詩也

曾子病曾元持足曾子曰元志之吾語汝曾元曾子之子也○大戴禮作曾元抑首曾華抱足夫魚鼈黿鼉猶以淵爲淺而堀其中堀與窟同鷹鳶猶以山爲卑而增巢其上及其得也必以餌故君子苟能無以利害義則恥辱亦無由至矣

子貢問於孔子曰君子之所以貴玉而賤珉者何也珉石之似玉者爲夫玉之少而珉之多邪孔子曰惡賜是何言也惡音烏猶言烏謂此義也夫君子豈多而賤之少而貴之哉夫玉者君子比德焉溫潤而澤仁也鄭康成云色縝柔溫潤似仁栗而理知也鄭云栗堅貌也理有文理也似智者處事堅固又有文理堅剛而不屈義也似義者剛直不回也廉而不劌行也劌傷也雖有廉棱而不傷物似有德

行者不傷害人折而不橈勇也雖摧折而不橈屈似勇者瑕適竝見情也瑕玉之病也適玉之美澤調適之處也瑕適竝見似不匿其情者也禮記曰瑕不掩瑜瑜不掩瑕忠也扣之其聲清揚而遠聞其止輟然辭也扣與叩同似有辭辨言發言則人樂聽之言畢更無繁辭也禮記作叩之其聲清越以長其終屈然樂也故雖有珉之雕雕不若玉之章章雕雕謂雕飾文采也章章素質明著也詩曰言念君子溫其如玉此之謂也詩秦風小戎之篇引之喻君子比德

曾子曰同遊而不見愛者吾必不仁也仁者必能使人愛交而不見敬者吾必不長也不長厚故爲人所輕臨財而不見信者吾必不信也廉潔不聞於人三者在身曷怨人當反諸己怨人者窮怨天者無識無識不知天命也失之己而反諸人豈不

亦迂哉

南郭惠子問於子貢曰夫子之門何其雜也（南郭惠子未詳其姓名蓋居南郭因以爲號莊子有南郭子綦夫子孔子也雜謂賢不肖相雜而至○尚書大傳略說作東郭子思說苑雜言篇作東郭子惠）子貢曰君子正身以俟欲來者不距欲去者不止且夫良醫之門多病人檃栝之側多枉木是以雜也

君子有三恕有君不能事有臣而求其使非恕也有親不能報有子而求其孝非恕也（報孝養也詩曰欲報之德）有兄不能敬有弟而求其聽令非恕也士明於此三恕則可以端身矣

孔子曰：君子有三思，而不可不思也。少而不學，長無能也；老而不教，死無思也；（無門人思其德。）有而不施，窮無與也。（窮乏之時，無所往託。）是故君子少思長則學，老思死則教，有思窮則施也。

哀公篇第三十一

魯哀公問於孔子曰：吾欲論吾國之士，與之治國，敢問何如取之邪？（舊本脫取字，今據大戴禮哀公問五義、家語五儀解增。）孔子對曰：生今之世，志古之道；居今之俗，服古之服也。（志，記識。服古之服，猶若夫子服逢掖之衣、章甫之冠也。）舍此而爲非者，不亦鮮乎？（舍，去。此謂古也。）哀公曰：然則夫章甫、絇屨、紳而搢笏者，此賢乎？（章甫殷冠王肅云絇謂屨頭有拘飾也鄭康成云絇之言拘也以爲行戒狀如刀衣鼻在屨頭紳大帶也搢笏於紳者也孔子對曰不必然夫端衣玄裳絻而乘路者志不在於食葷端衣玄裳即朝玄端也絻與冕同鄭云端者取其正也士之衣袂皆二尺二寸而廣幅是廣袤等也其袪尺二寸大夫已上侈之侈之者蓋半而益一焉則袂三尺三寸袪尺八寸路王者之車亦車之通名舍人注爾雅云輅車之大者葷葱薤之屬也斬衰菅屨杖而啜粥者志不在於酒肉儀禮喪服曰斬者何不緝也衰長六尺博四寸三升布爲之鄭注喪服云上曰衰下曰裳當心前有衰後有負板左右有辟領孝子哀戚無不在也菅菲也此言服被於外亦所以制其心也生今之世志古之道居今之俗服古之服舍此而爲非者雖有不亦鮮乎哀公曰善

孔子曰人有五儀言人之賢愚觀其儀法有五也有庸人有士有君

子有賢人有大聖哀公曰敢問何如斯可謂庸人矣孔子對曰所謂庸人者口不能道善言心不知色色色色謂以己色觀彼之色知其好惡也論語曰色斯舉矣○大戴禮作志不邑邑不知選賢人善士託其身焉以爲己憂不知託賢但自憂而已勤行不知所務止交不知所定交謂接待於物皆言不能辨是非偃偃失據也○止交大戴禮韓詩外傳四皆作止立曰選擇於物不知所貴不知可貴重者從物如流不知所歸爲外物所誘蕩而不返也五鑿爲正心從而壞如此則可謂庸人矣鑿竅也五鑿謂耳目鼻口及心之竅也言五鑿雖似於正而其心已從外物所誘而壞矣是庸愚之人也一曰五鑿五情也莊子曰六鑿相攘司馬彪曰六情相攘奪韓詩外傳作五藏爲正也○案大戴禮作五鑿爲政此正字義當與政同古通用注似非哀公曰善敢

問何如斯可謂士矣孔子對曰所謂士者雖不能盡
道術必有率也雖不能徧美善必有處也率循也雖不能盡徧
必循處其一隅言有所執守也是故知不務多務審其所知論語曰子路有
聞未之能行唯恐有聞言不務多務審其所謂止於辨明事而已矣行不
務多務審其所由由從也謂不從不正之道故知既已知之矣言
既已謂之矣行既已由之矣則若性命肌膚之不可
易也言固守所見如愛其性命肌膚之不可以他物移易者也故富貴不足以益
也卑賤不足以損也皆謂志不可奪如此則可謂士矣士者脩立
之稱一曰士事也言其善於任事可以入官也哀公曰善敢問何如斯可謂
之君子矣孔子對曰所謂君子者言忠信而心不德

不自以為有德仁義在身而色不伐思慮明通而辭不爭故猶然如將可及者君子也猶然舒遲之貌所謂瞻之在前忽然在後家語作油然王肅曰不進貌也哀公曰善敢問何如斯可謂賢人矣孔子對曰所謂賢人者行中規繩而不傷於本言足法於天下而不傷於身本亦身也言雖廣大而不傷其身也所謂言滿天下無口過行滿天下無怨惡富有天下而無怨財富有天下謂王者之佐也怨讀為蘊言雖富有天下而無蘊蓄私財也家語作無宛禮記曰事大積焉而不苑古蘊苑通此因誤為怨字耳布施天下而不病貧言廣施德澤子惠困窮使家給人足而上不憂貧乏之所謂百姓與足君孰不足○注末二句與富國篇同宋本乃從今論語本當出後人所改如此則可謂賢人矣賢者亞聖之名說文云賢多才哀公曰善敢問何如斯可謂大聖矣

孔子對曰所謂大聖者知通乎大道應變而不窮辨乎萬物之情性者也辨別萬物之情性也大道者所以變化遂成萬物也情性者所以理然不取舍也辨情性乃能理是非之取舍而不惑是故其事大辨乎天地其事謂聖人所理化之事言辨別萬事如天地之別萬物各使區分明察乎日月聖人之明察如日月總要萬物於風雨總要猶統領也風以動之雨以潤之言統領萬物如風雨之生成也繆繆肫肫其事不可循繆當爲膠相加之貌莊子云膠膠擾擾肫與諄同雜亂之貌爾雅云諄諄亂也言聖人治萬物錯雜膠膠諄諄然而衆人不能循其事諄之句反若天之嗣其事不可識嗣繼也言聖人如天之繼嗣衆人不能識其意百姓淺然不識其鄰鄰近也百姓淺見不能識其所近況能識其深乎所謂日用而不知者也○淺然大戴作淡然若此則可謂大

聖矣哀公曰善

魯哀公問舜冠於孔子孔子不對哀公不問舜德徒問其冠故不對也三問不對哀公曰寡人問舜冠於子何以不言也孔子對曰古之王者有務而拘領者矣其政好生而惡殺焉務讀爲冒拘與句同曲領也言雖冠衣拙朴而行仁政也尚書大傳曰古之人衣上有冒而句領者鄭康成注云言在德不在服也古之人三皇時也冒覆項也句領繞頸也禮正服方領也是以鳳在列樹麟在郊野烏鵲之巢可俯而窺也君不此問而問舜冠所以不對也

魯哀公問於孔子曰寡人生於深宮之中長於婦人之手寡人未嘗知哀也未嘗知憂也未嘗知勞也未

嘗知懼也未嘗知危也孔子曰君之所問聖君之問也丘小人也何足以知之美大其問故謙不敢對也曰非吾子無所聞之也孔子曰君入廟門而右登自胙階仰視榱棟俛見几筵其器存其人亾君以此思哀則哀將焉而不至矣謂祭祀時也胙與阼同榱亦椽也哀將焉不至言必至也○正文將焉下元刻有而字下三句竝同而當訓爲能若以爲衍不應四句皆誤君昧爽而櫛冠昧闇爽明也謂初曉尚暗之時平明而聽朝一物不應亂之端也君以此思憂則憂將焉而不至矣君平明而聽朝日昃而退諸侯之子孫必有在君之末庭者君以此思勞則勞將焉而不至矣諸侯之子孫謂奔亾至魯而仕者自平明至日昃在末庭而脩臣禮君若思其

勞則勞可知也以喻哀公亦諸侯之子孫不戒慎脩德亦將有此奔亾之勞也君出魯之四門以望魯四郊亾國之虛則必有數蓋焉虛讀爲墟有數蓋焉猶言蓋有數焉倒言之耳新序作亾國之虛列必有數矣○數蓋猶言數區也魯有少皞氏之虛大庭氏之庫也君以此思懼則懼將焉而不至矣且丘聞之君者舟也庶人者水也水則載舟水則覆舟君以此思危則危將焉而不至矣

魯哀公問於孔子曰紳委章甫有益於仁乎紳大帶也委委貌周之冠也章甫殷冠也鄭注儀禮云委安也所以安正容貌章表明也殷質言所以表明丈夫也孔子蹴然曰君號然也莊子音義崔譔云蹴然變色貌號讀爲胡聲相近字遂誤耳家語作君胡然也資衰苴杖者不聽樂非耳不能聞也服使然

也貧與齊同苴杖竹也苴謂蒼白色自死之竹也黼衣黻裳者不茹葷非口不能味也服使然也黼衣黻裳祭服也白與黑爲黼黑與青爲黻禮祭致齊不茹葷非不能味謂非不能知味也鄭注周禮司服云玄冕者衣無文裳刺黻而已且丘聞之好肆不守折長者不爲市竊其有益與其無益君其知之矣好喜也言喜於市肆之人不使所守貨財折秏而長者亦不能爲此市井盜竊之事長者不爲市而販者不爲非家語王肅注云言市肆弗能爲廉好肆則不折也人爲市估之行則不守折人爲長者之行則亦不爲市買之事竊宜爲察察其有益與其無益以竊字屬下句

魯哀公問於孔子曰請問取人問取人之術也孔子對曰無取健健羨之人無取詌未詳家語作無取鉗王肅云謂妄對不謹誠者或曰捷給鉗人之口者○案家語五儀解作無取鉗鉗下作無取啍啍無取口啍啍與諄同方言云齊魯凡相疾

惡謂之諄憎諄之閏反王肅云哼哼多言或曰詩云誨爾諄諄口諄謂口教誨心無誠實者諄之倫反○注末舊作諄諄倫也訛今訂正健貪也詌亂也口哼誕也健羨之人多貪欲詌忌之人多悖亂讒疾之人多妄誕說苑曰哀公問於孔子曰人何若爲可取也孔子曰無取拑捷者必兼人不可爲法也口啟者多誕而寡信後恐不驗也韓詩外傳云無取健無取佞無取口讒健驕也佞諂也口讒誕也皆大同小異也○口啟今說苑尊賢篇作口銳故弓調而後求勁焉馬服而後求良焉士信愨而後求知能焉士不信愨而有多知能譬之其豺狼也不可以身尒也有讀爲又尒與邇同語曰桓公用其賊文公用其盜謂管仲寺人勃鞮也盜亦賊也以喻士信愨則仇讎可用不信愨則親戚可疏故明主任計不信怒闇主信怒不任計信亦任也計勝怒則彊怒勝計則亾

定公問於顏淵曰東野子之善馭乎東野氏也馭與御同○案家語顏回篇作子亦聞東野畢之善御乎此脫子亦聞三字又子之當作之子顏淵對曰善則善矣雖然其馬將失失讀爲逸奔也下同家語作馬將佚也定公不悅入謂左右曰君子固讒人乎三日而校來謁曰東野畢之馬失校人掌養馬之官也兩驂列兩服入廄兩服馬在中兩驂兩服之外馬列與裂同謂外馬擘裂中馬牽引而入廄定公越席而起曰趨駕召顏淵顏淵至趨讀爲促促速也定公曰前日寡人問吾子吾子曰東野畢之馭善則善矣雖然其馬將失不識吾子何以知之顏淵對曰臣以政知之昔舜巧於使民而造父巧於使馬舜不窮其民造父不窮其馬是舜無失

民造父無失馬也○新序家語是下皆有以字今東野畢之馭上車執轡銜體正矣步驟馳騁朝禮畢矣銜體銜與馬體也步驟馳騁朝禮畢矣謂調習其馬或步驟馳騁盡朝廷之禮也歷險致遠馬力盡矣然猶求馬不已是以知之也定公曰善可得少進乎定公更請少進其說顏淵對曰臣聞之鳥窮則啄獸窮則攫人窮則詐自古及今未有窮其下而能無危者也

堯問篇第三十二

○舊本唯末一段提行今各案其文義分之

堯問於舜曰我欲致天下爲之柰何恐天下未歸故欲致而取之也對曰執一無失行微無怠忠信無勸而天下自來執一專意也行微行細微之事也言精專不怠而天下自歸不必致也執一如天地如天地無

變易時也行微如日月日月之行人所不見似於細微安徐然而無怠止之時也○元刻作安徐而出無然字忠誠盛於內賁於外形於四海賁飾也形見也禮記曰富潤屋德潤身心廣體胖故君子必誠其意也天下其在一隅邪夫有何足致也夫物在一隅者則可舉而致之今有道天下盡歸不在於一隅焉用致也有讀爲又

魏武侯謀事而當羣臣莫能逮退朝而有喜色武侯晉大夫畢萬之後文侯之子也吳起進曰亦嘗有以楚莊王之語聞於左右者乎武侯曰楚莊王之語何如吳起對曰楚莊王謀事而當羣臣莫逮退朝而有憂色申公巫臣進問曰王朝而有憂色何也巫臣楚申邑大夫也莊王曰不穀謀事而當羣臣莫能逮是以憂也其在中蘬之言也中蘬

與仲虺同湯左相也曰諸侯自爲得師者王得友者霸得疑者存自爲謀而莫己若者亡疑謂博聞達識可決疑惑者今以不穀之不肖而羣臣莫吾逮吾國幾於亡乎是以憂也楚莊王以憂而君以憙武侯逡巡再拜曰天使夫子振寡人之過也振舉

伯禽將歸於魯伯禽周公子成王封爲魯侯將歸謂初之國也周公謂伯禽之傅曰汝將行盍志而子美德乎將行何不志記汝所傳之子美德以言我對曰其爲人寬好自用以愼寬寬弘也自用好自務其用也愼謹密也此三者其美德已周公曰嗚呼以人惡爲美德乎君子好以道德故其民歸道君子好以道德教人故其民歸道者衆非謂寬弘也

彼其寬也，出無辨矣，女又美之！彼伯禽既無道德但務寬容此乃出於善惡無別汝何以爲美也孔子曰寬則得衆亦謂人愛悅歸之也彼其好自用也，是所以窶小也。窶無禮也彼伯禽好自用而不諮詢是乃無禮驕人而器局小也書曰自用則小尚書大傳曰是其好自用也以斂諡之也君子力如牛，不與牛爭力；走如馬，不與馬爭走；知如士，不與士爭知。士謂臣下掌事者不爭言委任彼爭者，均者之氣也，女又美之！好自用則必不委任而與之爭事爭事乃均敵者尚氣之事非人君之量也彼其愼也，是其所以淺也。彼伯禽之愼密不廣接士適所以自使知識淺近也聞之曰：無越踰不見士。周公聞之古也越踰謂過一日也○曰宋本作日注過一日語疑有誤觀下所云則士皆有等勿因下士與己踰等而不見也周公於下士厚爲之貌故人人皆以爲越踰則越踰者過士所應得之分云耳見士問曰：無乃不察乎懼其壅蔽故問無乃有不察之事乎不聞卽物少至少至則淺物事也不見士則無所聞無所聞則所知之事亦少少則意自淺矣聞或爲問也彼淺者賤人之道也女又美之吾語女我文王之爲子爲文王之子也武王之爲弟成王之爲叔父周公先成王薨未必知成王之謚此云成王乃後人所加耳吾於天下不賤矣然而吾所執贄而見者十人周公自執贄而見者十人禮見其所尊敬者雖君亦執贄故哀公執贄請見周豐鄭注尚書大傳云十人公卿之中也三十人羣大夫之中也百人羣士之中也○羣大夫羣士舊本互易誤今大傳本亦訛還贄而相見者三十人禮臣見君則不還贄敵者不敢當則還之禮尚往來也士相見禮曰主人復見之以其贄曰嚮者吾子辱使某見請還贄於將命者鄭康成云贄者所執以至也君子見於所尊敬必執贄以將其厚意也貌執之士者百有餘人執猶待也

（以禮貌接待之士百餘人也）欲言而請畢事者千有餘人（謂卑賤之士恐其言之不盡周公先請其畢辭也說苑曰周公踐天子之位七年布衣之士所執贄而師見者十人所見者十二人窮巷白屋所先見者四十九人時進善者百人教士千人朝者萬人也○注衍十人所見者五字說苑敬慎篇無）於是吾僅得三士焉以正吾身以定天下（於是千百人之中僅乃得三士正身治國）吾所以得三士者亾於十人與三十人中乃在百人與千人之中（十八人與三十人雖尊敬猶未得賢至百人千人然後乃得三人以明接士不廣無由得賢也）故上士吾薄爲之貌下士吾厚爲之貌（上士中誠重之故可薄爲之貌下士既無執贄之禮懼失賢士之心故厚爲之貌九加謹敬也）人人皆以我爲越踰好士然故士至（人不知則以爲越踰然士亦以禮貌之故而至也）士至而後見物（物事也）見物然後

知其是非之所在戒之哉女以魯國驕人幾矣幾危也周公言我以天下之貴猶不敢驕士汝今以魯國之小而遂驕人危矣夫仰祿之士猶可驕也仰魚亮反正身之士不可驕也彼正身之士舍貴而爲賤舍富而爲貧舍佚而爲勞顏色黎黑而不失其所黎讀爲梨謂面如凍梨之色也是以天下之紀不息文章不廢也賴守道之士不苟徇人故得綱紀文章常存也○尚書大傳作是以文不滅而章不敗也

語曰繒丘之封人繒與鄫同鄫丘故國封人掌疆界者漢書地理志繒縣屬東海也見楚相孫叔敖曰吾聞之也處官久者士妒之祿厚者民怨之位尊者君恨之今相國有此三者而不得罪楚之士民何也孫叔敖曰吾三相楚而心瘉卑每

謚祿而施瘉博位滋尊而禮瘉恭○瘉與愈同元刻卽作愈是以不得罪於楚之士民也

子貢問於孔子曰賜爲人下而未知也下謙下也子貢問欲爲人下未知其謚也孔子曰爲人下者乎其猶土也深扣之而得甘泉焉扣掘也故没反樹之而五穀蕃焉草木殖焉禽獸育焉生則立焉死則入焉多其功而不息爲人下者其猶土也

昔虞不用宮之奇而晉并之萊不用子馬而齊并之宮之奇虞賢臣諫不從以其族行子馬未詳其姓名左氏傳曰襄二年齊侯伐萊萊人使正輿子賂夙沙衛以索馬牛皆百匹又六年齊侯伐萊萊人使王湫帥師及正輿子軍齊師齊師大敗之遂滅萊或曰正

興子字子馬共不用未聞說苑諸御己諫楚莊王曰曹不用僖負羈而宋并之萊不用子猛而齊并之據年代齊滅萊在楚莊王後未詳諸御己之諫也○諸御己舊本訛作諸卿已今據說苑正諫篇改正紂剗王子比干而武王得之不親賢用知故身死國亾也

為說者曰孫卿不及孔子是不然孫卿迫於亂世鰌於嚴刑上無賢主下遇暴秦禮義不行教化不成仁者絀約天下冥冥行全刺之諸侯大傾當是時也知者不得慮能者不得治賢者不得使故君上蔽而無覩賢人距而不受然則孫卿懷將聖之心○懷將聖宋本作將懷聖誤今訂正蒙佯狂之色視天下以愚詩曰既明且哲以

保其身此之謂也是其所以名聲不白徒與不衆光輝不博也今之學者得孫卿之遺言餘教足以爲天下法式表儀所存者神所過者化○所過宋本作所遇誤古音存神一韻過化一韻此句中之韻也觀其善行孔子弗過世不詳察云非聖人柰何天下不治孫卿不遇時也德若堯禹世少知之方術不用爲人所疑其知至明循道正行足以爲紀綱○紀綱舊本誤倒與上下韻不協嗚呼賢哉宜爲帝王天地不知善桀紂殺賢良比干剖心孔子拘匡接輿避世箕子佯狂田常爲亂闔閭擅強爲惡得福善者有殃今爲說者又不察其實乃信其名時世不同譽何由

生不得爲政功安能成志脩德厚孰謂不賢乎自爲說者

已下荀卿弟子之辭

荀卿新書三十二篇○案宋本新書下有十二卷三字或疑是二十卷皆非也但作三十二篇爲是今本漢書藝文志作三十三篇誤也

法行篇第二十七

哀公篇第二十八

大略篇第二十九

堯問篇第三十

君子篇第三十一

賦篇第三十二

護左都水使者光祿大夫臣向言所校讎中孫卿書凡三百二十二篇以相校除復重二百九十篇定著三十二篇皆以定殺青簡書可繕寫孫卿趙人名況方齊宣王威王之時○案史記威王在宣王之前風俗通窮通篇作齊威宣王之時

是也聚天下賢士於稷下尊寵之若鄒衍田駢淳于髡之屬甚衆號曰列大夫皆世所稱咸作書刺世是時孫卿有秀才年五十始來游學○案史記亦作年五十誤當從風俗通作年十五鼂公武讀書志所引亦同諸子之事皆以爲非先王之法也孫卿善爲詩禮易春秋至齊襄王時孫卿最爲老師齊尚脩列大夫之缺而孫卿三爲祭酒焉齊人或讒孫卿孫卿○宋本不重今據史記補乃適楚楚相春申君以爲蘭陵令人或謂春申君曰湯以七十里文王以百里孫卿賢者也今與之百里地楚其危乎春申君謝之孫卿去之趙後客或謂春申君曰伊尹去夏入殷殷王

而夏亡管仲去魯入齊魯弱而齊強故賢者所在君尊國安今孫卿天下賢人所去之國其不安乎春申君使人聘孫卿（○案楚策四韓詩外傳四聘俱作請）孫卿遺春申君書刺楚國因爲歌賦以遺春申君春申君恨復固謝孫卿孫卿乃行復爲蘭陵令春申君死而孫卿廢因家蘭陵李斯嘗爲弟子已而相秦（○宋本脫巳字今據史記補）及韓非號韓子又浮丘伯皆受業爲名儒孫卿之應聘於諸侯見秦昭王昭王方喜戰伐而孫卿以三王之法說之及秦相應侯皆不能用也至趙與孫臏議兵趙孝成王前孫臏爲變詐之兵孫卿以王兵難之不能

對也卒不能用孫卿道守禮義行應繩墨安貧賤孟子者亦大儒以人之性善孫卿後孟子百餘年孫卿以爲人性惡故作性惡一篇以非孟子蘇秦張儀以邪道說諸侯以大貴顯孫卿退而笑之曰夫不以其道進者必不以其道亾至漢興江都相董仲舒亦大儒作書美孫卿○案至漢興以下十七字似不當在此應在下文蓋以法孫卿也句下孫卿卒不用於世老於蘭陵疾濁世之政亾國亂君相屬不遂大道而營乎巫祝信禨祥鄙儒小拘如莊周等又滑稽亂俗○宋本無亂俗二字從史記增於是推儒墨道德之行事興壞序列著數萬言而卒葬蘭陵而趙亦有

公孫龍爲堅白同異之辨處子之言○案史記作劇子之言徐廣曰應劭氏姓注直云處子魏有李悝盡地力之教楚有尸子長盧子芋子皆箸書○案宋本盧作廬古可通用今從史記取易曉耳史記芋子作吁子索隱曰吁音芋別錄作芋子今吁亦如字也又案漢書藝文志有芊子十八篇云名嬰齊人師古云芊音弭與此又不同然非先王之法也皆不循孔氏之術唯孟軻孫卿爲能尊仲尼蘭陵多善爲學蓋以孫卿也長老至今稱之曰蘭陵人喜字爲卿蓋以法孫卿也孟子孫卿董先生皆小五伯以爲仲尼之門五尺童子皆羞稱五伯如人君能用孫卿庶幾於王然世終莫能用而六國之君殘滅秦國大亂卒以亾觀孫卿之書其

陳王道甚易行疾世莫能用其言悽愴甚可痛也嗚呼使斯人卒終於閭巷而功業不得見於世哀哉可爲賨涕其書比於記傳可以爲法謹第錄臣向昧死上言

護左都水使者光祿大夫臣向言所校讎中孫卿書錄

將仕郎守祕書省著作佐郎充御史臺主簿臣王子韶同校

朝奉郎尚書兵部員外郎知制誥上騎都尉賜紫金魚袋臣呂夏卿重校

荀子卷第二十

江寧劉文奎刻字

荀卿子書世所傳唯楊倞注本明人所刊字句踳譌讀者病之少宗伯嘉善謝公視學江蘇得餘姚盧學士抱經手校本歎其精審復與往復討論正楊注之誤者若干條付諸剞劂氏而此書始有善本矣葢自仲尼既殁儒家以孟荀爲最醇太史公敘列諸子獨以孟荀標目韓退之於荀氏雖有大醇小疵之譏然其云吐辭爲經優入聖域則與孟氏竝稱無異詞也宋儒所訾議者唯性惡一篇愚謂孟言性善欲人之盡性而樂於善荀言性惡欲人之化性而勉於善立言雖殊其敎人以善則一也宋儒言性雖主孟氏然

必分義理與氣質而二之則已兼取孟荀二義至其敎人以變化氣質爲先實暗用荀子化性之説然則荀子書詎可以小疵訾之哉古書僞與爲通荀子所云人之性惡其善者僞也此僞字卽作爲之爲非詐僞之僞故又申其義云不可學不可事而在人者謂之性可學而能可事而成之在人者謂之僞堯典平秩南訛史記作南爲漢書王莽傳作南僞此僞卽爲之證也因讀公序輒爲引伸其説以告將來之讀是書者丙午閏七月嘉定錢大昕跋

荀子校勘補遺

卷一

勸學篇　南方有鳥焉節注說苑客謂孟嘗君曰鷦鷯巢於葦苕箸之以髮　案說文有箸無著箸但訓飯攲無形箸及繫著義或本有著字而誤脫亦未可知然古書如周語大夫士日恪位箸即位著也列子仲尼篇形物其箸以箸爲著明也趙策智伯曰兵箸晉陽三年矣以箸爲傅著也世說新語一書皆以箸爲著以故六書正譌謂箸字多有假借用者別作著非今校此書凡宋本作箸者仍之其他卷作著字者

卽不改非必古之盡是而今之皆非以待夫通人之自擇焉耳所引說苑見善說篇作著之髮毛建之女工不能爲也末句作其所託者使然也餘與此同

蘭槐之根是爲芷其漸之滫注滫溺也　案高誘注淮南人閒訓云滫臭汁也意亦相近

終乎讀禮注禮謂典禮之屬也　典禮疑當是曲禮之誤

脩身篇　莫神一好注一好謂好善不怒惡也　案俗本不怒惡作不好惡今從宋本作怒元李治古今黈所引正同

其遠思也早　遠思疑當是遠患

卷二

不苟篇　擬於舜禹　宋本各舊本俱作禹舜今從元刻

其誰能以己之潐潐注潐潐盡謂窮盡明於事　案潐盡也本說文此脫也字

榮辱篇　孝弟原慤軥錄疾力以敦比其事業注軥與拘同拘錄謂自檢束也　案淮南子主術訓人之性莫貴於仁莫急於智兩者爲本而加之以勇力辨慧捷疾劬錄正與此軥錄疾力語相似軥錄蓋勞身

苦體之意孝弟原慤以行言軥錄疾力以事言楊訓爲拘錄非也

君子安雅注正而有美德者謂之雅詩曰弁彼鸒斯歸飛提提雅烏也　案楊引詩之意當以提提爲安舒之貌與魏風好人提提之義同鄭注禮記檀弓吉事欲其折折爾云折折安舒貌詩云好人提提蓋折折與提提音義竝同烏之飛以安舒而得雅名故舉以爲況然亦太迂曲矣

故君子道其常而小人道其怪注道語謂非常之事取以自比也　注道語下當有也怪二字文脫耳

陋者俄且僩也注僩與撊同猛也方言云晉魏之間謂猛爲撊陋者俄且僩言鄙陋之人俄且矜莊有威儀也　案注陋者俄且僩之上當本有或曰二字

卷三

仲尼篇　信而不忘處謙　各本無忘字惟宋本有作不忘處謙下解未嘗不可通但注讀謙爲嫌云不處嫌疑閒則忘字衍當去之

卷四

儒效篇　內不自以誣外不自以欺注不自欺八案宋本作內不自以誣外外不自以欺內但與注不

合

云能則必爲亂注云能自言其能　案楊氏注非十二子篇無能而云能下即作此語固當在此處似未安此云能當如易繫辭傳之云爲亦不必分口之所言身之所爲蓋云有旋轉運動之義云能二字必當時有此成語蓋即營幹之意若依此注則於下文云能則速成更難强通

卷五

王制篇　相地而衰政注政或讀爲征　案齊語正作相地而衰征韋昭注云視土地之美惡及所生出

以差征賦之輕重也

卷六

富國篇　數以盆鼓注謂數度以盆量之也　注以盆下亦當有鼓字各本皆脫

若撥麷注今河閒以北煑種麥賣之名曰麷　案此本鄭康成周禮籩人注彼種字作穜此注宋本元刻俱作種種穜二字古今互易此種麥依古義正穜麥耳

卷七

王霸篇　是憚憚非變也注憚與坦同隨巢子曰有

陰而遠者有憚明而功者杜伯射宣王於畝田是憚明而功者據古憚與坦通　案注引隨巢子憚明以爲卽坦明之證則本作憚字無疑而俗閒本兩憚明字俱作坦明非也今並改正

欲調壹天下制秦楚注荀卿在齊楚秦天下彊國故制之者也　者疑是首字葢以秦楚天下彊國故首欲制之如孟子撻秦楚朝秦楚亦每以秦楚爲言

佻其期日注佻與條同緩也　注當云佻與窕同案爾雅云窕肆也古書窕字皆訓寬肆不當作條

卷八

君道篇　愿愨拘錄　案榮辱篇作軥錄注謂軥與拘同葢據此文然吏材非僅取愿愨檢束而已必將取其勤勞趨事者則作劬錄義長

卷十一

彊國篇　子發將西伐蔡克蔡獲蔡侯注戰國策莊辛諫楚襄王曰蔡聖侯云云不知夫子發方受命于宣王云云史記曰蔡侯齊爲楚惠王所滅莊辛云宣王與史記不同　案蔡無聖侯吳師道謂當作靈侯或者古通稱歟鮑彪云昭十一年楚子誘蔡侯般殺之於申經傳不書子發葢使子發召之楚子靈王若

宣王蔡滅八十年矣淮南道應訓子發伐蔡踰之宣王郊迎入閒訓又言獲罪威王者皆失考也今案鮑吳之說以爲楚靈王然誘之與伐其事不同闕疑可也

詩曰价人維藩大師維垣注詩大雅版版之篇　案今詩作板爾雅釋訓作版版二字古通用也章懷注後漢書董卓傳論李善注劉孝標辨命論引詩皆作上帝版版

其服不挑注挑偷也　案周語郤至佻天說文引作挑天是挑與佻同

卷十三

禮論篇　有五乘之地者事三世注謂大夫有菜地者　菜俗閒本作采宋本元刻皆作菜案諸經正義中亦多作菜字白虎通京師篇凡三見皆作菜後漢馮魴傳食菜馮城是以匡謬正俗云古之經史采菜相通

卷十五

解蔽篇　乘杜作乘馬注呂氏春秋曰乘馬作一駕

案呂氏春秋勿躬篇作乘雅作駕一本乘雅作乘持疑持爲杜字之訛

卷十六

正名篇　辨埶惡用矣哉注言但用此道馭之不必更用辨埶也辨說謂說其所以然也　以注未釋辨說觀之則正文辨埶乃辨說之訛注埶字亦當作說下文屢云辨說則此之爲誤顯然葢因上有臨之以埶語而誤涉耳

卷十八

賦篇　琁玉瑤珠不知佩也　此章在遺春申君書後此書但載其賦而不載其書今以楚策之文具錄於此以備考焉客說春申君曰湯以亳武王以鄗吳師

道曰鎬通皆不過百里以有天下今孫子天下賢人也君藉之以百里之勢臣竊以爲不便於君何如春申君曰善於是使人謝孫子孫子去之趙鮑彪曰史言孫子春申君死而貧困家蘭陵不言之趙然鄉書有與趙孝成王論兵而史不言失之趙以爲上卿後語作上客客又說春申君曰昔伊尹去夏入殷殷王而夏亾管仲去魯入齊魯弱而齊强夫賢者之所在其君未嘗不尊國未嘗不榮也今孫子天下賢人也君何辭之春申君又曰善於是使人請孫子於趙孫子爲書謝曰癘人憐王韓詩外傳四作鄙語曰癘憐王此不恭之語也雖然吳師道曰一本此下有古無虛諺四字不可不審察也此爲劫弒死亾

之主言也夫人主年少而矜材無法術以知姦則大臣主斷國私以禁誅於己也故弑賢長而立幼弱廢正適而立不義春秋戒之曰外傳作春秋之志曰楚王子圍聘於鄭未出竟聞王病反問疾遂以冠纓絞王殺之因自立也齊崔杼之妻美莊公通之崔杼帥其君黨而攻莊公莊公請與分國崔杼不許欲自刃於廟崔杼不許莊公走出踰於外牆射中其股遂殺之而立其弟景公近代所見李兌用趙餓主父於沙丘百日而殺之淖齒用齊擢閔王之筋縣於其廟梁宿夕而死夫癘雖癰腫胞疾上比前世未至絞纓射股下比近

代末至擢筋而餓死也夫劫弑死亾之主也心之憂勞形之困苦必甚於癘矣由此觀之癘雖憐王可也因爲賦曰寶珍隋珠不知佩兮禕衣與絲不知異兮閭姝子奢莫知媒兮嫫母求之又甚喜之兮以瞽爲明以聾爲聰以是爲非以吉爲凶嗚呼上天曷惟其同詩曰上天甚神無自瘵也外傳所載賦與荀書略同嘉字依兩書皆作喜外傳末引詩作上帝甚慆無自瘵焉

卷二十

哀公篇　君以此思哀則哀將焉而不至矣　案楊注王伯篇云而爲皆語助也又攷齊策管燕謂其左

右曰子孰而與我赴諸侯乎鮑彪注而辭也以而字作語辭亦可然訓能語更順高誘注呂氏春秋去私篇南陽無令其誰可而爲之又注士容篇柔而堅虛而實皆訓而爲能其注淮南也亦然易屯象宜建侯而不寧釋文而辭也鄭讀而爲能然則此焉而正當讀爲焉能不可易矣

傳古樓景印

四部要籍選刊·子部

清謝墉刻本

荀子

二

【戰國】荀況 撰

浙江大學出版社

本册目録

荀子卷第七

登仕郎守大理評事楊倞注

王霸篇第十一

國者天下之制利用也天下用之利者無過於國制衍字耳人主者天下之利埶也埶之最利者也得道以持之則大安也大榮也積美之源也不得道以持之則大危也大累也有之不如無之有國不如無國及其綦也索爲匹夫不可得也綦謂窮極之時○正文及其綦也上元刻有有也二字宋本無齊湣宋獻是也湣與閔同齊湣王爲淖齒所殺宋獻宋君偃也爲齊湣王所滅呂氏春秋云宋康王此云獻國滅之後其臣子各私爲諡故與此不同故人主天下之利埶也然而不能自安也安

之者必將道也必將以道守之故用國者義立而王信立而霸權謀立而亾三者明主之所謹擇也所宜謹慎擇之仁人之所務白也白明白也挈國以呼禮義而無以害之挈提舉也言挈提一國之人皆使呼召禮義言所務皆禮義也無以害之謂不以他事害禮義也○正文挈國上元刻有故字行一不義殺一無罪而得天下仁者不爲也擽然扶持心國且若是其固也擽讀爲落石貌也其所持心持國不行不義不殺無罪落然如石之固也○正文擽元刻從木注作擽然落石貌今從宋本案老子德經不欲琭琭如玉落落如石此注改擽從落而訓爲石貌其義正合若如元刻作落石貌其於扶持之義相去甚遠觀注又云落然如石之固則非以落石訓擽明矣之所與爲之者之人則舉義士也舉皆也所與爲政之人則皆用義士謂若伊呂之比者也○正文首之字宋本無元刻有次下同

之所以爲布陳於國家刑法者則舉義法也謂若周繆王訓夏贖刑之類也主之所極然帥羣臣而首鄉之者則舉義志也志意也主所極信率羣臣歸向之者則皆義之志謂不懷不義之意也一曰志記也舊典之有義者謂若六經也如是則下仰上以義矣是綦定也綦當爲基基本也言以義爲本仰魚亮反綦定而國定國定而天下定仲尼無置錐之地誠義乎志意加義乎身行仲尼誠能義乎志意又加之以義乎身行言志意及立身立行皆以義行下孟反箸之言語以義箸於言語謂所論說皆明義也濟之日不隱乎天下名垂乎後世以義得濟之日成功之後也言仲尼行義既成之後不隱乎天下謂極昭明天下莫能隱匿之今亦以天下之顯諸侯誠義乎志意加義乎法則度量箸之以政事案申重之

以貴賤殺生使襲然終始猶一也申亦重也既爲政皆以義又申重以賞罰使相掩襲無閒隙終始如一也如是則夫名聲之部發於天地之閒也豈不如日月雷霆然矣哉部當爲剖謂開發也仲尼匹夫但箸空言猶得不隱乎天下今若以顯諸侯行義必如日月雷霆也故曰以國齊義一日而白湯武是也齊當爲濟以一國皆取濟於義一朝而名聲明白湯武是也湯以亳武王以鄗皆百里之地也亳湯國都鄗與鎬同武王所都京也詩曰考卜維王宅是鎬京維龜正之武王成之天下爲一諸侯爲臣通達之屬莫不從服無它故焉以濟義矣是所謂義立而王也非有他故但取濟於義也德雖未至也義雖未濟也霸者亦有德義但未能至極盡濟也然而天下之理略奏矣天下之謂條理者略有節奏也刑賞已諾信

乎天下矣諸許也已不許也禮記曰與其有諾責寧有已怨信乎天下謂若齊桓不背柯盟之比也臣下曉然皆知其可要也要約也皆知其可與要約不欺也要一堯反政令已陳雖覩利敗不欺其民謂若伐原命三日之糧不降而退之比也約結已定雖覩利敗不欺其與與相親與之國謂若齊桓許赦魯衛不遂滅之爲己利之比也如是則兵勁城固敵國畏之國一綦明與國信之綦亦當爲基也雖在僻陋之國威動天下五伯是也伯讀曰霸又如字爲諸侯之長曰伯春秋左氏傳曰策命晉侯爲伯也非本政教也雖有政教未盡脩其本也非致隆高也致極也不如堯舜禹湯之極崇高也非綦文理也言其駁雜未極條貫非服人之心也未得天下歸心如文王此皆言雖未能備行王道以略信之猶能致霸也故鄉方略所向唯在方略不在用仁義也審勞佚審以佚待

勞之術也謹畜積謹嚴畜積不妄耗費脩戰備齺然上下相信而天下莫之敢當齺齒相迎也齺然上下相向之貌齺士角反故齊桓晉文楚莊吳闔閭越句踐是皆僻陋之國也威動天下彊殆中國其彊能危中國無它故焉略信也是所謂信立而霸也雖未能濟義略取信而行之故能致霸也挈國以呼功利此論權謀者也提挈一國之人以呼召功利言所務唯功利也功役使利貪求之也不務張其義齊其信唯利之求張開內則不憚詐其民而求小利焉謂若梁伯好土功詐其民日寖將至之比外則不憚詐其與而求大利焉謂若楚靈王以義討陳蔡因遂滅之之比也內不脩正其所以有然常欲人之有有土地貨財也如是則臣下百姓莫不以詐心待其上矣上詐其

下下詐其上則是上下析也 離析 如是則敵國輕之 不得人心故輕之也 與國疑之權謀日行而國不免危削綦之而亾 其極者則滅亾 齊閔薛公是也 薛公孟嘗君田文齊閔王之相也齊閔王爲五國所伐皆薛公使然故同言之也 故用彊齊非以脩禮義也非以本政教也非以一天下也綿綿常以結引馳外爲務 綿綿不絕貌引讀爲靷靷引軸之物結引謂繫於軸所以引車也齊閔薛公不脩德政但使說客引軸馳騖於他國以權詐爲務也 故彊南足以破楚 史記齊閔王二十三年與秦敗楚於重丘南割楚之淮北也 西足以詘秦 史記閔王二十六年與韓魏共攻秦至函谷軍焉 北足以敗燕 ○此句楊氏無注脫耳案史記六國表及田敬仲完世家皆不載唯燕世家載之當在齊閔王十年 中足以舉宋 閔王三十八年伐宋宋王死於溫舉謂舉其國而滅之 及以燕

趙起而攻之若振槁然閔王四十年燕秦楚三晉敗我於濟西振擊也槁枯葉也
言當權謀彊盛之時雖破敵滅國及樂毅以諸國攻之若擊枯葉之易也而身死國亾爲
天下大戮爲天下大戮辱也春秋傳曰古者明王伐不敬取其鯨鯢而封之以爲大戮也後
世言惡則必稽焉後世稽考閔王爲龜鏡也是無它故焉唯其不
由禮義而由權謀也三者明主之所以謹擇也而仁
人之所以務白也○各本無兩以字及而字唯宋本有之下文亦同案篇首已有此二
語宋本亦無兩以字及而字至此及下文乃竝有之以致其申重丁寧之意似宋本爲長善擇者
制人不善擇者人制之善擇者用霸王不善擇者用權謀也國者天下
之大器也重任也不可不善爲擇所而後錯之錯之
險則危所處也錯讀爲措不可不善爲擇道然後道之涂薉

則塞不可不善爲擇道路而導達之蔵與穢同塞謂行不通也危塞則亾所以爲之善擇
○之字元刻作王案此注有脫誤似當云所以不可不善爲擇彼國錯者非封焉之
謂也非受之茆土然後爲安一曰脩封疆立城郭之謂也何法之道誰子之與
也設問之辭既非封焉之謂問以何法導達之求誰人付與之誰子猶誰人也愼子曰弃道術舍度量
以求一人之識識天下誰子之識能足焉也故道王者之法與王者之人
爲之則亦王道霸者之法與霸者之人爲之則亦霸
道亾國之法與亾國之人爲之則亦亾荅辭也道三皆與導同
者明主之所以謹擇也而仁人之所以務白也荀子多重
敘前語者丁寧之也故國者重任也不以積持之則不立不以積久
之法持之則傾覆也故國者世所以新者也是憚憚非變也憚與

坦同言國者但繼世之主自新耳此積久之法坦坦然無變也隨巢子曰有陰而遠者有憚明而功者杜伯射宣王於畞田是憚明而功者據古憚與坦通○案畞田墨子作圖田

改王改行也

自是改一王則改其所行之事非法變也或曰國語襄王謂晉文公曰先民有言曰改玉改行玉佩玉行步也○案或說是古玉字本作王與王字形近易訛

故一朝之日也一日之人也

然而厭焉有千歲之固何也

設問之辭一朝之日謂今日之事明朝不同言易變也一日之人謂今日之生未保明日言壽促也厭讀爲黶禮記曰見君子而後厭然揜其不善鄭注云厭閉藏貌言事之易變人之壽促如此何故有黶然深藏千歲不變改之法乎

曰援夫千歲之信法以持之也安與夫千歲之信士爲之也

謂使百世不易可信之士爲政

人無百歲之壽而有千歲之信士何也

又問之

曰以夫千歲之法自持者是乃千歲之信士矣

以禮

義自持者則是千歲之士不以壽千歲也能自持則能持國也故與積禮義之君子爲之則王與端誠信全之士爲之則霸與權謀傾覆之人爲之則亾三者明主之所以謹擇也而仁人之所以務白也善擇之者制人不善擇之者人制之彼持國者必不可以獨也君不可獨治也然則彊固榮辱在於取相矣身能相能如是者王謂若湯伊尹文王太公也身不能知恐懼而求能者如是者彊若燕昭樂毅也身不能不知恐懼而求能者安唯便僻左右親比己者之用如是者危削謂若楚襄王左州侯右夏侯之比也綦之而亾宋獻之比國者巨用之則大小用之則小巨者大之極也綦大而王綦小而亾小巨分

流者存小巨各半如水之分流也巨用之者先義而後利安不卹親疏不卹貴賤唯誠能之求夫是之謂巨用之小用之者先利而後義安不卹是非不治曲直唯便僻親比己者之用夫是之謂小用之巨用之者若彼小用之者若此小巨分流者亦一若彼一若此也或誠能之求或親比己者之用故曰粹而王駮而霸無一焉而亾此之謂也粹全也若舜舉皋陶不仁者遠即巨用之綦大而王者也駮雜也若齊桓外任管仲內任豎貂則小巨分流者無一焉而亾無一賢人若厲王專任皇甫尹氏即綦小而亾者也

國無禮則不正禮之所以正國也譬之猶衡之於輕重也猶繩墨之於曲直也猶規矩之於方圓也禮能正國

譬衡所以辨輕重繩墨所以辨曲直規矩所以定方圓也正錯之而人莫之能誣也錯置也禮記曰衡誠懸不可欺以輕重繩墨誠陳不可欺以曲直規矩誠設不可欺以方圓也○正各本作故今從宋本詩云如霜雪之將將如日月之光明逸詩爲之則存不爲則亾此之謂也爲爲禮也○正文不爲下各本有之字宋本無但詩攷所引有之字是宋本亦各異也案無之字者勝下二句楊注不以爲逸詩詩攷連引之爲是

國危則無樂君國安則無憂民亂則國危治則國安今君人者急逐樂而緩治國豈不過甚矣哉譬之是由好聲色而恬無耳目也豈不哀哉恬安也安然無耳目雖好聲色將何用哉○正文由字從宋本與猶同

夫人之情目欲綦色耳欲綦聲口欲綦味鼻欲綦臭心欲綦佚臭氣也凡氣香亦謂之臭禮記曰佩容臭

綦極也綦或爲甚傳寫誤耳佚安樂也此五綦者人情之所必不免也養五綦者有具具謂廣大富厚治辨彊固之道也無其具則五綦者不可得而致也萬乘之國可謂廣大富厚矣加有治辨彊固之道焉有讀爲又辨分別事若是則恬愉無患難矣○宋本恬作怡然後養五綦之具具也故百樂者生於治國者也憂患者生於亂國者也急逐樂而緩治國者非知樂者也故明君者必將先治其國然後百樂得其中得於治國之中樂竝音洛闇君必將急逐樂而緩治國故憂患不可勝校也校計必至於身死國亡然後止也豈不哀哉將以爲樂乃得憂焉將以爲安乃得危焉將以爲福

乃得死亾焉豈不哀哉於乎君人者亦可以察若言矣（於乎讀爲嗚呼若言如此之言謂已上之說）故治國有道人主有職（在知其道守其職也）若夫貫日而治詳一日而曲列之（貫日積日也積日而使條理詳備一日如委曲列之無差錯也）是所使夫百吏官人爲也不足以是傷游玩安燕之樂（煩碎之事既使百吏官人爲之則不足以此害人君游燕之樂也）若夫論一相以兼率之使臣下百吏莫不宿道鄉方而務（論謂討論選擇之也率領也宿宿道止於道也向方不迷亂也臣下皆以宿道向方爲務不敢姦詐也）是夫人主之職也（論相乃是人主之職不在躬親小事也）若是則一天下名配堯禹人主者守至約而詳事至佚而（事任）功垂衣裳不下簟席之上而海內之人莫不願得

以爲帝王夫是之謂至約樂莫大焉人主者以官人爲能者也匹夫者以自能爲能者也人主得使人爲之匹夫則無所移之百畝一守事業窮無所移之也百畝一夫之守事業耕稼也耕稼窮於此無所移於人若人主必躬治小事則與匹夫何異也今以一人兼聽天下日有餘而治不足者使人爲之也今以一人兼聽天下之大自稱日有餘言兼聽之日有餘也而治不足謂所治之事少而不足言不足治也使人爲之故得如此尸子曰堯南撫交阯北懷幽都東西至日之所出入有餘日而不足於治者恕也韓子曰夫爲人主而身察百官則日不足力不給也故先王舍己能而因法數審賞罰故治不足而日有餘上之任勢使然也日而實反大有天下小有一國天子諸侯○虞王合校本作天下謂天子一國謂諸侯也必自爲之然後可則勞苦秏顇莫甚焉秏謂

精神竭耗顇顦顇也如是則雖臧獲不肯與天子易埶業臧獲奴婢也方言曰荊淮海岱之閒罵奴曰臧罵婢曰獲燕齊亾奴謂之臧亾婢謂之獲或曰取貨謂之臧擒得謂之獲皆謂有罪爲奴婢者故周禮其奴男子入于罪隸女子入于舂槀埶業權埶事業也○案方言燕齊作燕之北郊又周禮其奴無婢字以是縣天下一四海何故必自爲之以是一人之寡縣天下之重一四海之大何故必自爲之言力不任之也爲之者役夫之道也墨子之說也墨子之說自勞苦矣必論德使能而官施之者聖王之道也儒之所謹守也官施謂建百官施布職事傳曰農分田而耕賈分貨而販百工分事而勸士大夫分職而聽聽其政治建國諸侯之君分土而守三公揔方而議揔領也議其所揔之政自陝以東周公主之自陝以西邵公主之一相處於內是揔方而議之也

則天子共己而已共讀爲恭或讀爲拱垂拱而已也出若入若天下莫不平均莫不治辨若如此也出若入若謂內外皆如此也謂如論德使能官施之事或曰若順也是百王之所同也而禮法之大分也禮法大分在任人各使當其職分也

百里之地可以取天下是不虛其難者在人主之知之也所患人主不知小國可以取天下之道也取天下者非負其土地而從之之謂也非謂它國負荷其土地來而從我之謂也道足以壹人而已矣其道足以齊壹人故天下歸之也彼其人苟壹則其土地且奚去我而適它彼國之人苟一於我則其土地奚往哉故百里之地其等位爵服足以容天下之賢士矣此論百里國取天下之道賢士有道德者也

其官職事業足以容天下之能士矣能士者才藝也循其舊法擇其善者而明用之足以順服好利之人矣擇舊法之善者而明用之謂擇務本厚生之法而用之則民衣食足而好利之人順服也賢士一焉能士官焉好利之人服焉三者具而天下盡無有是其外矣具謂俱爲用也故百里之地足以竭埶矣竭盡也有等位爵服官職事業是天下之人埶盡於此矣致忠信箸仁義足以竭人矣致極也箸明也言極忠信明仁義足以盡天下之人謂皆來歸也兩者合而天下取諸侯後同者先危兩者合謂能盡埶盡人也詩曰自西自東自南自北無思不服一人之謂也其道足以齊一人故四方皆歸之羿蠭門者善服射者也蠭門卽蠭蒙學射於羿羿蠭蒙善射故善者服之蠭音逢

○案史龜策傳亦作蠭門音逢迎之逢亦讀爲鼉鼓逢逢之逢門與蒙一聲之轉耳漢書藝文志有逢門射法二篇在兵家諸書多作逄字唯孟子揚子宋以後作逄音薄江反王良造父者善服馭者也王良趙簡子之御韓子曰字伯樂造父周穆王之御皆善御者也馭與御同也聰明君子者善服人者也人服而埶從之人不服而埶去之故王者已於服人矣王者之功盡此也故人主欲得善射射遠中微則莫若羿蠭門矣射及遠中細微之物欲得善馭及速致遠則莫若王良造父矣欲調壹天下制秦楚則莫若聰明君子矣荀卿在齊楚秦天下彊國故制之者也其用知甚簡用智慮至少也其爲事不勞而功名致大甚易處而綦可樂也故明君以爲寶而愚者以爲難明君以任賢爲寶愚者以任賢

爲難也夫貴爲天子富有天下名爲聖王兼制人人莫得而制也是人情之所同欲也而王者兼而有是者也重色而衣之重味而食之重財物而制之重多也直用反○案正文物字元刻無合天下而君之飲食甚厚聲樂甚大臺謝甚高謝與榭同○案說文無榭字公羊宣十六年成周宣謝災書泰誓釋文云臺榭本又作謝園囿甚廣臣使諸侯一天下是又人情之所同欲也而天子之禮制如是者也禮之與制如此其盛言盡人情之所欲也制度以陳政令以挾挾讀爲浹洽也官人失要則死公侯失禮則幽要政令之要約也禮記曰各揚其職百官廢職服大刑幽囚也春秋傳曰晉侯執衛侯歸之于京師寘諸深室也四方之國有侈離之德則必滅侈奢侈離乖離皆謂不遵

法度名聲若日月功績如天地天下之人應之如景嚮○景俗作影嚮宋本作響古通用是又人情之所同欲也而王者兼而有是者也故人之情口好味而臭味莫美焉耳好聲而聲樂莫大焉目好色而文章致繁婦女莫衆焉形體好佚而安重閒靜莫愉焉閒隙也或讀爲閑愉樂也心好利而穀祿莫厚焉合天下之所同願兼而有之睪牢天下而制之若制子孫睪牢未詳睪或作皐言盡牢籠天下也新序作宰牢戰國策燕太子丹謂荆軻曰秦有貪功之心非盡天下之地牢海內之王其意不厭或曰睪讀如以嫭荼蓼之嫭牢與漢書丘嫂轑釜之轑義同皆料理斡運之意也○案後漢書馬融傳皐牢陵山章懷注云皐牢猶牢籠也引此作臯牢臯俗作皐亦轉爲睪人苟不狂惑戇陋者其誰能睹是

而不樂也哉欲是之主竝肩而存能建是之士不世絕千歲而不合何也曰人主不公人臣不忠也人主則外賢而偏舉人臣則爭職而妬賢是其所以不合之故也外賢疏賢也偏舉偏黨而舉所愛也人主胡不廣焉無卹親疏無偏貴賤唯誠能之求廣焉開泰貌或曰讀爲曠誠能實能也若是則人臣輕職業讓賢而安隨其後如是則舜禹還至王業還起還復功壹天下名配舜禹物由有可樂如是其美焉者乎○元刻無焉字嗚呼君人者亦可以察若言矣可以察如此之言也楊朱哭衢涂曰此夫過舉蹞步而覺跌千里者夫哀哭之楊朱戰國時人後於墨子與墨子弟子禽滑釐辨論其說在愛己不拔一毛以

利天下與墨子相反衢涂歧路也秦俗以兩爲衢或曰四達謂之衢覺知也半步曰蹞跌差也言此歧路第過舉半步則知差而哭況跌千里者乎故甚哀而哭之易曰差以毫釐謬以千里也此亦榮辱安危存亡之衢已此其爲可哀甚於衢涂此謂求誠能之士也不求則滅亡故可哀甚於衢涂也嗚呼哀哉君人者千歲而不覺也歎君人者千歲而不知求誠能之士

無國而不有治法無國而不有亂法無國而不有賢士無國而不有罷士國語曰罷士無伍罷女無家韋昭曰病也無行曰罷周禮以嘉石平罷民謂平之使善者也無國而不有愿民無國而不有悍民無國而不有美俗無國而不有惡俗兩者竝行而國在上偏而國安在下偏而國危上偏偏行上事也謂治法多亂法少賢士

多罷士少愿民多悍民少之類下偏反是上一而王下一而亾一謂令行也故其治法其佐賢其民愿其俗美而四者齊夫是之謂上一如是則不戰而勝不攻而得甲兵不勞而天下服○甲兵宋本作用兵今從元刻故湯以亳武王以鄗鄗與鎬同皆百里之地也天下為一諸侯為臣通達之屬莫不從服無它故焉四者齊也齊謂無所闕也桀紂即序於有天下之埶索為匹夫而不可得也即序於有天下之埶謂就王者之次序為天子也是無它故焉四者並亾也故百王之法不同若是所歸者一也

上莫不致愛其下而制之以禮上之於下如保赤子

政令制度所以接下之人百姓有不理者如豪末則雖孤獨鰥寡必不加焉不以豪末不理加於孤獨鰥寡也四者人所輕賤故聖王尤愛之孝經曰不敢侮於鰥寡而況於士民乎故下之親上歡如父母可殺而不可使不順君臣上下貴賤長幼至于庶人莫不以是爲隆正是謂親上也皆親上爲隆正也以然後皆內自省以謹於分愛敬其上故不敢踰越也是百王之所以同也而禮法之樞要也是百王之同用愛民之道而得民也○正文以同疑當作同以觀注以同用爲言可見然後農分田而耕賈分貨而販百工分事而勸士大夫分職而聽建國諸侯之君分土而守三公摠方而議則天子共己而止矣出若入若天下莫不平均莫不

治辨是百王之所同而禮法之大分也（亦謂致愛其下故皆勸勉）。若夫貫日而治平（貫日積日也使條理平正），權物而稱用（權制物使稱於用稱尺證反），使衣服有制，宮室有度，人徒有數（人徒謂胥徒給徭役者也），喪祭械用皆有等宜（械用器用也皆有等宜言等差），以是用挾於萬物（皆得其宜也挾讀爲浹），尺寸尋丈莫得不循乎制度數量然後行。○（各本作制數度量今從宋本）則是官人使吏之事也（官人列官之人使吏所使役之吏數閱數也大君子謂人君也），不足數於大君子之前。故君人者立隆政本朝而當（隆政所隆之政也當丁浪反），所使要百事者誠仁人也（主百事之要約綱紀者謂相也），則身佚而國治功大而名美，上可以王，下可以霸。立隆正本朝而不當所使要百事者非仁人也則身勞而國亂功廢而名辱社稷必危是人君者之樞機者也樞機在得賢相人君當爲君人也故能當一人而天下取失當一人而社稷危不能當一人而能當千人百人者說無之有也論說之中無此事能當謂能用人之當也當皆丁浪反既能當一人則身有何勞而爲而爲皆助語也垂衣裳而天下定故湯用伊尹文王用呂尙武王用召公成王用周公旦卑者五伯卑言功業卑於王者伯讀爲霸齊桓公閨門之內縣樂奢泰游抗之脩縣簨簴也泰與汰同抗與玩同言齊桓唯此是脩也於天下不見謂脩天下不謂之脩飾也然九合諸侯一匡天下爲五伯長是亦無它故焉知一政

於管仲也是君人者之要守也要守在任賢也知者易爲之興力而功名綦大智者知任賢之君也舍是而孰足爲也舍是任賢之事何足爲之言其餘皆不足爲也故古之人有大功名者必道是者也道行也必行此任賢之事喪其國危其身者必反是者也故孔子曰知者之知固以多矣有以守少能無察乎知上音智下如字有讀爲又下同守少謂任賢綦己而已也愚者之知固以少矣有以守多能無狂乎此之謂也守多謂自任主百事者也事煩則狂亂也

治國者分已定則主相臣下百吏各謹其所聞不務聽其所不聞謹謂守行無越思各謹其所見不務視其所不見所聞所見誠以齊矣齊謂各當其事不侵越也則雖幽閒隱辟

百姓莫敢不敬分安制以禮化其上是治國之徵也閒讀爲閑辟讀爲僻安制謂安於國之制度不敢踰分徵驗也治國之徵驗在分定主道治近不治遠人主之道如此治明不治幽治一不治二主能治近則遠者理主能治明則幽者化主能當一則百事正夫兼聽天下日有餘而治不足者如此也是治之極也既能治近又務治遠既能治明又務見幽既能當一又務正百當丁浪反是過者也猶不及也辟之是猶立直木而求其景之枉也不能治近又務治遠不能察明又務見幽不能當一又務正百是悖者也悖惑辟之是猶立枉木而求其景之直也故明主好

要而闇主好詳任一相而委之是好要不委人而自治百事是好詳也主好要則百事詳主好詳則百事荒力不及故荒也君者論一相陳一法明一指以兼覆之兼炤之以觀其盛者也論選擇也指指歸也一法一指皆謂紀綱也盛讀爲成觀其成功也相者論列百官之長要百事之聽列置於列位也聽治也要取百事之治考其得失也要一堯反以飾朝廷臣下百吏之分脩飾使各當分度其功勞論其慶賞歲終奉其成功以效於君當則可不當則廢效致也周禮大宰歲終則令百官府各正其治受其會聽其政事而詔王廢置也故君人勞於索之而休於使之索求也休息也

用國者○用各本周宋本元刻竝作用得百姓之力者富得百姓之

死者彊得百姓之譽者榮三得者具而天下歸之三得者亾而天下去之天下歸之之謂王天下去之之謂亾湯武者循其道行其義興天下同利除天下同害天下歸之故厚德音以先之明禮義以道之致忠信以愛之賞賢使能以次之賞當爲尚爵服賞慶以申重之時其事輕其任以調齊之潢然兼覆之養長之如保赤子潢與滉同大水貌也生民則致寬生民生活民謂衣食也使民則綦理辯政令制度所以接天下之人百姓有非理者如豪末則雖孤獨鰥寡必不加焉是故百姓貴之如帝親之如父母爲之出死斷亾而不愉者無它故焉

不愉不字剩耳道德誠明利澤誠厚也亂世不然汙漫突盜以先之突陵觸盜竊也權謀傾覆以示之俳優侏儒婦女之請謁以悖之俳優倡優侏儒短人可戲弄者悖亂也使愚詔知使不肖臨賢生民則致貧隘使民則綦勞苦是故百姓賤之如尪惡之如鬼字書無尪字蓋當爲尫病人也禮記曰吾欲暴尫而奚若新序作賤之如尫家日欲司閒而相與投藉之去逐之投擿也藉踐也一作投錯之卒有寇難之事又望百姓之爲己死不可得也說無以取之焉論說之中無以此事爲得也卒千忽反孔子曰審吾所以適人適人之所以來我也此之謂也適人往與人也審愼其與人之道爲其復來報我也

傷國者何也曰以小人尙民而威（尙上也使小人在上位而作威也）以非所取於民而巧（若丘甲田賦之類也）是傷國之大災也大國之主也而好見小利是傷國其於聲色臺謝園囿也愈厭而好新是傷國（厭足也一占反）不好循正其所以有啖啖常欲人之有是傷國（啖啖幷吞之貌○案循正本卷前作脩正似脩字是）三邪者在匈中而又好以權謀傾覆之人斷事其外（事任也謂斷決任事於外也）若是則權輕名辱社稷必危是傷國者也大國之主也不隆本行不敬舊法而好詐故（故事變也）若是則夫朝廷羣臣亦從而成俗不隆禮義而好傾覆也（以不隆禮義爲成俗）朝廷羣臣之俗若是則夫衆庶百

姓亦從而成俗於不隆禮義而好貪利矣君臣上下之俗莫不若是則地雖廣權必輕人雖衆兵必弱刑罰雖繁令不下通夫是之謂危國是傷國者也儒者爲之不然必將曲辨辨理也委曲使歸於理也朝廷必將隆禮義而審貴賤若是則士大夫莫不敬節死制者矣節忠義制職分○敬節元刻作貴節百官則將齊其制度重其官秩若是則百吏莫不畏法而遵繩矣秩祿也其制馭百官必將齊一其制度使有守也厚重其秩祿使不貪也關市幾而不征質律禁止而不偏質律質劑也可以爲法故言質律也禁止而不偏謂禁止姦人不偏聽也周禮小宰聽賣買以質劑鄭司農云質劑平市價今之月平是也鄭康成云兩書一札同而別之長曰質短曰劑皆今之券書也左氏傳曰趙盾爲政董

遁逃由質要或曰質正也如是則商賈莫不敦慤而無詐矣百工將時斬伐佻其期日而利其巧任如是則百工莫不忠信而不楛矣時斬伐即周禮仲冬斬陽木仲夏斬陰木是也佻與傜同緩也謂不迫促也巧任巧者之任不迫促則百工自利矣楛謂器惡不牢固也晏子春秋曰景公之時晏子請發粟公不許當爲路寢之臺令吏重其績遠其涂佻其日而不趨三年臺成而民振欲上悅乎君游民足乎食彼佻亦與此同也○案所引晏子見雜上篇作故上悅乎游民足乎食微不同縣鄙將輕田野之稅省刀布之斂罕舉力役無奪農時如是則農夫莫不朴力而寡能矣但質朴而力作不務它能也士大夫務節死制然而兵勁然而當爲然後百吏畏法循繩然後國常不亂商賈敦慤無詐則商旅安貨通財而國求給矣所求之物

皆給足也百工忠信而不楛則器用巧便而財不匱矣農夫朴力而寡能則上不失天時下不失地利中得人和而百事不廢是之謂政令行風俗美以守則固以征則彊居則有名動則有功此儒之所謂曲辨也

荀子卷第七

荀子卷第八○此卷各本皆無注

君道篇第十二

有亂君無亂國有治人無治法羿之法非亡也而羿不世中禹之法猶存而夏不世王故法不能獨立類不能自行得其人則存失其人則亡法者治之端也君子者法之原也故有君子則法雖省足以徧矣無君子則法雖具失先後之施不能應事之變足以亂矣不知法之義而正法之數者雖博臨事必亂故明主急得其人而闇主急得其埶急得其人則身佚而國治功大而名美上可以王下可以霸不急得其人

而急得其埶則身勞而國亂功廢而名辱社稷必危故君人者勞於索之而休於使之書曰惟文王敬忌一人以擇此之謂也

合符節別契劵者所以爲信也上好權謀則臣下百吏誕詐之人乘是而後欺探籌投鉤者所以爲公也上好曲私則臣下百吏乘是而後偏衡石稱縣者所以爲平也上好傾覆則臣下百吏乘是而後險斗斛敦槩者所以爲嘖也○斗元刻作勝案三輔黃圖御宿園出栗十五枚一勝大梨如五勝勝與升通用敦槩即準槩嘖情也易繫辭傳見天下之賾京房作嘖太元礩初一測黃純于潛化在嘖也皆訓情此當作情實解上好貪利則臣下百吏乘是而後鄙

○宋本世德堂本皆無鄙字今從元刻豐取刻與以無度取於民故械數者治之流也非治之原也君子者治之原也官人守數君子養原原清則流清原濁則流濁故上好禮義尚賢使能無貪利之心則下亦將綦辭讓致忠信而謹於臣子矣如是則雖在小民不待合符節別契劵而信不待探籌投鉤而公不待衡石稱縣而平不待斗斛敦槩而嘖故賞不用而民勸罰不用而民服有司不勞而事治政令不煩而俗美百姓莫敢不順上之法象上之志而勸上之事而安樂之矣○而勸上之事元刻作勸上之事故藉斂忘費事業忘勞寇難忘死城郭不

待飾而固兵刃不待陵而勁敵國不待服而詘四海之民不待令而一夫是之謂至平詩曰王猷允塞徐方既來此之謂也

請問爲人君曰以禮分施均徧而不偏請問爲人臣曰以禮待君忠順而不懈請問爲人父曰寬惠而有禮請問爲人子曰敬愛而致文請問爲人兄曰慈愛而見友請問爲人弟曰敬詘而不苟○元刻作不悖請問爲人夫曰致功而不流致臨而有辨請問爲人妻曰夫有禮則柔從聽侍夫無禮則恐懼而自竦也此道也偏立而亂俱立而治其足以稽矣請問兼能之柰何

曰審之禮也古者先王審禮以方皇周浹於天下動無不當也故君子恭而不難敬而不鞏○恭而不難所謂恭而安也說文鞏以韋束也此亦謂敬而不過於拘束也貧窮而不約富貴而不驕並遇變應而不窮審之禮也○變應宋本作變態故君子之於禮敬而安之其於事也徑而不失其於人也寡怨寬裕而無阿其所爲身也謹脩飾而不危○脩飾元刻作脩勑案飾與飭勑古皆通用勑音賚然漢已來亦即作勑字用其應變故也齊給便捷而不惑其於天地萬物也不務說其所以然而致善用其材其於百官之事技藝之人也不與之爭能而致善用其功其待上也忠順而不懈○待俗閒本作侍其使下

也均徧而不偏其交游也緣義而有類○元刻作緣類而有義其居鄉里也容而不亂是故窮則必有名達則必有功仁厚兼覆天下而不閔明達用天地理萬變而不疑○元刻作理萬物變而不疑血氣和平志意廣大行義塞於天地之閒仁知之極也夫是之謂聖人審之禮也

請問爲國曰聞脩身未嘗聞爲國也君者儀也儀正而景正君者槃也槃圓而水圓君者盂也盂方而水方○案帝範注引君者儀也下有民者景也句又君者槃也下有民者水也句無君者盂也二句君射則臣決楚莊王好細腰故朝有餓人故曰聞脩身未嘗聞爲國也

君者民之原也原淸則流淸原濁則流濁故有社稷者而不能愛民不能利民而求民之親愛己不可得也民之不親不愛而求其爲己用爲己死不可得也民不爲己用不爲己死而求兵之勁城之固不可得也兵不勁城不固而求敵之不至不可得也敵至而求無危削不滅亾不可得也危削滅亾之情舉積此矣而求安樂是狂生者也○元刻作是聞難狂生者也狂生者不胥時而落○胥須也故人主欲彊固安樂則莫若反之民欲附下一民則莫若反之政欲脩政美國則莫若求其人彼或蓄積而得之者不世絕彼其人者生乎今

之世而志乎古之道以天下之王公莫好之也然而于是獨好之以天下之民莫欲之也然而于是獨爲之好之者貧爲之者窮然而于是獨猶將爲之也不爲少頃輟焉曉然獨明於先王之所以得之所以失之知國之安危臧否若別白黑是其人者也大用之則天下爲一諸侯爲臣小用之則威行鄰敵縱不能用使無去其疆域則國終身無故故君人者愛民而安好士而榮兩者無一焉而亾詩曰介人維藩大師維垣此之謂也○介人詩攷與元刻同宋本作价

道者何也曰君道也君者何也曰能羣也能羣也者

何也曰善生養人者也善班治人者也善顯設人者也善藩飾人者也善生養人者人親之善班治人者人安之善顯設人者人樂之善藩飾人者人榮之四統者俱而天下歸之夫是之謂能羣不能生養人者人不親也不能班治人者人不安也不能顯設人者人不樂也不能藩飾人者人不榮也四統者亾而天下去之夫是之謂匹夫故曰道存則國存道亾則國亾省工賈衆農夫禁盜賊除姦邪是所以生養之也天子三公諸侯一相大夫擅官士保職莫不法度而公是所以班治之也論德而定次量能而授官皆使

其人載其事而各得其所宜上賢使之爲三公次賢使之爲諸侯下賢使之爲士大夫是所以顯設之也脩冠弁衣裳黼黻文章琱琢刻鏤皆有等差是所以藩飾之也故由天子至於庶人也莫不騁其能得其志安樂其事是所同也衣煖而食充居安而游樂事時制明而用足是又所同也若夫重色而成文章重味而成珍備是所衍也○衍俗閒本作術聖王財衍以明辨異○財衍元刻作則術上以飾賢良而明貴賤下以飾長幼而明親疏上在王公之朝下在百姓之家天下曉然皆知其非以爲異也將以明分達治而保萬世也故天

子諸侯無靡費之用士大夫無流淫之行百吏官人無怠慢之事衆庶百姓無姦怪之俗無盜賊之罪其能以稱義徧矣故曰治則衍及百姓亂則不足及王公此之謂也

至道大形隆禮至法則國有常尙賢使能則民知方纂論公察則民不疑賞克罰偸則民不怠兼聽齊明則天下歸之然後明分職序事業材技官能莫不治理則公道達而私門塞矣公義明而私事息矣如是則德厚者進而佞說者止貪利者退而廉節者起書曰先時者殺無赦不逮時者殺無赦人習其事而固

人之百事如耳目鼻口之不可以相借官也故職分而民不探次定而序不亂兼聽齊明而百事不留如是則臣下百吏至于庶人莫不脩己而後敢安正誠能而後敢受職百姓易俗小人變心姦怪之屬莫不反愨夫是之謂政敎之極故天子不視而見不聽而聰不慮而知不動而功塊然獨坐而天下從之如一體如四胑之從心〇四胑宋本作四支夫是之謂大形詩曰溫溫恭人維德之基此之謂也

爲人主者莫不欲彊而惡弱欲安而惡危欲榮而惡辱是禹桀之所同也要此三欲辟此三惡果何道而

便曰在愼取相道莫徑是矣故知而不仁不可仁而不知不可旣知且仁是人主之寶也而王霸之佐也不急得不知得而不用不仁無其人而幸有其功愚莫大焉今人主有六患使賢者爲之則與不肖者規之使知者慮之則與愚者論之使脩士行之則與汙邪之人疑之雖欲成功得乎哉譬之是猶立直木而恐其景之枉也惑莫大焉語曰好女之色惡者之孽也公正之士衆人之痤也循乎道之人汙邪之賊也

○元刻循作脩

今使汙邪之人論其怨賊而求其無偏得乎哉譬之是猶立枉木而求其景之直也亂莫大焉故

古之人爲之不然其取人有道其用人有法取人之道參之以禮用人之法禁之以等行義動靜度之以禮知慮取舍稽之以成日月積久校之以功故卑不得以臨尊輕不得以縣重愚不得以謀知是以萬舉不過也故校之以禮而觀其能安敬也與之舉錯遷移而觀其能應變也與之安燕而觀其能無流慆也○流慆疑卽流淫元刻作陷無流字接之以聲色權利忿怒患險而觀其能無離守也彼誠有之者與誠無之者若白黑然可詘邪哉故伯樂不可欺以馬而君子不可欺以人此明王之道也人主欲得善射射遠中微者縣貴爵

重賞以招致之內不可以阿子弟外不可以隱遠人能中是者取之是豈不必得之之道也哉雖聖人不能易也欲得善馭速致遠者一日而千里○善馭下俗閒本有及字縣貴爵重賞以招致之內不可以阿子弟外不可以隱遠人能致是者取之是豈不必得之之道也哉雖聖人不能易也欲治國馭民調壹上下將內以固城外以拒難治則制人人不能制也亂則危辱滅亡可立而待也然而求卿相輔佐則獨不若是其公也案唯便嬖親比己者之用也豈不過甚矣哉故有社稷者莫不欲彊俄則弱矣莫不欲安俄則危矣莫不

欲存俄則亾矣古有萬國今有數十焉是無它故莫不失之是也故明主有私人以金石珠玉無私人以官職事業是何也曰本不利於所私也彼不能而主使之則是主闇也臣不能而誣能則是臣詐也主闇於上臣詐於下滅亾無日俱害之道也夫文王非無貴戚也非無子弟也非無便嬖也倜然乃舉太公於州人而用之豈私之也哉以爲親邪則周姬姓也而彼姜姓也以爲故邪則未嘗相識也以爲好麗邪則夫人行年七十有二齫然而齒墮矣○齫當作齳與齳同韓詩外傳作齳然而用之者夫文王欲立貴道欲白貴名以惠天

下而不可以獨也非于是子莫足以舉之故舉是子而用之○兩是子宋本俱作子是於是乎貴道果立貴名果明兼制天下立七十一國姬姓獨居五十三人周之子孫苟不狂惑者莫不爲天下之顯諸侯如是者能愛人也故舉天下之大道立天下之大功然後隱其所憐所愛其下猶足以爲天下之顯諸侯故曰唯明主爲能愛其所愛闇主則必危其所愛此之謂也

牆之外目不見也里之前耳不聞也而人主之守司遠者天下近者境內不可不略知也天下之變境內之事有弛易齵差者矣而人主無由知之則是拘脅

蔽塞之端也耳目之明如是其狹也人主之守司如是其廣也其不可以不知也如是其危也然則人主將何以知之曰便嬖左右者人主之所以窺遠收衆之門戶牖嚮也不可不早具也○嚮與向同故人主必將有便嬖左右足信者然後可其知惠足使規物○惠宋本作慧古通用其端誠足使定物然後可夫是之謂國具人主不能不有遊觀安燕之時則不得不有疾病物故之變焉如是國者事物之至也如泉原一物不應亂之端也故曰人主不可以獨也卿相輔佐人主之基杖也不可不早具也故人主必將有卿相輔佐足任

者然後可其德音足以塡撫百姓○塡卽鎭字元刻作鎭其知慮足以應待萬變然後可夫是之謂國具四鄰諸侯之相與不可以不相接也然而不必相親也故人主必將有足使喻志決疑於遠方者然後可其辯說足以解煩其知慮足以決疑其齊斷足以距難不還秩不反君然而應薄扞患足以持社稷然後可夫是之謂國具故人主無便嬖左右足信者謂之闇無卿相輔佐足任者謂之獨所使於四鄰諸侯者非其人謂之孤孤獨而晻謂之危國雖若存古之人曰亾矣詩曰濟濟多士文王以寧此之謂也

材人○謂王者因人之材而器使之之道也愿慤拘錄計數纖嗇而無敢遺喪是官人使吏之材也脩飭端正○元刻脩飭作修飾尊法敬分而無傾側之心守職循業○元刻循作脩不敢損益可傳世也而不可使侵奪是士大夫官師之材也知隆禮義之爲尊君也知好士之爲美名也知愛民之爲安國也知有常法之爲一俗也知尚賢使能之爲長功也知務本禁末之爲多材也知無與下爭小利之爲便於事也知明制度權物稱用之爲不泥也是卿相輔佐之材也未及君道也能論官此三材者而無失其次是謂人主之道也若是則身佚而國治功

大而名美上可以王下可以霸是人主之要守也人主不能論此三材者不知道此道安値將卑埶出勞併耳目之樂而親自貫日而治詳一內而曲辨之慮與臣下爭小察而綦偏能自古及今未有如此而不亂者也是所謂視乎不可見聽乎不可聞爲乎不可成此之謂也○不知道此下三十二字元刻無

荀子卷第八

荀子卷第九

登仕郎守大理評事楊　倞　注

臣道篇第十三

人臣之論論人臣之善惡有態臣者有篡臣者有功臣者有聖臣者解並在下內不足使一民外不足使距難百姓不親諸侯不信然而巧敏佞說音悅或作侻善取寵乎上是態臣者也以佞媚爲容態上不忠乎君下善取譽乎民不卹公道通義朋黨比周以環主圖私爲務是篡臣者也環主環繞其主不使賢臣得用圖謀也篡臣者篡奪君政也內足使以一民外足使以距難民親之士信之上忠乎君下愛百姓而不

倦是功臣者也（民親士信然後立功也○兩以字元刻無宋本有）上則能尊君下則能愛民政令教化刑下如影（刑制也言施政令教化以制其下如影之隨形動而輒隨不使違越也○刑元刻作形注同今從宋本）應卒遇變齊給如響（齊疾也給供給也應事而至謂之給夫卒變人所遲疑令聖臣應之疾速如響之應聲卒蒼忽反）推類接譽以待無方曲成制象是聖臣者也（此明應卒遇變之意無方無常也推其比類接其聲譽言見其本而知其末也待之無常謂不滯於一隅也委曲皆成制度法象言物至而應無非由法不苟而行之也聖者無所不通之謂也）故用聖臣者王用功臣者彊用篡臣者危用態臣者亾態臣用則必死篡臣用則必危（此言態臣甚於篡臣者蓋當時多用佞媚變詐之人深欲戒之故極言之也）功臣用則必榮聖臣用則必尊故齊之蘇秦

蘇秦初相趙後仕燕終死於齊故曰齊之蘇秦楚之州侯楚襄王佞臣也戰國策莊辛諫襄王曰君王左州侯右夏侯輦從鄢陵君與壽陵君載方府之金與之馳騁乎雲夢之中不知穰侯方受令乎秦王塡黽塞之內而投己乎黽塞之外韓子曰州侯相荊貴而荊王疑之因問左右對曰無有如出一口也秦之張儀可謂態臣者也皆變態佞媚之臣儀或作祿韓之張去疾蓋張良之祖漢書良其先韓人大夫開地相韓昭侯宣惠王襄哀王父平相釐王悼惠王五世事韓戰國策韓有張翠納賂於宣太后○韓昭侯至五世事俗本皆脫去宋本元刻竝有之唯少襄哀王三字今幷攷良傳補正趙之奉陽後語蘇秦說趙肅侯之弟奉陽君爲相不說蘇秦蘇秦乃去之又戰國策蘇秦說趙王曰天下之卿相人臣乃至布衣之士莫不高大王之行義皆願奉教陳忠於前之日久矣雖然奉陽君妒大王不得任事是以外賓客游談之士無敢盡忠於前盧藏用云奉陽君名成又案後語奉陽君卒蘇秦乃從燕來說肅侯合從之事而公子成武靈王時猶不肎胡服卽公

子成非奉陽君也齊之孟嘗可謂篡臣也史記曰齊閔王既滅宋益驕欲盡滅孟嘗孟嘗君恐乃如魏魏昭王以爲相西合於秦趙與燕共伐破齊後齊襄王立孟嘗中立爲諸侯無所屬襄王新立畏孟嘗而與連和是篡臣也○欲盡滅孟嘗史記作欲去孟嘗君齊之管仲晉之咎犯咎與舅同晉文公之舅狐偃犯其字也楚之孫叔敖可謂功臣矣殷之伊尹周之太公可謂聖臣矣是人臣之論也吉凶賢不肖之極也國之吉凶人君賢不肖極於論臣也必謹志之而愼自爲擇取焉足以稽矣志記也言必謹記此四臣之安危而愼自擇取則足以稽考用臣也

從命而利君謂之順從命而不利君謂之諂逆命而利君謂之忠逆命而不利君謂之篡不卹君之榮辱

不卹國之臧否偷合苟容以持祿養交而已耳謂之國賊養交謂養其與君交接之人不忤犯使怒也或曰養其外交若蘇秦張儀孟嘗君所至爲相也君有過謀過事將危國家殞社稷之懼也大臣父兄有能進言於君用則可不用則去謂之諫○父兄宋本作父子兄弟今從元刻有能進言於君用則可不用則死謂之爭有能比知同力比合也知讀爲智率羣臣百吏而相與彊君撟君彊其亮切撟與矯同屈也○撟宋本作橋卷內同君雖不安不能不聽遂以解國之大患除國之大害成於尊君安國謂之輔有能抗君之命竊君之重反君之事以安國事見平原君傳之危除君之辱功伐足以成國之大利謂之拂抗拒也戰

功曰伐左傳郄至驟稱其伐拂讀爲弼弼所以輔正弓弩者也或讀爲咈違君之意也謂若信陵君違魏王之命竊其兵符殺晉鄙反軍不救趙之事遂破秦而存趙大輔車相依今趙存則魏安故曰安國之危除君之辱也○注或讀爲咈舊本咈作佛訛案說文咈違也今改正故諫爭輔拂之人社稷之臣也國君之寶也明君所尊厚也而闇主惑君以爲己賊也字疑衍○主惑二故明君之所賞闇君之所罰也闇君之所賞明君之所殺也伊尹箕子可謂諫矣伊尹諫太甲箕子諫紂比干子胥可謂爭矣平原君之於趙可謂輔矣信陵君之於魏可謂拂矣○於趙於魏下俗本竝有也字宋本元刻皆無傳曰從道不從君此之謂也故正義之臣設則朝廷不頗設謂置於列位頗頗邪也諫爭輔拂之人信則君過

不遠[信謂見信於君或曰信讀爲伸謂道行也]爪牙之士施則仇讎不作[爪牙之士勇力之臣也施謂展其材也]邊境之臣處則彊垂不喪[垂與陲同]故明主好同而闇主好獨[獨謂自任其智]明主尚賢使能而饗其盛[盛謂大業言饗其臣之功業也]闇主妬賢畏能而滅其功[滅掩没也]罰其忠賞其賊夫是之謂至闇桀紂所以滅也

事聖君者有聽從無諫爭[聖君無失]事中君者有諫爭無諂諛[中君可上可下若齊桓公者也諂諛則遂成闇君也]事暴君者有補削無撟拂[補謂彌縫其闕削謂除去其惡言不敢顯諫闇匡救之也撟謂屈其性也拂違也撟拂則身見害使君有殺賢之名故不爲也拂音佛○拂讀爲弼前注是也此音佛誤]迫脅於亂時窮居於暴國而無所避之則崇其美揚其善違其惡隱

其敗言其所長不稱其所短以爲成俗謂危行言遜以避害也以爲成俗言如此而不變若舊俗然也詩曰國有大命不可以告人妨其躬身此之謂也詩逸

恭敬而遜聽從而敏不敢有以私決擇也敏謂承命而速行不敢更私自決斷選擇也○不敢有下元刻無以字下句同不敢有以私取與也以順上爲志是事聖君之義也但稟命而已

忠信而不諛諫爭而不諂撟然剛折端志而無傾側之心撟彊貌禮記曰和而不流彊哉撟剛折剛直面折也端志不邪曲也是案曰是非案曰非是事中君之義也

調而不流柔而不屈寬容而不亂雖調和而不至流湎雖柔從而不屈曲雖寬容而不與爲亂也曉然以至道而無不調和也

曉然明喻之貌至道無爲不爭之道以至道則暴君不能加怒無不調和言皆不違拂也而能化易時關內之是事暴君之義也關當爲開傳寫誤耳內與納同言既以沖和事之則能化易其暴戾之性時以善道開納之也或曰以道關通於君之心中也若馭樸馬樸馬未調習之馬不可遽牽制必縱緩之事暴君之難故重明之也若養赤子赤子嬰兒也未有所知必在順適其性不驚懼也若食餧人使飢渴於至道如餧人之欲食或曰餧人併與之食則必死今以善道節量與之不使狂惑也莊子曰人惑則死故因其懼也而改其過懼則思德故因使其改過因其憂也而辨其故辨其致憂之端則遷善也因其喜也而入其道欣喜之時多所聽納故因以道入之因其怒也而除其怨怨惡之人因君怒除去之也曲得所謂焉雖憂懼喜怒之殊委曲皆得所謂所謂卽化易君性也書曰從命而不拂微諫而不倦爲上則

明爲下則遜此之謂也書伊訓也○案此逸書也事人而不順者不疾者也不順上意也疾速也不疾言怠慢也疾而不順者不敬者也敬而不順者不忠者也忠而不順者無功者也有功而不順者無德者也故無德之爲道也傷疾墮功滅苦故君子不爲也傷疾墮功滅苦未詳或恐錯誤耳爲或爲違○故無德元刻作故德

有大忠者有次忠者有下忠者有國賊者以德復君而化之大忠也復報也以德行之事報白於君使自化於善周禮宰夫掌諸臣之復萬民之逆也以德調君而補之次忠也謂匡救其惡也以是諫非而怒之下忠也使君有害賢之名故爲下忠也不卹君之榮辱不卹國

之臧否偷合苟容以之持祿養交而已耳國賊也若周公之於成王也可謂大忠矣若管仲之於桓公可謂次忠矣若子胥之於夫差可謂下忠矣若曹觸龍之於紂者可謂國賊矣（說苑曰桀貴爲天子富有天下其左師觸龍者諂諛不正此云紂未知孰是）

仁者必敬人凡人非賢則案不肖也人賢而不敬則是禽獸也（禽獸不知敬賢○正文不敬舊作不能誤今改正或疑是不能下脫敬字）人不肖而不敬則是狎虎也（狎輕侮也言必見害）禽獸則亂狎虎則危災及其身矣詩曰不敢暴虎不敢馮河人知其一莫知其它戰戰兢兢如臨深淵如履薄冰此之謂也

詩小雅小旻之篇暴虎徒搏馮河徒涉人知其一莫知其它言人皆知暴虎馮河立至於害而不知小人為害有甚於此也故仁者必敬人敬人有道賢者則貴而敬之不肖者則畏而敬之賢者則親而敬之不肖者則疏而敬之其敬一也其情二也若夫忠信端慤而不害傷則無接而不然是仁人之質也其敬雖異至於忠信端慤不傷害則凡所接物皆然言嘉善而矜不能不以人之不肖逆詐待之而欲傷害之也質體也忠信以為質端慤以為統統綱紀也言己端慤自處而待物者也禮義以為文用為文飾倫類以為理倫人倫類物之種類言推近以知遠以此為條理也喘而言臑而動而一可以為法則臑與勸學篇蝡同喘微言也臑微動也一皆也言一動一息之間皆可以為法則也臑人允反詩曰不僭不賊鮮不為則此之

謂也詩大雅抑之篇言不僭差賊害則少不爲人法則矣恭敬禮也調和樂也調和不爭競也謹慎利也鬬怒害也故君子安禮樂利謹慎而無鬬怒是以百舉不過也小人反是

通忠之順忠有所壅塞故通之然而終歸於順也權險之平權危險之事使至於平也或曰權變也既不可扶持則變其危險使治平也禍亂之從聲君雖禍亂應聲而從之也三者非明主莫之能知也闇君不知所以殺害忠賢而身死國亡也爭然後善戾然後功出死無私致忠而公夫是之謂通忠之順信陵君似之矣諫爭君然後能善違戾君然後立功出身死戰不爲私事而歸於至忠至公信陵君諫魏王請救趙不從遂矯君命破秦而魏國以安故似之奪然後義

殺然後仁上下易位然後貞奪者不義之名殺者不仁之稱上下易位則非貞也而湯武惡桀紂之亂天下而奪之是義也不忍蒼生之涂炭而殺之是仁也雖上下易位而使賢愚當分歸於正道是貞也功參天地澤被生民夫是之謂權險之平湯武是也過而通情和而無經經常也但和順上意而無常守不卹是非不論曲直偷合苟容迷亂狂生迷亂其君使生狂也夫是之謂禍亂之從聲飛廉惡來是也傳曰斬而齊枉而順不同而壹此言反經合道如信陵湯武者也所以斬之取其齊也所以枉曲之取其順也所以不同取其一也初雖似乖戾然終歸於理者也詩曰受小球大球爲下國綴旒此之謂也詩商頌長發之篇球玉也鄭玄云綴猶結也旒旌旗之垂者言湯既爲天所命則受小玉謂尺二寸圭也受大玉謂珽也長三尺執圭搢珽以與諸侯會同結定其心如旌旗

之旒縿著焉引此以明湯武取天下權險之平爲救下國者也

致士篇第十四

明致賢士之義

衡聽顯幽重明退姦進良之術衡平也謂不偏聽也顯幽謂使幽人明顯不雍蔽也重明謂既明又使明也書曰德明惟明能顯幽則重明矣能退姦則良進矣朋黨比周之譽君子不聽殘賊加累之譖君子不用殘賊謂賊害人加累以罪惡加累誣人也隱忌雍蔽之人君子不近隱亦蔽也忌謂妬賢雍讀曰擁貨財禽犢之請君子不許行賂請謁者也凡流言流說流事流謀流譽流愬不官而衡至者君子慎之流者無根源之謂愬譖也不官謂無主首也衡讀爲橫橫至橫逆而至也聞聽而明譽之君子聞聽流言流說則明白稱譽謂顯露其事不爲隱蔽如此則姦人不敢獻其謀也定其當而當然

後士其刑賞而還與之士當爲事行也言定其當否既當之後乃行其刑賞反與之也謂其言當於善則事之以賞當於惡則事之以刑當丁浪反如是則姦言姦說姦事姦謀姦譽姦愬莫之試也忠言忠說忠事忠謀忠譽忠愬莫不明通方起以尙盡矣明通謂明白通達其意方起竝起尙與上同上盡謂盡忠於上也夫是之謂衡聽顯幽重明退姦進良之術○下似當別爲一條川淵深而魚鼈歸之山林茂而禽獸歸之刑政平而百姓歸之禮義備而君子歸之故禮及身而行脩義及國而政明能以禮挾而貴名白天下願令行禁止王者之事畢矣挾讀爲浹能以禮浹洽者則貴名明白天下皆願從之也○貴名白王制篇作名聲日聞此恐有訛詩曰惠此中國以綏

四方此之謂也（詩大雅民勞之篇中國京師也四方諸夏也引此以明自近及遠也）川淵者龍魚之居也山林者鳥獸之居也國家者士民之居也川淵枯則龍魚去之山林險則鳥獸去之國家失政則士民去之無土則人不安居無人則土不守無道法則人不至無君子則道不舉故土之與人也道之與法也者國家之本作也（本作猶本務也）君子也者道法之摠要也不可少頃曠也得之則治失之則亂得之則安失之則危得之則存失之則亾故有良法而亂者有之矣有君子而亂者自古及今未嘗聞也傳曰治生乎君子亂生乎小人此之謂也（○前王制篇亦有此）

數語或是脫簡於彼

得衆動天得衆則可以動天言人之所欲天必從之美意延年美意樂意也無憂患則延年也誠信如神誠信則如神明言物不能欺也夸誕逐魂逐魂逐去其精魂猶喪精也矜夸妄誕作僞心勞故喪其精魂此四者皆言善惡之應也人主之患不在乎不言用賢而在乎誠必用賢○此句有誤當作而在乎不誠用賢夫言用賢者口也却賢者行也無善行則賢不至也口行相反而欲賢者之至不肖者之退也不亦難乎夫耀蟬者務在明其火振其樹而已火不明雖振其樹無益也南方人照蟬取而食之禮記有蜩范是也今人主有能明其德則天下歸之若蟬之歸明火也

臨事接民而以義變應寬裕而多容恭敬以先之政之始也多容廣納也然後中和察斷以輔之政之隆也政之崇高在輔以中和察斷斷丁亂反然後進退誅賞之政之終也故一年與之始三年與之終夫不教而殺謂之虐故爲政之始寬裕多容三年政成然後進退誅賞也用其終爲始則政令不行而上下怨疾亂所以自作也先賞罰後德化則亂書曰義刑義殺勿庸以即女惟曰未有順事言先教也書康誥言雖義刑義殺亦勿用即行之當先教後刑也雖先後不失尚謙曰我未有順事故使民犯法躬自厚而薄責於人也

程者物之準也程者度量之揔名也禮者節之準也節謂君臣之差等也程以立數禮以定倫言有程則可以立一二之數有禮則可以定君臣父子之倫也

德以敘位能以授官度其德以序上下之位考其能以授所任之官若夔典樂伯夷典禮之比也凡節奏欲陵而生民欲寬節奏謂禮節奏陵峻也使陵亦嚴峻之義生民謂以德教生養民也言人君自守禮之節奏則欲嚴峻不弛慢養民則欲寬容不迫切之也節奏陵而文生民寬而安節奏雖峻亦有文飾不至於刻急上文下安功名之極也不可以加矣

君者國之隆也父者家之隆也隆猶尊也隆一而治二而亂自古及今未有二隆爭重而能長久者

師術有四而博習不與焉術法也言有四德則可以爲人師師法不在博習也與音豫尊嚴而憚可以爲師耆艾而信可以爲師五十曰艾六十曰耆誦說而不陵不犯可以爲師誦謂誦經說謂解說謂守其誦說不

自陵突觸犯言行其所學 知微而論可以爲師 知精微之理而能講論論盧困反 故師術有四而博習不與焉水深則回 回流旋也水深不湍峻則多旋流也 樹落糞本 謂木葉落糞其根也○宋本作水深而回樹落則糞本今從元刻 弟子通利則思師 思其厚於己也 詩曰無言不讎無德不報此之謂也 此言爲善則物必報之也

賞不欲僭刑不欲濫賞僭則利及小人刑濫則害及君子若不幸而過寧僭無濫與其害善不若利淫 ○此數語全本左傳考荀卿以左氏春秋授張蒼蒼授賈誼荀子固傳左氏者之祖師也

荀子卷第九

荀子卷第十

登仕郎守大理評事楊　倞　注

議兵篇第十五

臨武君與孫卿子議兵於趙孝成王前臨武君蓋楚將未知姓名戰國策曰天下合從趙使魏加見楚春申君曰君有將乎春申君曰有矣僕欲將臨武君魏加曰臣少之時好射臣願以射譬可乎春申君曰可魏加曰異日者更羸與魏王處京臺之下更羸曰臣能爲王引弓虛發而下鳥有閒鴈從東方來更羸以虛發而下之王曰射之之精乃至於此乎更羸曰此孽也王曰先生何以知之對曰其飛徐者其故創痛也其鳴悲者久失羣也故創未息而驚心未去聞弦音烈而高飛故隕也今臨武君嘗爲秦孽不可以爲距秦之將趙孝成王晉大夫趙夙之後簡子十世孫或曰劉向敍云孫卿至趙與孫臏議兵趙孝成王前臨武君即孫臏也今案史記年表齊宣王二年孫臏爲軍師則敗

魏於馬陵至趙孝成王元年已七十餘年年代相遠疑臨武君非此孫臏也○案楊氏改書名作荀卿子而此篇正文仍作孫卿子依漢以來相傳之舊也本篇內微子開封於宋注甚明注更嬴楚策作更嬴又其故創痛也策無其字此注脫故字今增又故創未息作故創痛未息今從策刪痛字王曰請問兵要臨武君對曰上得天時〔若順太歲及孤虛之類也〕下得地利〔若右背山陵前左水澤之比也〕觀敵之變動後之發先之至此用兵之要術也孫卿子曰不然臣所聞古之道凡用兵攻戰之本在乎壹民弓矢不調則羿不能以中微六馬不和則造父不能以致遠士民不親附則湯武不能以必勝也故善附民者是乃善用兵者也故兵要在乎善附民而已臨武君曰不然兵之所貴者埶利

也（乘埶爭利）所行者變詐也（奇計○所行新序三作所上）善用兵者感忽悠闇莫知其所從出（感忽悠闇皆謂倏忽之間也感忽恍忽也悠闇遠視不分辨之貌莫知所從出謂若九天之上九地之下使敵人不測魯連子曰弃感忽之恥立累世之功也○案齊策載魯連與燕將書云除感忿之恥而立累世之功彼上文云去忿恚之心而成終身之名則下句不當又云感忿此引作感忽是也新序又作奄忽義亦同注立字舊脫今補）孫吳用之無敵於天下豈必待附民哉（孫謂吳王闔閭將孫武吳謂魏武侯將吳起也）孫卿子曰不然臣之所道仁人之兵王者之志也（帝王之志意如此也）君之所貴權謀埶利也所行攻奪變詐也諸侯之事也仁人之兵不可詐也彼可詐者怠慢者也路亶者也（路暴露也亶讀爲袒露袒謂上下不相覆蓋新序作落單）君臣上下之閒滑

然有離德者也（滑亂也音骨言彼可欺詐者皆如此之國）故以桀詐桀猶巧拙有幸焉以桀詐堯譬之若以卵投石以指撓沸（撓攪也以指撓沸言必爛也新序作以指繞沸）若赴水火入焉焦沒耳故仁人上下（說仁人上下相愛之意）百將一心三軍同力臣之於君也下之於上也若子之事父弟之事兄若手臂之扞頭目而覆胸腹也詐而襲之與先驚而後擊之一也（先擊頭目使知之而後擊之豈手臂有不救也）且仁人之用十里之國則將有百里之聽（聽猶耳目也言遠人自為其耳目或曰謂閒諜者）用百里之國則將有千里之聽用千里之國則將有四海之聽必將聰明警戒和傳而一（耳目明而警戒相傳以和無有二心也一云傳或為博博）

衆也而一如一也言和衆如一也故仁人之兵聚則成卒散則成列卒卒伍列行列言動皆有備也延則若莫邪之長刃嬰之者斷兌則若莫邪之利鋒當之者潰兌猶聚也與隊同謂聚之使短潰壞散也新序作銳則若莫邪之利鋒也○延新序作鋋韓詩外傳三作延居又兌作銳居案延讀延袤之延東西曰延嬰今攖字謂橫布則其鋒長攖之者皆斷也兌讀爲銳謂直擣則其鋒利遇之者潰也外傳兩居字與下文圜居一例可知注未是矣圜居而方止則若盤石然觸之者角摧圜居方止謂不動時也則如大石之不可移動也○方止各本作方正今從新序案外傳作方居案角鹿埵隴種東籠而退耳其義未詳蓋皆摧敗披靡之貌或曰鹿埵垂下之貌如禾實垂下然埵丁果反隴種遺失貌如隴之種物然或曰即龍鍾也東籠與涷瀧同沾溼貌如衣服之沾溼然新序作隴種而退無鹿埵字○垂下之貌舊脫垂字今補案說文禾實垂下謂之穛丁果切楊意

埵讀爲穡故音義皆與之同也又郎龍鍾也舊脫龍字龍鍾乃當時常語今補又案方言瀧涿謂之霑漬廣韻涷瀧霑漬也故楊云涷瀧沾溼貌舊誤作涷隴今改正沾亦霑之誤字也且夫暴國之君將誰與至哉彼其所與至者必其民也而其民之親我歡若父母其好我芬若椒蘭彼反顧其上則若灼黥如畏灼黥若仇讎人之情雖桀跖豈又肎爲其所惡賊其所好者哉○豈又新序作豈有是猶使人之子孫自賊其父母也彼必將來告之夫又何可詐也不可得詐襲也故仁人用國日明日益明察諸侯先順者安後順者危慮敵之者削反之者亾謀慮與之爲敵者土地必見侵削反謂不服從也詩曰武王載發有虔秉鉞如火烈烈則莫我敢遏此之謂也詩殷

頌武王湯也發讀爲旆虔敬遏止也湯建旆興師本由仁義雖用武持鉞而猶以敬爲先故得如火之盛無能止之也

孝成王臨武君曰善請問王者之兵設何道何行而可設謂制置道謂論說敎令也行動用也孫卿子曰凡在大王將率末事也臣請遂道王者諸侯彊弱存亡之效安危之埶率與帥同所類反道說也效驗也孝成王見荀卿論兵謂王者以兵爲急故遂問用兵之術荀卿欲陳王道因不荅其問故言凡在大王之所務將帥乃其末事耳所急敎化也遂廣說湯武五霸及戰國諸侯之事君賢者其國治君不能者其國亂隆禮貴義者其國治簡禮賤義者其國亂治者彊亂者弱是彊弱之本也上足卬則下可用也上不足卬則下不可用也卬古仰字不仰不足仰也下託上曰仰宓向反能敎且化長養之是足仰○以注觀之正

文當本是上不卬衍足字下可用則強下不可用則弱是強弱之常也隆禮效功上也重祿貴節次也上功賤節下也是強弱之凡也效驗也功戰功也效功謂不使賞僭也重祿重難其祿不使素餐也節忠義也君能隆禮驗功則強上戰功輕忠義則弱大凡如此也好士者強不好士者弱士賢士也愛民者強不愛民者弱政令信者強政令不信者弱信謂使下可信民齊者強不齊者弱齊謂同力賞重者強賞輕者弱重難其賞使必賞有功則強輕易其賞則弱也刑威者強刑侮者弱刑當罪使民可畏則強不當罪則人侮慢故弱也械用兵革攻完便利者強攻當為功功精好加功者也器械牢固便利於用則強也○攻與工功古多通用攻治也卽依本字不改亦可械用兵革窳楛不便利者弱窳器病也音庾楛濫惡謂不堅固也

重用兵者強輕用兵者弱重難用兵者強權出一者強權出二者弱政多門則弱也是強弱之常也齊人隆技擊技材力也齊人以勇力擊斬敵者號爲技擊孟康曰兵家之技巧技巧者習手足便器械積機關以立攻守之勝其技也得一首者則賜贖錙金無本賞矣八兩曰錙本賞謂有功同受賞也其技擊之術斬得一首則官賜錙金贖之斬首雖戰敗亦賞不斬首雖勝亦不賞是無本賞也是事小敵毳則偷可用也可偷竊用之也毳讀爲脃史記聶政謂嚴仲子曰屠可以旦夕得甘脆以養親也事大敵堅則渙焉離耳易說卦曰渙者離也若飛鳥然傾側反覆無日若飛鳥言無馮依也無日言傾側反覆之速不得一日也○注言無馮依也宋本作言無馮依而易也今從元刻是亾國之兵也兵莫弱是矣是其去賃市傭而戰之幾矣此與賃市中傭作之人而使之戰相

去幾何也○正文其去宋本作其出今從元刻魏氏之武卒以度取之武卒選擇
武勇之卒號爲武卒度取之謂取其長短材力中度者衣三屬之甲如淳曰上身一髀褌
一踁繳一凡三屬也衣於氣反屬之欲反○案考工記釋文屬之樹反操十二石之弩
負服矢五十个置戈其上置戈於身之上謂荷戈也○元刻作負矢無服字與
漢書同冠軸帶劍軸與胄同漢書作胄帶劍顏師古曰著兜鍪而又帶劍也贏三日
之糧日中而趨百里贏負擔也日中一日之中也中試則復其戶
利其田宅復其戶不傜役也利其田宅不征眾也顏師古曰利謂給其便利之處中丁仲反復
方目反○注不征眾眾字誤疑作稅是數年而衰而未可奪也改造則
不易周也此中試者筋力數年而衰亦未可遽奪其優復使皆怨也改造更選擇也則又如前
是故地雖大其稅必寡是危國之兵也優復既多則稅寡資用貧

之故國危秦人其生民也陿阸其使民也酷烈生民所生之民陿阸謂秦地險固也酷烈嚴刑罰也地險固則寇不能害嚴刑罰則人皆致死也○陿阸俗本作狹隘今從宋本劫之以埶謂以威埶劫迫之使出戰隱之以阸謂隱蔽以險阸使敵不能害鄭氏曰秦地多阸藏隱其民於阸中也忸之以慶賞忸與狃同串習也戰勝則與之賞慶使習以爲常忸女九反鰌之以刑罰鰌藉也不勝則以刑罰陵藉之莊子風謂蛇曰鰌我亦勝我音秋或作蹫七六反○案鰌亦音蹴見彊國篇注元刻七六作七由非今從宋本使天下之民所以要利於上者非鬬無由也阸而用之得而後功之守險阸而用之既得勝乃賞其功所以人自爲戰而立功者衆也功賞相長也五甲首而隸五家有功而賞之使相長獲得五甲首則役隸鄉里之五家也是最爲衆彊長久多地以正故四世有勝非幸也數也爲之

有根本不邀一時之利故能衆強長久也不復其戶利其田宅故多地也以正言比齊魏之苟且爲正言秦亦非天幸有術數然也四世孝公惠王武王昭王也故齊之技擊不可以遇魏氏之武卒魏氏之武卒不可以遇秦之銳士秦之銳士不可以當桓文之節制桓文之節制不可以敵湯武之仁義有遇之者若以焦熬投石焉以魏遇秦猶以焦熬之物投石也熬五刀反○有遇之者二句似專言天下無有能敵仁義者注惟云以魏遇秦殆以當時無湯武并無桓文故也然無妨據理爲說或云末二句當并從齊說下兼是數國者皆干賞蹈利之兵也傭徒鬻賣之道也未有貴上安制綦節之理也干求也言秦魏雖足以相勝皆求賞蹈利之兵與傭徒之人鬻賣其力作無異未有愛貴其上爲之致死安於制度自不踰越極於忠義心不爲非之理者也諸侯有能微妙

之以節則作而兼殆之耳 微妙精盡也節仁義也作起也殆危也諸侯有能精盡仁義則能起而兼危此數國謂擒滅之○舊本注作則能起而無危也兼此數國誤今据正文刪正

故招近募選隆埶詐尚功利是漸之也 近當爲延傳寫誤耳招延謂引致之也募選謂以財召之而選擇可者此論齊之技擊也隆埶詐謂以威埶變詐爲尚此論秦也尚功利謂有功則利其田宅論魏也漸進也言漸進而近於法未爲理也或曰漸浸漬也謂其賞罰纔可漸染於外中心未悅服漸子廉反

禮義教化是齊之也 服其心是齊壹人之術也

故以詐遇詐猶有巧拙焉 猶齊之技擊不可以當魏之武卒也

以詐遇齊辟之猶以錐刀墮太山也 辟音譬墮毀也許唯反

非天下之愚人莫敢試故王者之兵不試 一舉而定不必試也

湯武之誅桀紂也拱揖指麾而彊暴之國莫不趨使 誅其元惡其餘獷悍者皆

化而來臣役也誅桀紂若誅獨夫故泰誓曰獨夫紂此之謂也故兵大齊則制天下小齊則治鄰敵以禮義教化大齊之謂湯武也小謂未能大備若五霸者也治鄰敵言鄰敵受其治化耳○宋本故兵大齊提行起今案連上文是或中閒有注脫去耳若夫招近募選隆埶詐尚功利之兵則勝不勝無常代翕代張代存代亾相爲雌雄耳矣翕斂也代翕代張代存代亾若言代強代弱也夫是之謂盜兵君子不由也由用也以詐力相勝是盜賊之兵也故齊之田單楚之莊蹻秦之衛鞅燕之繆蟣是皆世俗之所謂善用兵者也田單齊襄王臣安平君也史記莊蹻者楚莊王苗裔楚威王使爲將將兵循江而上略蜀黔中以西蹻至滇池方三百里地肥饒數千里以兵威定屬楚欲歸報會秦擊奪楚巴黔中郡道塞不通因還以其衆至滇變服從其俗焉衛鞅秦孝公

臣封爲爾君者也繆蠛未聞也是其巧拙強弱則未有以相君也若其道一也雖術不同皆出於變詐故曰其道一也○相君元刻作相若注首有相若相似也五字今從宋本未及和齊也數子之術未能及於和齊人心也掎契司詐權謀傾覆未免盜兵也契讀爲挈挈持也掎挈猶言掎摭也司讀爲伺詐欺詐也皆謂因其危弱即掩襲之也齊桓晉文楚莊吳闔閭越句踐是皆和齊之兵也可謂入其域矣入禮義教化之域孟康曰入王兵之域也然而未有本統也本統謂前行素脩若湯武也故可以霸而不可以王是強弱之效也湯武王而桓文霸齊魏則代存代亡是其效也孝成王臨武君曰善請問爲將孫卿子曰知莫大乎棄疑不用疑謀是智之大行莫大乎無過事莫大乎無悔事至無悔而止矣

成不可必也不可必不得必謂成功忌其警備莊子曰聖人以必不必故多功衆人以不必必故无功也○成不可必也五字乃起下之詞注不得必三字宋本元刻皆無俗閒本有之下引莊子語舊本多訛今悉從元刻改正故制號政令欲嚴以威慶賞刑罰欲必以信處舍收臧欲周以固處舍營壘也收藏財物也周密牢固則敵不能陵奪矣徙舉進退欲安以重欲疾以速靜則安重而不爲輕舉動則疾速而不失機權窺敵觀變欲潛以深欲伍以參謂使閒諜觀敵欲潛隱深入之也伍參猶錯雜也使閒諜或參之或伍之於敵之閒而盡知其事韓子曰省同異之言以知朋黨之分偶參伍之驗以責陳言之實又曰參之以比物伍之以合參也遇敵決戰必道吾所明無道吾所疑道言也行也夫是之謂六術自制號政令已下有六也無欲將而惡廢無怠勝而忘敗無威內而輕外無

見其利而不顧其害強使人出戰而輕敵凡慮事欲孰而用財欲泰孰謂精審泰謂不吝賞也夫是之謂五權五者爲將之機權也所以不受命於主有三可殺而不可使處不完可殺而不可使擊不勝可殺而不可使欺百姓夫是之謂三至至謂一守而不變凡受命於主而行三軍三軍既定百官得序羣物皆正百官軍之百吏得序各當其任則主不能喜敵不能怒不苟徇上意故主不能喜不爲變詐故敵不能怒也夫是之謂至臣爲臣之至當也慮必先事而申之以敬謀慮必在事先重之以敬常戒懼而有備也愼終如始終始如一夫是之謂大吉言必無覆敗之禍也凡百事之成也必在敬之其敗也必在慢之故敬勝怠則吉怠勝敬

則滅計勝欲則從欲勝計則凶戰如守不務越逐也書曰不愆于五步六步乃止齊焉行如戰有功如幸不務驕矜敬謀無壙無壙言不敢須臾不敬也壙與曠同敬事無壙敬吏無壙敬眾無壙敬敵無壙夫是之謂五無壙慎行此六術五權三至而處之以恭敬無壙夫是之謂天下之將則通於神明矣天下莫及之將臨武君曰善請問王者之軍制孫卿子曰將死鼓死謂不棄之而奔亾也左傳曰師之耳目在吾旗鼓御死轡百吏死職士大夫死行列聞鼓聲而進聞金聲而退順命為上有功次之軍之所重在順命故有功次之令不進而進猶令不退而退也其罪惟均令教令也言使之不進而進猶令不退而退其罪同也不殺老弱不獵

禾稼獵與躐同踐也服者不禽格者不舍犇命者不獲服謂不戰而退者不追禽之格謂相距捍者犇命謂犇走來歸其命者不獲之爲囚俘也犇與奔同凡誅非誅其百姓也誅其亂百姓者也百姓有扞其賊則是亦賊也扞其賊謂爲賊之扞蔽也以故順刃者生蘇刃者死犇命者貢順刃謂不戰偝之而走者蘇讀爲傃傃向也謂相向格鬬者貢謂取歸命者獻於上將也微子開封於宋紂之庶兄名啓歸周後封於宋此云紂開者蓋漢景帝諱劉向改之也曹觸龍斷於軍說苑曰桀貴爲天子富有四海其臣有左師觸龍者諂諛不正此云紂臣當是說苑誤又戰國策趙有左師觸龍說太后請長安君質秦豈復與古人同官名乎○史記趙世家左師觸龍言願見太后言字當屬下讀趙策誤作觸讋當以此注爲正殷之服民所以養生之者也無異周人故近者歌謳而樂之遠者竭蹶而趨

之竭蹶顛仆猶言匍匐也新序作竭走而趨之無幽閒辟陋之國莫不趨使而安樂之四海之內若一家通達之屬莫不從服夫是之謂人師師長詩曰自西自東自南自北無思不服此之謂也詩大雅文王有聲之篇王者有誅而無戰城守不攻兵格不擊德義未加所以敵人不服故不攻擊也且恐傷我之士卒也上下相喜則慶之敵人上下相愛悅則慶賀之豈況侵伐乎不屠城屠謂毀其城殺其民若屠者然也不潛軍不留眾不久留暴露於外也師不越時古者行役不踰時也故亂者樂其政不安其上欲其至也東征西怨之比臨武君曰善

陳囂問孫卿子曰先生議兵常以仁義爲本陳囂荀卿弟子

言先生之議常言兵以仁義爲本也仁者愛人義者循理然則又何以兵爲愛人則懼其殺傷循理則不欲爭奪焉肎抗兵相加乎凡所爲有兵者爲爭奪也非謂愛人循理孫卿子曰非女所知也彼仁者愛人愛人故惡人之害之也義者循理循理故惡人之亂之也彼兵者所以禁暴除害也非爭奪也故仁人之兵所存者神所過者化所存止之處畏之如神所過往之國無不從化若時雨之降莫不說喜是以堯伐驩兜伐亦誅也書曰放驩兜于崇山也舜伐有苗命禹伐之書曰帝曰咨禹惟時有苗弗率汝徂征之禹伐共工書曰流共工于幽州皆堯之事此云禹伐共工未詳也湯伐有夏文王伐崇武王伐紂此四帝兩王夏殷或稱王或稱帝曲禮曰措之廟立之主曰帝蓋亦論夏殷也至周自

貶損全稱王故以文武爲兩王也皆以仁義之兵行於天下也故近者親其善遠方慕其德兵不血刃遠邇來服德盛於此施及四極詩曰淑人君子其儀不忒此之謂也詩曹風尸鳩之篇

李斯問孫卿子曰李斯孫卿弟子後爲秦相秦四世有勝兵強海內威行諸侯非以仁義爲之也以便從事而已便其所從之事而已謂若劫之以埶隱之以阸忸之以慶賞鰌之以刑罰之比孫卿子曰非女所知也女所謂便者不便之便也汝以不便人爲便也吾所謂仁義者大便之便也吾以大便人爲便也彼仁義者所以脩政者也政脩則民親其上樂其君而輕爲之死故曰凡在

於君○舊本作凡在於軍今案當是君字將率末事也荀卿前對趙孝成王有此言語弟子所知故引以荅之也秦四世有勝諰諰然常恐天下之一合而軋己也漢書諰作鰓蘇林曰讀如愼而無禮則葸之葸鰓懼貌也先禮反張晏曰軋蹊轢也此所謂末世之兵未有本統也本統前行素脩故湯之放桀也非其逐之鳴條之時也武王之誅紂也非以甲子之朝而後勝之也皆前行素脩也此所謂仁義之兵也前行素脩謂前已行之素已脩之行讀如字今女不求之於本而索之於末此世之所以亂也本謂仁義末謂變詐世所以亂亦由不求於本而索於末如李斯之說也

禮者治辨之極也強國之本也威行之道也功名之

揔也辨別也揔要也強國謂強其國也王公由之所以得天下也○元刻得作一史記禮書韓詩外傳四皆同不由所以隕社稷也故堅甲利兵不足以爲勝高城深池不足以爲固嚴令繁刑不足以爲威由其道則行不由其道則廢由用也道卽禮也用禮卽行不用禮雖堅甲嚴刑皆不足恃也楚人鮫革犀兕以爲甲鞈如金石鞈堅貌以鮫魚皮及犀兕爲甲堅如金石之不可入史記作堅如金石鞈古洽反管子曰制重罪入以兵甲犀脅二戟輕罪入蘭盾鞈革二戟犀兕堅如金石之狀也宛鉅鐵鉇慘如蠭蠆宛地名屬南陽徐廣曰大剛曰鉅鉇與鍦同矛也方言云自關而西謂之矛吳揚之閒謂之鍦言宛地出此剛鐵爲矛慘如蜂蠆言其中人之慘毒也鍦音蛇○案今方言云矛吳揚江淮南楚五湖之閒謂之鍦無自關而西謂之矛七字輕利僄遫卒如飄風言楚人之趫捷也僄亦輕也匹妙反

或當爲嫖姚之嫖嫖驍勇也遫與速同然而兵殆於垂沙唐蔑死殆謂危亾也垂沙地名未詳所在漢地理志沛郡有垂鄉豈垂沙乎史記楚懷王二十八年秦與齊韓魏共攻楚殺楚將唐眜取我重丘而去眜與蔑同○垂沙史記作垂涉莊蹻起楚分而爲三四司馬貞史記索隱曰莊蹻楚將言其起爲亂後楚遂分爲四韓子曰楚王欲伐越莊子曰臣患目能見百步而不見其睫王之兵敗於齊晉莊蹻爲盜境內吏不能禁而欲伐越此智之如目也蹻初爲盜後爲楚將是豈無堅甲利兵也哉其所以統之者非其道故也汝潁以爲險江漢以爲池限之以鄧林緣之以方城鄧林北界鄧地之山林緣繞也方城楚北界山名也然而秦師至而鄢郢舉若振槁然舉謂舉而取之鄢郢楚都振擊也槁枯葉也謂白起伐楚一戰舉鄢郢也是豈無固塞隘阻也哉其所以統之者非其道故也紂刳

比干囚箕子爲炮烙刑列女傳曰炮烙爲膏銅柱加之炭上令有罪者行焉輒墮火中紂與妲己大笑烙古責反○炮烙之刑古書亦作炮格之刑格讀如庋格之格古閣格一也史記索隱鄒誕生音閣此注云烙古責反可證楊時本尚作格也殺戮無時臣下懍然莫必其命懍然悚栗之貌莫自謂必全其命也然而周師至而令不行乎下不能用其民是豈令不嚴刑不繁也哉其所以統之者非其道故也古之兵戈矛弓矢而已矣然而敵國不待試而詘試用也詘服也城郭不辨辨治也或音辦溝池不拑拑古掘字史記作城郭不集溝池不掘文子曰無伐樹木無鉗墳墓鉗亦音掘或曰拑當作抇篆文抇字與拑字相近遂誤耳○案甘聲之拑不當爲古掘字注前一說非後一說當作抇是也正論篇大古薄葬故不抇亂今厚葬飾棺故抇也又列子說符篇俄而抇其谷呂覽節喪篇葬淺則狐狸抇之皆作抇字郄

此排字誤固塞不樹機變不張固塞謂使邊境險固若今之邊城也樹立也塞先代反機機變謂器械變動攻敵也然而國晏然不畏外而明內者無它故焉內當爲固史記作晏然不畏外而固也明道而分鈞之○史記外傳俱作均分之時使而誠愛之下之和上也如影嚮和胡臥反有不由令者然後誅之以刑故刑一人而天下服罪人不郵其上知罪之在己也是故刑罰省而威流郵怨也流行也言通流也無它故焉由其道故也古者帝堯之治天下也蓋殺一人刑二人而天下治殺一人謂殛鮌于羽山刑二人謂流共工于幽州放驩兜于崇山傳曰威厲而不試刑錯而不用此之謂也厲謂抗舉使人畏之

凡人之動也爲賞慶爲之則見害傷焉止矣故賞慶刑罰埶詐不足以盡人之力致人之死爲人主上者也其所以接下之百姓者無禮義忠信焉慮率用賞慶刑罰埶詐除阸其下獲其功用而已矣焉慮無慮猶言大凡也除謂驅逐阸謂迫蹙若秦劫之以埶隱之以阸狃之以慶賞之類阸或爲險也大寇則至使之持危城則必畔遇敵處戰則必北北敗走也北者乖背之名故以敗走爲北也○大寇則至元刻則字在至字下屬下句勞苦煩辱則必犇犇與奔同霍焉離耳下反制其上霍焉猶渙焉也離散之後則上下易位若秦項然故賞慶刑罰埶詐之爲道者傭徒粥賣之道也不足以合大衆美國家故古之人羞而不道也故厚德音

以先之明禮義以道之致忠信以愛之尙賢使能以次之爵服慶賞以申之時其事輕其任事作業任力役以調齊之長養之如保赤子政令以定風俗以一有離俗不順其上則百姓莫不敦惡莫不毒孽若祓不祥敦厚也毒害也孽謂祆孽祓除之也○案方言諄憎所疾也宋魯凡相惡謂之諄憎此敦當與諄同然後刑於是起矣是大刑之所加也辱孰大焉將以爲利邪則大刑加焉身苟不狂惑戇陋誰睹是而不改也哉然後百姓曉然皆知脩上之法像上之志而安樂之於是有能化善脩身正行積禮義尊道德於是像之中更有能自脩德者也百姓莫不貴敬莫不親譽然後賞於是起

矣是高爵豐祿之所加也榮孰大焉將以爲害邪則高爵豐祿以持養之持此以養之也生民之屬孰不願也雖雕焉縣貴爵重賞於其前雕雕章明之貌雕雕猶昭昭也○縣明刑大辱於其後雖欲無化能乎哉故民歸之如流水所存者神所爲者化存至也言所至之處畏之如神凡所施爲民皆從化也而順○此上有脫文下云爲之化而願爲之化而公知此句亦當是爲之化而順其上脫六字或若干字不可知矣暴悍勇力之屬爲之化而愿順從也謂好從暴悍勇力之人皆化而愿愨也旁辟曲私之屬爲之化而公旁偏頗也辟讀爲僻矜糺收繚之屬爲之化而調矜謂夸汰糺謂好發擿人過者也收謂掠美者也繚謂繚繞言委曲也四者皆鄙陋之人今被化則調和也夫是之謂大化至一大化者皆化也至一

極也一詩曰王猷允塞徐方其來此之謂也○詩大雅常武之篇當本有注脫之耳宋本作王猶允塞徐方既來與今詩同今從元刻君道篇亦作猷字

凡兼人者有三術有以德兼人者有以力兼人者有以富兼人者彼貴我名聲美我德行欲爲我民故辟門除涂以迎吾入辟與闢同開也除涂治其道涂也因其民襲其處而百姓皆安因其民之愛悅襲取其處皆安言不驚擾也立法施令莫不順比比親附也施令則民親比之是故得地而權彌重兼人而兵俞強是以德兼人者也俞讀爲愈下同非貴我名聲也非美我德行也彼畏我威劫我埶爲我埶所劫也故民雖有離心不敢有畔慮若是則戎甲俞衆奉養必費奉養戎甲必煩費也

是故得地而權彌輕兼人而兵兪弱是以力兼人者也非貴我名聲也非美我德行也用貧求富用飢求飽虛腹張口來歸我食若是則必發夫掌窌之粟以食之地藏曰窌掌窌主倉廩之官窌匹孝反委之財貨以富之立良有司以接之立濫良之有司以慰接之懼其畔去也已朞三年然後民可信也已過也過一朞之後至於三年然後新歸之民可信本非慕化故也是故得地而權彌輕兼人而國兪貧是以富兼人者也故曰以德兼人者王以力兼人者弱以富兼人者貧古今一也

兼幷易能也唯堅凝之難焉凝定也堅固定有地爲難○舊本不提行今案當分段齊能幷宋而不能凝也故魏奪之燕能幷齊而

不能凝也故田單奪之韓之上地方數百里完全富足而趨趙趙不能凝也故秦奪之上地上黨之地完全言城邑也富足言府庫也趨歸也七朱反史記秦攻上黨韓不能救其守馮亭以上黨降趙趙使馬服子將兵距秦秦使白起大破馬服於長平坑四十餘萬而奪其地殺戮蕩盡○注蕩疑作殆故能幷之而不能凝則必奪不能幷之又不能凝其有則必亾能凝之則必能幷之矣得之則凝兼幷無強得其地則能定之則無有強而不可兼幷者也古者湯以薄武王以滈薄與亳同滈與鎬同皆百里之地也天下爲一諸侯爲臣無它故焉能凝之也故凝士以禮凝民以政禮脩而士服政平而民安士服民安夫是之謂大凝以守則固以征則強令行禁止

王者之事畢矣

荀子卷第十

荀子卷第十一

登仕郎守大理評事楊倞注

彊國篇第十六

刑范正刑與形同范法也刑范鑄劍規模之器也金錫美工冶巧火齊得火齊得謂生孰齊和得宜考工記云金有六齊齊才細反剖刑而莫邪已剖開也莫邪古之良劍然而不剝脫不砥厲則不可以斷繩剝脫謂刮去其生澀砥厲謂磨淬也剝脫之砥厲之則劙盤盂刎牛馬忽然耳劙割也音戾劙盤盂刎牛馬蓋古用試劍者也戰國策趙奢謂田單曰吳干將之劍肉試則斷牛馬金試則截盤盂盤盂皆銅器猶剸鍾無聲及斬牛馬者也忽然言易也○劙宋本作鑗元刻作鑗皆訛今改正彼國者亦彊國之剖刑已如彊國之初開刑也然而不教誨不調

一則入不可以守出不可以戰教誨之調一之則兵勁城固敵國不敢嬰也彼國者亦有砥厲禮義節奏是也節奏有法度也故人之命在天國之命在禮人君者隆禮尊賢而王重法愛民而霸好利多詐而危權謀傾覆幽險而亡幽深傾險使下難知則亡也○正文及注亡字上元刻竝有盡字宋本無

威有三有道德之威者有暴察之威者有狂妄之威者暴察謂暴急嚴察也此三威者不可不孰察也禮樂則脩分義則明分謂上下有分義謂各得其宜舉錯則時愛利則形形見也愛利人之心見於外也如是百姓貴之如帝高之如天帝天神也親之如父母畏之如神明故賞不用而民勸罰不用而威行

夫是之謂道德之威禮樂則不脩分義則不明舉錯則不時愛利則不形然而其禁暴也察其誅不服也審其刑罰重而信其誅殺猛而必申商之比黭然而雷擊之如牆厭之黭然卒至之貌說文云黭黑色猶闇然黭烏感反厭讀爲壓如是百姓劫則致畏見劫脅之時則畏也○正文致字据宋本補韓詩外傳六亦同嬴則敖上稍嬴緩之則敖謾嬴音盈○俗本上字在下句首今從宋本移正外傳亦同執拘則最得閒則散最聚也閒隙也公羊傳曰會猶最也何休曰最聚也敵中則奪敵人得中道則奪其國一曰中擊也丁仲反非劫之以形埶非振之以誅殺則無以有其下振動夫是之謂暴察之威無愛人之心無利人之事而日爲亂人之道百姓讙敖則從而執縛

之刑灼之不和人心讙喧譁也故喧譟也亦讀爲噭謂叫呼之聲噭噭然也五刀反如是下比周賁潰以離上矣賁讀爲憤憤然也民逃其上曰潰傾覆滅亡可立而待也夫是之謂狂妄之威此三威者不可不孰察也道德之威成乎安彊暴察之威成乎危弱狂妄之威成乎滅亡也

公孫子曰子發將西伐蔡克蔡獲蔡侯公孫子齊相也未知其名後語孟嘗君客有公孫戍豈後爲齊相乎或曰公孫名忌子發楚令尹未知其姓戰國策莊辛諫楚襄王曰蔡聖侯南遊乎高陂北陵乎巫山左枕幼妾右擁嬖女馳騁乎高蔡之閒而不以國家爲事不知夫子發方受命于宣王繫以朱絲而見之史記蔡侯齊爲楚惠王所滅莊辛云宣王與史記不同○案楚策左枕作左抱歸致命曰蔡侯奉其社稷而歸之楚歸致命於君言蔡侯

自奉其社稷歸楚非己之功也舍屬二三子而治其地舍，子發名。屬，請也。之欲反二三子楚之諸臣也理其地謂安輯其民也子發不欲獨擅其功故請諸臣理其地也既楚發其賞既謂論功之後發行也子發辭曰發誡布令而敵退是主威也徙舉相攻而敵退是將威也合戰用力而敵退是衆威也誡教也凡發誡布令而敵退則是畏其主徙舉相攻而敵退則是畏其將合戰用力而敵退則是畏其衆也臣舍不宜以衆威受賞是時合戰用力而滅蔡故曰衆威此已上公孫子美子發之辭也已下荀卿之辭也譏之曰子發之致命也恭其辭賞也固固固陋也其致命難其辭賞則固陋非坦明之道也夫尚賢使能賞有功罰有罪非獨一人爲之也自古皆然彼先王之道也一人之本也善善惡惡之應也彼彼賞罰也言彼賞罰者乃先王之道齊一人之本善善惡惡之報應也治必由之古今一也爲治必用賞罰古者明王之舉大事立大功也大事已博大功已立則君享其成羣臣享其功享獻也謂受其獻也士大夫益爵官人益秩庶人益祿爵謂若秦庶長不更之屬官人羣吏也庶人士卒也秩祿皆謂廩食也是以爲善者勸爲不善者沮上下一心三軍同力是以百事成而功名大也今子發獨不然反先王之道亂楚國之法墮興功之臣恥受賞之屬人皆受賞子發獨辭是使興功之臣墮廢其志受賞之屬慙恥於心無僇乎族黨而抑卑其後世夫先祖有寵錫則子孫揚其功族黨遭刑戮則後世蒙其恥今子發自謂無功則子孫無以稱揚雖無刑戮之恥而後世亦抑損卑下無以光榮也○正文卑其宋本作卑乎案獨以爲私廉豈不過

甚矣哉故曰子發之致命也恭其辭賞也固
荀卿子說齊相曰○此七字元刻無從宋本補處勝人之埶行勝
人之道天下莫忿湯武是也處勝人之埶不以勝人
之道以用厚於有天下之埶索爲匹夫不可得也桀紂
是也然則得勝人之埶者其不如勝人之道遠矣夫
主相者勝人以埶也是爲是非爲非能爲能不能爲
不能併己之私欲必以道夫公道通義之可以相兼
容者是勝人之道也併讀曰屏屏棄也屏棄私欲遵達公義也今相國上
則得專主下則得專國相國之於勝人之埶亶有之
矣亶讀爲擅本亦或作擅或曰亶誠也然則胡不敺此勝人之埶赴勝

人之道歐謂駕馭之也或作謳歌此勝人之埶誤也求仁厚明通之君子而託王焉求賢而託之以王使輔佐也與之參國政正是非如是則國孰敢不爲義矣國內皆化之也君臣上下貴賤長少至于庶人莫不爲義則天下孰不欲合義矣天下皆來歸義也賢士願相國之朝能士願相國之官好利之民莫不願以齊爲歸是一天下也相國舍是而不爲案直爲是世俗之所以爲不爲勝人之道但爲勝人之埶則女主亂之宮詐臣亂之朝貪吏亂之官衆庶百姓皆以貪利爭奪爲俗曷若是而可以持國乎今巨楚縣吾前楚在齊南故曰前縣聯繫之也大燕鰌吾後燕在齊北故曰後鰌蹴也藉也如蹴蹈於後莊子風謂蛇曰鰌我必

勝我本亦作蹲吾後也勁魏鉤吾右西壤之不絕若繩魏在齊西故曰
右鉤謂如鉤取物也西壤齊西界之地若繩言細也楚人則乃有襄賁開陽以
臨吾左襄賁開陽楚二邑在齊之東者也漢書地理志二縣皆屬東海郡賁音肥是一國
作謀則三國必起而乘我一國謀齊則三國乘其敝如是則齊必
斷而為四三國分齊則斷為四謂楚取其二魏燕各取其一也三國若假城然
耳言齊如三國之寄城耳不久當歸之也必為天下大笑曷若天下必笑其無
謀滅亾問以為何如也兩者孰足為也兩者勝人之道與勝人之埶一則天下歸一則
天下笑問何者可為也夫桀紂聖王之後子孫也有天下者之
世也世謂繼也埶籍之所存天下之宗室也埶謂國籍土之所在也
地之大封內千里人之眾數以億萬其數億萬俄而天下

倜然舉去桀紂而犇湯武倜然高舉之貌舉皆也犇與奔同反然舉惡桀紂而貴湯武反音翻翻然改變貌惡烏路反是何也夫桀紂何失而湯武何得也假設問荅曰是無他故焉桀紂者善爲人所惡也而湯武者善爲人所好也人之所惡何也曰汙漫爭奪貪利是也汙漫謂穢汙不脩潔也或曰漫謂欺誑也汙烏路反漫莫但反人之所好者何也曰禮義辭讓忠信是也今君人者辟稱比方則欲自並乎湯武辟讀爲譬稱尺證反若其所以統之則無以異於桀紂而求有湯武之功名可乎統制治也故凡得勝者必與人也凡得人者必與道也道也者何也曰禮讓忠信是也故自四五萬而往者彊勝

非眾之力也隆在信矣（而往猶已上也言有兵四五萬已上者若能崇信則足以自致彊勝不必更待與國之眾也若不崇信雖有與國之眾猶無益故曰非眾之力也）自數百里而往者安固非大之力也隆在脩政矣（有數百里之地脩政則安固不必更在廣也荀卿嘗言湯武以百里之地王天下今言此者若言常人之理非論聖人也）今已有數萬之眾者也陶誕比周以爭與（陶當爲檮杌之檮或曰當爲逃謂逃匿其情與謂黨與之國也）已有數百里之國者也汙漫突盜以爭地（突謂相夌犯也）然則是弃己之所安彊而爭己之所以危弱也損己之所不足以重己之所有餘（損減也重多也不足謂信與政有餘謂眾與地也）有若是其悖繆也而求有湯武之功名可乎辟之是猶伏而咶天救經而引其足也（咶與舐同）

經縊也救縊而引其足縊愈急也說必不行矣愈務而愈遠爲人臣者不恤己行之不行上行下孟反下行如字苟得利而已矣是渠衝入穴而求利也渠大也渠衝攻城之大車也詩曰臨衝閑閑韓子曰奏百貍首射侯不當彊弩趨發平城距衝不若堙內伏橐或作距衝益言可以距石矣○案所引韓子見八說篇云登降周旋不逮日中奏百貍首射侯不當強弩趨發干城距衝不若堙穴伏橐所云日中奏百即荀卿議兵篇所謂魏之武卒日中而趨百里是也奏百自屬上文不當連引內穴古多通用橐橐互異疑此橐字是與韻協若不用韻則疑是橐字與鞴同吹火韋囊也管子揆度篇有此字是仁人之所羞而不爲也屈大就小務於苟得故羞而不爲也故人莫貴乎生莫樂乎安所以養生安樂者莫大乎禮義人知貴生樂安而弃禮義辟之是猶欲壽而歾頸也歾當爲刎愚莫大焉

故君人者愛民而安好士而榮兩者無一焉而亡詩曰价人維藩大師維垣此之謂也詩大雅版之篇義已解上力術止義術行曷謂也曰秦之謂也力術彊兵之術義術仁義之術止謂不能進取霸王也言用力術則止用義術則行發此論以謂秦也新序李斯問孫卿曰當今之時爲秦柰何孫卿曰力術止義術行秦之謂也〇此所引新序今本脫威彊乎湯武廣大乎舜禹然而憂患不可勝校也校計諰諰然諰思里反常恐天下之一合而軋己也此所謂力術止也曷謂乎威彊乎湯武湯武也者乃能使說己者使耳說音悅今楚父死焉國舉焉負三王之廟而辟於陳蔡之閒此楚頃襄王之時也父謂懷王爲秦所虜而死也至二十一年秦將白起遂拔我鄢郢燒先王墓於夷陵襄王兵散

遂不復戰東北保陳城廟主也辟如字謂自屏遠也或曰讀爲避視可司開案欲剡其脛而以蹈秦之腹視可謂觀其可伐也剡亦斬也○元刻伐也下有司音伺開隙也六字宋本無然而秦使左案左使右案右是乃使讎人役也秦能使讎人爲之徒役謂楚襄王七年迎婦於秦城十五年與秦伐燕二十七年復與秦平而入太子質之類也此所謂威彊乎湯武也曷謂廣大乎舜禹也曰古者百王之一天下臣諸侯也未有過封內千里者也封畿之內今秦南乃有沙羨與俱是乃江南也漢書地理志沙羨縣屬江夏郡此地俱屬秦是有江南也○羨音夷北與胡貉爲鄰西有巴戎巴在西南戎在西皆隷屬秦東在楚者乃界於齊謂東侵土地所得者乃與齊爲界也在韓者踰常山乃有臨慮漢書地理志臨慮縣名屬河內今屬相州

也○慮音盧在魏者乃據圍津即去大梁百有二十里耳圍當爲圉漢書曹參下脩武度圉津顏師古曰在東郡豈古名圉津轉寫爲圍或作韋津今有韋城豈是邪史記朱忌謂魏安釐王曰秦固有懷茅邢丘城垝津以臨河內河內共汲必危垝圍聲相近疑同垝居委反其在趙者剡然有苓而據松柏之塞剡然侵削之貌苓地名未詳所在或曰苓與靈同漢書地理志常山郡有靈壽縣今屬眞定或曰苓當爲卷案卷縣屬河南非趙地也松柏之塞蓋趙樹松柏與秦爲界今秦據有之負西海而固常山負背也常山本趙山秦今有之言秦背西海東向以常山爲固也是地徧天下也威動海內彊殆中國秦之彊能危殆中國殆或爲治然而憂患不可勝校也諰諰然常恐天下之一合而軋己也○宋本無然字此元刻有與前同所謂廣大乎舜禹也○此句或疑當在彊殆中國句下然則柰何曰

節威反文節滅威彊復用文理案用夫端誠信全之君子治天下焉全謂德全因與之參國政正是非治曲直聽咸陽使聽咸陽之政順者錯之不順者而後誅之錯置也謂捨而不伐若是則兵不復出於塞外而令行於天下矣若是則雖爲之築明堂於塞外而朝諸侯殆可矣明堂天子布政之宮於塞外三字衍也以前有兵不復出於塞外故誤重寫此三字耳殆庶幾也秦若使賢人爲政雖築明堂朝諸侯庶幾可矣或曰塞外境外也明堂壇也謂巡狩至方岳之下會諸侯爲宮方三百步四門壇十有二尋深四尺加方明於其上左氏傳爲王宮於踐土亦其類也或曰築明堂於塞外謂使他國爲秦築帝宮也戰國策韓王謂張儀曰請比秦郡縣築帝宮祠春秋稱東蕃是也假今之世益地不如益信之務也

應侯問孫卿子曰入秦何見（應侯秦相范雎封於應也杜元凱云應國在襄陽城父縣西南也○案杜注無南字）孫卿子曰其固塞險形埶便山林川谷美（謂多良材及灕灌之利也）天材之利多（所出物產多也）是形勝也（形地形便而物產多所以爲勝故曰如高屋之上而建瓴水也）入境觀其風俗其百姓樸其聲樂不流汙（流邪淫也汙濁也不流汙言淸雅也）其服不挑（挑偷也不爲奇異之服詩序曰長民者衣服不貳從容有常以齊其民則民德歸壹也）甚畏有司而順古之民也及都邑官府（及至也至縣邑之解署）其百吏肅然莫不恭儉敦敬忠信而不楛古之吏也（楛音苦濫惡也或曰讀爲王事靡盬之盬盬不堅固也）入其國觀其士大夫出於其門入於公門出於公門歸於其家無有私事也不比周不

朋黨倜然莫不明通而公也古之士大夫也（倜然高遠貌）觀其朝廷其閒聽決百事不留恬然如無治者古之朝也（其閒朝退也古莧反恬然安閑貌如無治者如都無聽治處也）故四世有勝非幸也數也是所見也故曰佚而治約而詳不煩而功治之至也秦類之矣（雖佚而治雖約而詳雖不煩而有功古之至治有如此者今秦似之）雖然則有其諰矣（諰懼○正文元刻作則甚有其諰也）兼是數具者而盡有之然而縣之以王者之功名則倜倜然其不及遠矣（縣音懸謂聯繫）是何也則其殆無儒邪故曰粹而王（粹謂全用儒道）駁而霸無一焉而已此亦秦之所短也

積微月不勝日時不勝月歲不勝時（積微細之事月不如日言常須

日日留心於庶事不可怠忽也凡人好敖慢小事大事至然後興之務之如是則常不勝夫敦比於小事者矣敦比精審躬親之謂是何也則小事之至也數其縣日也博其爲積也大數音朔博謂所縣繫時日多也大謂積小以成大若蟻垤然也大事之至也希其縣日也淺其爲積也小時日既淺則所積亦少也故善日者王善時者霸補漏者危大荒者亡善謂愛惜不怠弃也補漏謂不能積功累業至於敝漏然後補之大荒謂都荒廢不治也故王者敬日敬謂不敢慢也故曰吉人爲善惟日不足霸者敬時動作皆不失時或曰時變則懼治之不立也僅存之國危而後慼之慼憂亡國至亡而後知亡至死而後知死亡國之禍敗不可勝悔也所悔之事不可勝舉言多甚也霸者之善著焉可

以時託也霸者其善明箸以其所託不失時也王者之功名不可勝日志也日記識其政事故能功名不可勝數財物貨寶以大爲重政教功名反是能積微者速成詩曰德輶如毛民鮮克舉之此之謂也詩大雅烝民之篇輶輕也引之以明積微至著之功

凡姦人之所以起者以上之不貴義不敬義也上行下效夫義者所以限禁人之爲惡與姦者也今上不貴義不敬義如是則下之人百姓皆有棄義之志而有趨姦之心矣此姦人之所以起也且上者下之師也夫下之和上譬之猶響之應聲影之像形也故爲人上者不可不順也不可不順義或曰當爲慎夫義者內節於人而外

節於萬物者也節卽謂限禁也上安於主而下調於民者也得其節則上安而下調也內外上下節者義之情也義之情皆在得其節然則凡爲天下之要義爲本而信次之古者禹湯本義務信而天下治桀紂棄義倍信而天下亂故爲人上者必將愼禮義務忠信然後可此君人者之大本也愼或爲順堂上不糞則郊草不瞻曠芸曠空也空謂無草也芸謂有草可芸鋤也堂上猶未糞除則不暇瞻視郊野之草有無也言近者未理不暇及遠魯連子謂田巴曰堂上不糞者郊草不芸也白刃扞乎胷則目不見流矢扞蔽也扞蔽於胷謂見斬刺也懼白刃之甚不暇憂流矢也拔戟加乎首則十指不辭斷言不惜十指而救首也拔

或作棪或作枝非不以此爲務也疾養緩急之有相先者也疾痛也養與癢同言非不以郊草流矢十指爲務痛癢緩急有所先救者也言此者明人君當先務禮義然後及他事也

天論篇第十七

天行有常天自有常行之道也不爲堯存不爲桀亡應之以治則吉應之以亂則凶吉凶由人非天愛堯而惡桀也彊本而節用則天不能貧本謂農桑養備而動時則天不能病養備謂使人衣食足動時謂勸人勤力不失時亦不使勞苦也養生既備動作以時則疾疹不作也脩道而不貳則天不能禍貳即倍也故水旱不能使之飢渴寒暑不能使之疾祅怪不能使之凶畜積有素故水旱不能使之飢渴既無飢寒之患則

疫癘所不能加之也本荒而用侈則天不能使之富養略而動罕則天不能使之全略減少也罕希也養略謂使人衣食不足也動希言怠惰也衣食減少而又怠惰則天不能全也倍道而妄行則天不能使之吉故水旱未至而飢寒暑未薄而疾薄迫也音博祆怪未至而凶受時與治世同而殃禍與治世異不可以怨天其道然也非天降災人自使然故明於天人之分則可謂至人矣知在人不在天斯爲至人不爲而成不求而得夫是之謂天職不爲而成不求而得四時行焉百物生焉天之職任如此豈愛憎於堯桀之閒乎如是者雖深其人不加慮焉雖大不加能焉雖精不加察焉夫是之謂不與天爭職其人至人也言天道雖深遠至人曾不措意測度焉以其無益於理

若措其在人者慕其在天者是爭職也莊子曰六合之外聖人存而不論也天有其時地有其財人有其治夫是之謂能參人能治天時地財而用之則是參於天地舍其所以參而願其所參則惑矣舍人事而欲知天意斯惑矣列星隨旋日月遞炤四時代御陰陽大化風雨博施列星有列位者二十八宿也隨旋相隨回旋也炤與照同陰陽大化謂寒暑變化萬物也博施謂廣博施行無不被也萬物各得其和以生各得其養以成不見其事而見其功夫是之謂神和謂和氣養謂風雨不見和養之事但見成功斯所以爲神若有眞宰然也皆知其所以成莫知其無形夫是之謂天言天道之難知或曰當爲夫夫是之謂天天功脫功字耳唯聖人爲不求知天既天道難測故聖人但脩人事不務役慮於知天也天職既立天功既成形具而

神生好惡喜怒哀樂臧焉夫是之謂天情言人之身亦天職天功所成立也形謂百骸九竅神謂精魂天情所受於天之情也耳目鼻口形能各有接而不相能也夫是之謂天官耳辨聲目辨色鼻辨臭口辨味形辨寒熱疾癢其所能皆可以接物而不能互相爲用官猶任也言天之所付任有如此也心居中虛以治五官夫是之謂天君心居於中空虛之地以制耳目鼻口形之五官是天使爲形體之君也財非其類以養其類夫是之謂天養財與裁同飲食衣服與人異類裁而用之可使養口腹形體故曰裁非其類以養其類是天使奉養之道如此也順其類者謂之福逆其類者謂之禍夫是之謂天政順其類謂能裁者也逆其類謂不能裁者也天政言如賞罰之政令自天職既立已上並論天所置立之事已下論逆天順天之事在人所爲也暗其天君昏亂其心亂其天官聲色臭味

過度棄其天養不能務本節用逆其天政不能養其類也背其天情好惡喜怒哀樂無節以喪天功喪其生成之天功使不蕃滋也夫是之謂大凶此皆言不脩政違天之禍聖人清其天君正其天官備其天養順其天政養其天情以全其天功如是則知其所為知其所不為矣知務導達不攻異端則天地官而萬物役矣言聖人自脩政則可以任天地役萬物也其行曲治其養曲適其生不傷夫是之謂知天其所自脩行之政曲盡其治其所養人之術曲盡其適其生長萬物無所傷害是謂知天也言明於人事則知天物其要則曲盡也故大巧在所不為大智在所不慮此明不務知天是乃知天也亦猶大巧在所不為如天地之成萬物也若偏有所為則其巧小矣大智在所不慮如聖人無為而治也若偏有所慮則其智窄矣所志於天者已其見

象之可以期者矣志記識也聖人雖不務知天猶有記識以助治道所以記識於天者其見垂象之文可以知其節候者是也謂若堯命義和欽若昊天歷象日月星辰敬授人時者也所志於地者已其見宜之可以息者矣所以記識於地者其見土宜可以蕃息嘉穀者是也所志於四時者已其見數之可以事者矣數謂春作夏長秋斂冬藏必然之數事謂順時理其事也所記識於四時者取順時之數而令生長收藏者也所志於陰陽者已其見知之可以治者矣知謂知其生殺也所以記識陰陽者爲知其生殺效之爲賞罰以治之也知或爲和官人守天而自爲守道也官人任人欲任人守天在於自守道也皆明不務知天之義也

治亂天邪曰日月星辰瑞歷是禹桀之所同也或曰當時星辰書之名也禹以治桀以亂治亂非天也時邪曰繁啓蕃

長於春夏繁多也蕃茂也畜積收臧於秋冬是又禹桀之所同也禹以治桀以亂治亂非時也地邪曰得地則生失地則死是又禹桀之所同也禹以治桀以亂治亂非地也皆言在人不在天地與時也詩曰天作高山大王荒之彼作矣文王康之此之謂也詩周頌天作之篇引此以明吉凶由人如大王之能尊大岐山也

天不爲人之惡寒也輟冬地不爲人之惡遼遠也輟廣君子不爲小人匈匈也輟行匈匈喧譁之聲與訩同音凶又許用反行下孟反○三輟字上俗閒本皆有而字宋本無天有常道矣地有常數矣君子有常體矣君子道其常而小人計其功道言也君子常造次

必守其道小人則計一時之功利因物而遷之也詩曰何恤人之言兮此之謂也逸詩也以言苟守道不違何畏人之言也楚王後車千乘非知也君子啜菽飲水非愚也是節然也節謂所遇之時命也若夫心意脩德行厚知慮明生於今而志乎古則是其在我者也故君子敬其在己者而不慕其在天者在天謂富貴也小人錯其在己者而慕其在天者錯置君子敬其在己者而不慕其在天者是以日進也求己而不苟故日進小人錯其在己者而慕其在天者是以日退也望徼倖而不求己故日退也故君子之所以日進與小人之所以日退一也皆有慕有不慕君子小人之所以相縣

者在此耳

星隊木鳴國人皆恐曰是何也曰無何也假設問荅無何也言不足憂也是天地之變陰陽之化物之罕至者也星隊天地之變木鳴陰陽之化罕希也怪之可也而畏之非也以其罕至謂之怪異則可因遂畏懼則非夫日月之有蝕風雨之不時怪星之黨見黨見頻見也言如朋黨之多見賢遍反是無世而不常有之上明而政平則是雖竝世起無傷也竝世起謂一世之中竝起也上闇而政險則是雖無一至者無益也夫星之隊木之鳴是天地之變陰陽之化物之罕至者也怪之可也而畏之非也物之巳至者人祆則可畏也物之既至可畏者在人之祆也楛耕傷

稼耘耨失薉政險失民楛耕謂麤惡不精也失薉謂耘耨失時使穢也政險威虐也薉與穢同○耘耨失穢韓詩外傳二作楛耘傷歲楛與楛同疑是也此處句法不一律注強爲之說頗難通田薉稼惡糴貴民飢道路有死人夫是之謂人祅政令不明舉錯不時本事不理夫是之謂人祅舉謂起兵動衆錯謂懷安失於事幾也本事農桑之事也禮義不脩內外無別男女淫亂則父子相疑上下乖離寇難並至夫是之謂人祅祅是生於亂三者錯無安國三者三人祅也錯置也置此三祅於中國則無有安也其說甚爾其菑甚慘爾近也三人祅之說比星隊木鳴爲淺近然其災害人則甚慘毒也勉力不時則牛馬相生六畜作祅勉力力役也不時則人多怨曠其氣所感故生非其類也○宋本此段在禮義不脩之上注首有此三句直承其菑甚慘之下

十一字然後接以勉力力役也云云可怪也而不可畏也○宋本有注云此二句承六畜作祆之下蓋錄之時錯亂迷誤失其次也其二十二字元刻已如其說移正故盡刪去傳曰萬物之怪書不說書謂六經也可以勸戒則明之不務廣說萬物之怪也無用之辯不急之察棄而不治若夫君臣之義父子之親夫婦之別則日切瑳而不舍也

雩而雨何也曰無何也猶不雩而雨也雩求雨之禱也或者問歲旱雩則得雨此何祥也對以與不雩而雨同明非求而得也周禮司巫國大旱則率巫而舞雩也日月食而救之天旱而雩卜筮然後決大事非以爲得求也以文之也得求得所求也言爲此以示急於災害順人之意以文飾政事而已故君子以爲文而百姓以爲神以爲文則吉以爲神則

凶也順人之情以爲文飾則無害淫祀求福則凶也

在天者莫明於日月在地者莫明於水火在物者莫明於珠玉在人者莫明於禮義故日月不高則光暉不赫水火不積則暉潤不博珠玉不睹乎外則王公不以爲寶禮義不加於國家則功名不白故人之命在天國之命在禮君人者隆禮尊賢而王重法愛民而霸好利多詐而危權謀傾覆幽險而盡亾矣幽險謂隱匿其情而凶虐難測也權謀多詐幽險三者盡亾之道也大天而思之孰與物畜而制之尊大天而思慕之欲其豐富孰與使物畜積而我裁制之也從天而頌之孰與制天命而用之頌者美盛德也從天而美其盛德豈如制裁天之所命而我用

之謂若曲者爲輪直者爲桷任材而用也望時而待之孰與應時而使之望時而待謂若農夫之望歲也孰與應春生夏長之候使不失時也因物而多之孰與騁能而化之因物之自多不如騁其智能而化之使多也若后稷之播種然也思物而物之孰與理物而勿失之也思得萬物以爲己物孰與理物皆得其宜不使有所失喪願於物之所以生孰與有物之所以成故錯人而思天則失萬物之情物之生雖在天成之則在人也此皆言理平豐富在人所爲不在天也若廢人而妄思天雖勞心苦思猶無益也百王之無變足以爲道貫無變不易也百王不易者謂禮也言禮可以爲道之條貫也一廢一起應之以貫雖質文廢起時有不同然其要歸以禮爲條貫論語孔子曰殷因於夏禮所損益可知也周因於殷禮所損益可知也其或繼周者雖百代可知也理貫

不亂知禮則其條貫不亂也不知貫不知應變不知以禮爲條貫則不能應變言必差錯而亂也貫之大體未嘗亾也亂生其差治盡其詳差謬也所以亂者生於條貫差謬所以治者在於精詳也故道之所善中則可從畸則不可爲匿則大惑畸者不偶之名謂偏也道之所善得中則從偏側則不可爲匿謂隱匿其情禮者明示人者也若隱匿則大惑畸音羈水行者表深表不明則陷表標準也陷溺也治民者表道表不明則亂禮者表也非禮昏世也昏世大亂也昏世謂使世昏闇也故道無不明外內異表隱顯有常民陷乃去道禮也外謂朝聘內謂冠昏所表識章示各異也隱顯卽內外也有常言有常法也如此民陷溺之患乃去也萬物爲道一偏一物爲萬物一偏愚者爲一物一偏

愚者不能盡一物也而自以爲知道無知也以偏爲知道豈有知哉愼子有見於後無見於先愼到本黃老之術明不尚賢不使能之道故莊子論愼到曰塊不失道以其無爭先之意故曰見後而不見先也漢書藝文志愼子著書四十二篇班固曰先申韓申韓稱之也老子有見於詘無見於信老子周之守藏史姓李字伯陽號稱老聃孔子之師也著五千言其意多以屈爲伸　以柔勝剛故曰見詘而不見信也信讀爲伸墨子有見於齊無見於畸畸謂不齊也墨子著書有上同兼愛是見齊而不見畸也宋子有見於少無見於多宋子名鈃宋人也與孟子同時下篇云宋子以人之情爲欲寡而皆以己之情爲欲多爲過也據此說則是少而不見多也鈃音形又胡泠反漢書藝文志有宋子十八篇班固曰荀卿道宋子其言黃老意○注引下篇元刻作宋子以人之情欲寡而皆以己之情欲多是過也與下篇合但引書不必定全依本文楊氏以情欲二字相連慮人不明故以兩爲字閒之不可謂衍文

今并下一爲字皆從宋本有後而無先則羣衆無門夫羣衆在上之開導皆處後而不處先羣衆無門戶也有詘而無信則貴賤不分貴者伸而賤者詘則分別矣若皆貴柔弱卑下則無貴賤之別也有齊而無畸則政令不施夫施政令所以治不齊者若上同則政令何施也有少而無多則羣衆不化夫欲多則可以勸誘爲善若皆欲少則何能化之書曰無有作好遵王之道無有作惡遵王之路此之謂也書洪範以喻偏好則非遵王道也

荀子卷第十一

荀子卷第十二

登仕郎守大理評事楊倞注

正論篇第十八

世俗之爲說者曰主道利周是不然此一篇皆論世俗之乖謬荀卿以正論辨之周密也謂隱匿其情不使下知也世俗以爲主道利在如此也主者民之唱也上者下之儀也謂下法上之表儀也彼將聽唱而應視儀而動唱默則民無應也儀隱則下無動也不應不動則上下無以相有也上不導其下則下無以效上是不相須也若是則與無上同也不祥莫大焉故上者下之本也上宣明則下治辨矣宣露辨別也下知所從則明別於事也上端誠則下愿慤矣上

公正則下易直矣（上公正則下不敢險曲也）治辨則易一，愿愨則易使，易直則易知，易一則彊，易使則功，易知則明，是治之所由生也。上周密則下疑玄矣（玄謂幽深難知，或讀爲眩惑也，下同），上幽險則下漸詐矣（幽，隱也。險，難測也。漸，進也，如字。又曰：漸，浸也，謂浸成其詐也。子廉反），上偏曲則下比周矣。疑玄則難一（疑或不知所從，故難一也），漸詐則難使，比周則難知（人人懷私，親比則上不可知其情。禮記曰：下難知則君長勞也），難一則不彊，難使則不功，難知則不明，是亂之所由作也。故主道利明不利幽，利宣不利周。故主道明則下安，主道幽則下危（下知所從則安，不知所從則自危也）。故下安則貴上，下危則賤上（貴猶愛也，賤猶惡也）。故上易知則下親上矣上難知則下畏上矣下親上則上安下畏上則上危畏則謀上故主道莫惡乎難知莫危乎使下畏己傳曰惡之者衆則危書曰克明明德書多方曰成湯至于帝乙罔不明德愼罰詩曰明明在下詩大雅大明之篇言文王之德明明在下故赫赫然著見於天也故先王明之豈特玄之耳哉特猶直也

世俗之爲說者曰桀紂有天下湯武篡而奪之是不然以桀紂爲常有天下之籍則然以常主天下之圖籍則然○案常當爲嘗籍當爲憑藉之藉下文云埶藉謂埶力憑藉也有之而不能用故曰不能親有天下之籍則不然躬親能有天下則不然以其不能治之也天下謂在桀紂則不然古者天子千官諸侯百官以是千官也令行於

諸夏之國謂之王夏大也中原之大國以是百官也令行於境內國雖不安不至於廢易遂亾謂之君僅存之君聖王之子也子孫也有天下之後也埶籍之所在也天下之宗室也然而不材不中不中謂處事不當也中丁仲反內則百姓疾之外則諸侯叛之近者境內不一遙者諸侯不聽令不行於境內甚者諸侯侵削之攻伐之若是則雖未亾吾謂之無天下矣聖王沒有埶籍者罷不足以縣天下聖王禹湯也有埶籍者謂其子孫也罷謂弱不任事也縣繫也音懸天下無君桀紂不能治天下是無君諸侯有能德明威積海內之民莫不願得以爲君師師長然而暴國獨侈安能誅之暴國即桀紂也侈謂奢汏放縱

必不傷害無罪之民誅暴國之君若誅獨夫天下皆去無助之者若一夫然若是則可謂能用天下矣能用天下之謂王湯武非取天下也非奪桀紂之天下也脩其道行其義興天下之同利除天下之同害而天下歸之也桀紂非去天下也非天下自去也反禹湯之德亂禮義之分禽獸之行積其凶全其惡而天下去之也天下歸之之謂王天下去之之謂亾故桀紂無天下而湯武不弑君由此效之也天下皆去桀紂是無天下也湯武誅獨夫耳其爲弑君乎由用也效明也用此論明之湯武者民之父母也桀紂者民之怨賊也今世俗之爲說者以桀紂爲君而以湯武爲弑然則是誅民之父

母而師民之怨賊也（師長）不祥莫大焉以天下之合爲君則天下未嘗合於桀紂也然則以湯武爲弒則天下未嘗有說也直墮之耳（自古論說未嘗有此世俗之人墮損湯武耳）故天子唯其人天下者至重也非至彊莫之能任（物之至彊者乃能勝重任）至大也非至辨莫之能分（至大則難詳故非小智所能分別也）至衆也非至明莫之能和（天下之人至衆非極知其情僞不能和輯也）此三至者非聖人莫之能盡故非聖人莫之能王（重大如此）（三者非聖人安能王乎王于況反）聖人備道全美者也是縣天下之權稱也（縣天下如權稱之縣揔知輕重也稱尺證反）桀紂者其知慮至險也其至意至闇也（至意當爲志意）其行之爲至亂也親者疏

之賢者賤之生民怨之禹湯之後也而不得一人之與刳比干四箕子身死國亾爲天下之大僇後世之言惡者必稽焉言惡者必稽考桀紂以爲龜鏡也是不容妻子之數也不能容有其妻子是如此之人數也猶言不能保妻子之徒也列子梁王謂楊朱曰先生有一妻一妾不能治也故至賢疇四海湯武是也至罷不容妻子桀紂是也疇四海謂以四海爲疇域或曰疇與籌同謂計度也○古以疇爲儔楊注未是今世俗之爲說者以桀紂爲有天下而臣湯武豈不過甚矣哉以桀紂爲君以湯武爲臣而殺之是過甚也譬之是猶傴巫跛匡大自以爲有知也匡讀爲尪尪廢疾之人王霸篇曰賤之如尪與此匡同禮記曰吾欲暴尪而奚若言世俗此說猶巫尪大自以爲神異也故可以有奪人國不可以有

奪人天下可以有竊國不可以有竊天下也一國之人易服故可以有竊者天下之心難歸故不可也竊國田常六卿之屬是也可以奪之者可以有國而不可以有天下竊可以得國而不可以得天下是何也曰國小具也可以小人有也可以小道得也可以小力持也天下者大具也不可以小人有也不可以小道得也不可以小力持也國者小人可以有之然而未必不亡也小人既可以有之則易滅亡明取國與取天下殊也天下者至大也非聖人莫之能有也

世俗之爲說者曰治古無肉刑而有象刑治古古之治世也肉刑墨劓剕宮也象刑異章服恥辱其形象故謂之象刑也書曰皋陶方施象刑惟明孔安國云象法也案

書之象刑亦非謂刑象也**墨黥**世俗以爲古之重罪以墨涅其面而已更無劓刖之刑也或曰墨黥當爲墨幪但以墨巾幪其頭而已○注幪俗本作幪今從說文玉篇改正下同**慅嬰**當爲澡嬰謂澡濯其布爲纓鄭云凶冠之飾令罪人服之禮記曰緦冠澡纓鄭云有事其布以爲纓也澡或讀爲草慎子作草纓也**共艾畢**共未詳或衍字耳艾蒼白色畢與韠同紱也所以蔽前君以朱大夫素士爵韋令罪人服之故以蒼白色爲韠也○注紱當作韍**菲對屨**菲草屨也對當爲紨傳寫誤耳紨枲也慎子作紨言罪人或菲或枲爲屨故曰菲紨屨紨方孔反對或爲蒯禮有疏屨傳曰藨蒯之菲也**殺赭衣而不純**以赤土染衣故曰赭衣純緣也殺之所以異於常人之服也純音準殺所介反慎子曰有虞氏之誅以畫跪當黥以草纓當劓以屨紨當刖以艾畢當宮此有虞之誅也又尚書大傳曰唐虞之象刑上刑赭衣不純中刑雜屨下刑墨幪幪巾也**治古如是**世俗說以治古如是**是不然以爲治邪則人固莫觸罪非獨不用肉刑亦不**

用象刑矣以爲人或觸罪矣而直輕其刑然則是殺人者不死傷人者不刑也罪至重而刑至輕庸人不知惡矣亂莫大焉惡烏路反凡刑人之本禁暴惡惡且徵其未也徵讀爲懲未謂將來殺人者不死而傷人者不刑是謂惠暴而寬賊也非惡惡也故象刑殆非生於治古並起於亂今也今之亂世妄爲此說治古不然凡爵列官職賞慶刑罰皆報也以類相從者也報謂報其善惡各以類相從謂善者得其善惡者得其惡也一物失稱亂之端也失稱謂失其所稱類不相從也稱尺證反夫德不稱位能不稱官賞不當功罰不當罪不祥莫大焉昔者武王伐有商誅紂斷其首縣之赤旆史記武王斬紂頭縣

之太白旗此云赤旆所傳聞各異也禮記明堂位說旗曰殷之大白周之大赤即史記之說非也夫征暴誅悍治之盛也殺人者死傷人者刑是百王之所同也未有知其所由來者也刑稱罪則治不稱罪則亂故治則刑重亂則刑輕治世刑必行則不敢犯故重亂世刑不行則人易犯故輕李奇注漢書曰世所以治乃刑重所以亂乃刑輕也犯治之罪固重犯亂之罪固輕也治世家給人足犯法者少有犯則衆惡之罪固當重也亂世人迫於飢寒犯法者多不可盡用重典當輕也書曰刑罰世輕世重此之謂也書甫刑以言世有治亂故法有輕重也

世俗之爲說者曰湯武不能禁令是何也言不能施禁令故有所不至者曰楚越不受制是不然湯武者至天下之善禁

令者也湯居亳武王居鄗皆百里之地也天下爲一諸侯爲臣通達之屬莫不振動從服以化順之振與震同恐也曷爲楚越獨不受制也彼王者之制也視形埶而制械用即禮記所謂廣谷大川異制民生其閒者異俗器械異制衣服異宜也稱遠邇而等貢獻豈必齊哉稱尺證反等差也故魯人以榶衛人用柯齊人用一革未詳或曰方言云盌謂之榶盂謂之柯或曰方言榶張也郭云謂鼓張也○案方言盌謂之櫂宋本荀子注正作櫂但與正文似不合盂宋本作或字今方言作盂至榶張也之榶方言作搪从手此注恐有傳會土地刑制不同者械用備飾不可不異也故諸夏之國同服同儀儀謂風俗也諸夏迫近京師易一以教化故同服同儀也蠻夷戎狄之國同服不同制夷狄遐遠又各在一方雖同爲要荒

之服其制度不同也封內甸服王畿之內也禹貢五百里甸服孔安國曰爲天子服治田也○案周語封俱作邦古封邦通用封外侯服畿外也禹貢五百里侯服孔云甸服之外五百里也侯候也斥候而服事王也韋昭云侯侯服侯圻也侯衞賓服韋昭注國語曰侯侯圻衞衞圻自侯圻至衞圻其間五圻圻五百里五五二千五百里中國之界也謂之賓服常以服貢賓見於王五圻者侯圻之外甸圻甸圻之外男圻男圻之外采圻采圻之外衞圻康誥曰侯甸男采衞是也此據周官職方氏與禹貢異制也蠻夷要服職方氏云衞服之外五百里曰蠻服又其外五百里曰夷服孔安國云要謂要束以文教要一昭反戎狄荒服職方氏所謂鎮服蕃服也韋昭曰各相去五百里九州之外荒裔之地與戎狄同俗故謂之荒荒忽無常之言也甸服者祭侯服者祀賓服者享要服者貢荒服者終王韋昭曰日祭祭於祖考上食也近漢亦然月祀於曾祖也時享於二祧也歲貢於壇墠也終謂世終朝嗣王也○曾祖今韋注作曾高日

祭月祀時享歲貢此下當有終王二字誤脫耳夫是之謂視形埶而制械用稱遠近而等貢獻是王者之至也至當爲志所以志識遠近也彼楚越者且時享歲貢終王之屬也必齊之日祭月祀之屬然後曰受制邪是規磨之說也規磨之說猶言差錯之說也規者正圓之器磨久則偏盡而不圓失於度程也文子曰水雖平必有波衡雖正必有差韓子曰規有磨而水有波我欲更之無柰之何此通於權者言也溝中之瘠也謂行乞之人在溝壑中羸瘠者以喻智慮淺也則未足與及王者之制也語曰淺不足與測深愚不足與謀知坎井之鼃不可與語東海之樂此之謂也言小不知大也司馬彪曰坎井壞井也鼃蝦蟇類也事出莊子坎井或作壇井鼃戶媧反○正文淺不足宋本作淺不可

世俗之爲說者曰堯舜擅讓（擅與禪同墠亦同義謂除地爲墠告天而傳位也後因謂之禪位世俗以爲堯舜德厚故禪讓聖賢後世德薄故父子相繼荀卿言堯舜相承但傳位於賢而已與傳子無異非謂求名而禪讓也案書序曰將遜于位讓于虞舜是亦有讓之說此云非禪讓蓋書序美堯之德雖是傳位與遜讓無異非是先自有讓意也孟子亦云萬章曰堯以天下與舜有諸孟子曰天子不能以天下與人曰孰與之曰天與之又曰天與賢則與賢天與子則與子也）是不然天子者埶位至尊無敵於天下夫有誰與讓矣（讓者埶位敵之名若上下相縣則無與讓矣有讀爲又也）道德純備智惠甚明南面而聽天下生民之屬莫不振動從服以化順之天下無隱士無遺善（無隱藏不用之士也）同焉者是也異焉者非也夫有惡擅天下矣（夫自知不堪其事則求賢而禪位今以堯舜之明聖事無不理又烏用禪

位哉曰死而擅之或者既以生無禪讓之事因謂堯舜預求聖賢至死後而禪之是又不然聖王在上圖德而定次量能而授官〇舊校云一本作決德而定次皆使民載其事而各得其宜不能以義制利不能以僞飾性則兼以爲民僞謂矯其本性也無能者則兼并之令盡爲民氓也聖王已沒天下無聖則固莫足以擅天下矣固無禪讓天下有聖而在後者則天下不離有聖繼其後者則天下有所歸不離叛也朝不易位國不更制天下厭焉與鄉無以異也厭然順服貌一涉反鄉音向以堯繼堯夫又何變之有矣言繼位相承與一堯無異豈爲禪讓改變與他人乎聖不在後子而在三公則天下如歸猶復而振之矣後子嗣子謂丹朱商均也三公宰相謂舜禹天下如歸言不歸後子而歸三公

也復而振之謂猶如天下已去而衰息今使之來復而振起也天下厭然與鄉無以異也以堯繼堯夫又何變之有矣疑此三句重也唯其徒朝改制爲難謂殊徽號異制度也舜禹相繼與父子無異所難而不忍者在從朝改制也後世見其改易遂以爲擅讓也故天子生則天下一隆致順而治論德而定次天下一隆謂天下之人皆得其崇厚也致極也死則能任天下者必有之矣夫禮義之分盡矣擅讓惡用矣哉夫讓者禮義之名今聖王但求其能任天下者傳之則是盡禮義之分矣豈復更求禪讓之名哉曰老衰而擅是又不然血氣筋力則有衰若夫智慮取舍則無衰曰老者不堪其勞而休也是又畏事者之議也或者自以畏憚勞苦以爲聖王亦然也天子者埶至重而形至佚心至愉而

志無所詘而形不爲勞尊無上矣衣被則服五采雜閒色衣被謂以衣被身服五采言備五色也閒色紅碧之屬禮記曰衣正色裳閒色也重文繡加飾之以珠玉食飲則重大牢而備珍怪期臭味重多也謂重多之以太牢也珍怪奇異之食也期當爲綦極也曼而饋曼當爲萬饋進食也列萬舞而進食代睪而食睪未詳蓋香草也或曰睪讀爲藁即所謂蘭茝本也或曰當爲澤澤蘭也既夕禮茵著用茶實綏澤焉俗書澤字作水傍睪傳寫誤遺其水耳代睪而食謂焚香氣歆即更以新者代之○案正文睪本作皐故注一云皐未詳再云皐當爲藁即所謂蘭茝藁本也三云當爲澤俗書澤字作水旁皐傳寫誤遺其水耳史記天官書其色大圜黄滜即黄澤是其證今本及宋本皆脱誤若水旁作睪乃澤字正體不得云俗書也雍而徹乎雍詩周頌樂章名奏雍而徹饌論語曰三家者以雍徹言其僣也五祀執薦者百人侍西房周禮宗伯以血祭祭社稷五祀鄭云

五祀四時迎五行之氣於四郊而祭五德之帝也或曰此五祀祀謂礿祠烝嘗及大祫也或曰國語展禽曰禘郊祖宗報此五者國之祀典也皆王者所親臨之祭非謂戶竈中霤門行之五祀也薦謂所薦陳之物籩豆之屬也侍侍立也西房西廂侍或爲待也**居則設張容負依而坐諸侯趨走乎堂下**居安居也聽朝之時也容謂羽衛也居則設張其容儀負依而坐也戶牖之間謂之依亦作扆扆依音同或曰爾雅云容謂之防郭璞云如今牀頭小曲屏風唱射者所以自防隱也言施此容於戶牖閒負之而坐也○注所以自防隱也宋本作所以隱見也誤今攷正**出戶而巫覡有事**出戶謂出內門也女曰巫男曰覡有事祓除不祥**出門而宗祀有事**出門謂車駕出國門宗者主祭祀之官祀當爲祝有事謂祭行神也國語曰使名姓之後能知四時之生犧牲之物玉帛之類采服之儀彝器之量次主之度屏攝之位壇場之所上下之神祇氏姓之所出而心帥舊典者爲之宗又曰使先聖之後能知山川之號宗廟之事昭穆之世齊敬之勤禮節之宜威儀之則

容貌之崇忠信之質禮絜之服而敬恭明神者爲之祝韋昭曰宗大宗伯也掌祭祀之禮祝大祝掌祈福祥也○注上下之神祇氏姓之所出今國語無祇字所字宋本有之與周禮大宗伯注合宗大宗伯也韋注無大字又祝大祝舊本誤作禮記曰大祝今皆改正

乘大路趨越席以養安

大路祭天車禮記曰大路繁纓一就趨衍字耳越席結蒲爲席養安言恐其不安以此和養之按禮以大路越席爲質素此云養安以爲盛飾未詳其意或曰古人以質爲重也

側載睪芷以養鼻

睪芷香草也已解上於車上傍側載之用以養鼻也

前有錯衡以養目

詩曰約軝錯衡毛云錯衡文衡

和鸞之聲步中武象騶中韶護以養耳

和鸞皆車上鈴也韓詩外傳云鸞在衡和在軾前升車則馬動馬動則鸞鳴鸞鳴則和應皆所以爲行節也許愼曰和取其敬鸞以象鳥之聲武象韶護皆樂名騶當爲趨步謂車緩行趨謂車速行周禮大馭云凡馭路行以肆夏趨以采齊以鸞和爲節鄭云行謂大寢至路門趨謂路門至應門也

三公奉軶

持納軶轅前也納與軜同軜謂驂馬內轡繫軾前者詩曰鋈以觼軜○注內轡舊作內軜今據說文改正諸侯持輪挾輿先馬挾輿在車之左右也先馬導馬也或持輪者或挾輿者或先馬者大侯編後大夫次之大侯國稍大在五等之列者小侯元士次之小侯僻遠小國及附庸也元士上士也禮記曰庶方小侯入天子之國曰某人又曰天子之元士視附庸也庶士介而坐道庶士軍士也介而坐道被甲坐於道側以禦非常也庶人隱竄莫敢視望居如大神動如天帝言畏敬之甚也持老養衰猶有善於是者與不老者休也休猶有安樂恬愉如是者乎不老老也猶言不顯顯也或曰不字衍耳夫老者休息之名言豈更有休息安樂過此故曰諸侯有老天子無老諸侯供職貢朝聘故有筋力衰竭求致仕者與天子異也有擅國無擅天下古今一也讓者執位敵之名一國事輕則

有請於天子而讓賢天下則不然也夫曰堯舜擅讓是虛言也是淺者之傳陋者之說也不知逆順之理小大至不至之變者也小謂一國大謂天下至不至猶言當不當也未可與及天下之大理者也

世俗之爲說者曰堯舜不能教化是何也曰朱象不化是不然也堯舜至天下之善教化者也南面而聽天下生民之屬莫不振動從服以化順之言天下無不化然而朱象獨不化是非堯舜之過朱象之罪也朱象乃罪人之當誅戮者豈堯舜之過哉論語曰上智與下愚不移是也堯舜者天下之英也鄭康成注禮記云英謂俊選之尤者朱象者天下之嵬一時之瑣也言嵬瑣之

人雖被堯舜之治猶不可化言教化所不及嵬瑣已解在非十二子之篇今世俗之爲說者不怪朱象而非堯舜豈不過甚矣哉夫是之謂嵬說狂妄之說羿蠭門者天下之善射者也不能以撥弓曲矢中撥弓不正之弓中丁仲反王梁造父者天下之善馭者也不能以辟馬毀輿致遠辟與躄同必亦反堯舜者天下之善教化者也不能使嵬瑣化何世而無嵬何時而無瑣自大皞燧人莫不有也大皞伏羲也燧人太皞前帝王始作火化者故作者不祥學者受其殃非者有慶作嵬瑣者不祥也有慶言必無刑戮也詩曰下民之孼匪降自天噂沓背憎職競由人此之謂也詩小雅十月之交篇言下民相爲妖孼災害非從天降噂噂沓沓然相對談語背則相憎爲此者主

由人耳

世俗之爲說者曰大古薄葬棺厚三寸衣衾三領葬田不妨田故不掘也此葢言古之人君也三領三稱也禮記君陳衣於序東西領南上故以領言葬田不妨田言所葬之地不妨農耕也殷已前平葬無丘壟之識也亂今厚葬飾棺故扣也是不及知治道而不察於扣不扣者之所言也扣穿也謂發冢也胡骨反凡人之盜也必以有爲其意必有所云爲也不以備不足足則以重有餘也○案下足字衍而聖王之生民也皆使當厚優猶不知足而不得以有餘過度當謂得中也丁浪反優猶寬泰也不知足不字亦衍耳言聖王之養民輕賦薄斂皆使寬泰而知足也又有禁限不得以有餘過度也故盜不竊賊不刺盜賊通名分而言之則私竊謂之盜

劫殺謂之賊狗豕吐菽粟而農賈皆能以貨財讓農賈庶人猶讓則其餘無不讓也風俗之美男女自不取於涂而百姓羞拾遺故孔子曰天下有道盜其先變乎衣食足知榮辱雖珠玉滿體文繡充棺黃金充椁加之以丹矸重之以曾青丹矸丹砂也曾青銅之精形如珠者其色極青故謂之曾青加以丹矸重以曾青言以丹青采畫也犀象以爲樹樹之於壙中也琅玕龍茲華覲以爲實琅玕似珠崑崙山有琅玕樹龍茲未詳覲當爲瑾華謂有光華者也或曰龍茲卽今之龍鬚席公羊傳曰衛侯朔屬負茲爾雅曰蓐謂之茲史記曰衛叔封布茲徐廣曰茲者藉席之名列女傳無鹽女謂齊宣王曰漸臺五重黃金白玉琅玕龍疏翡翠珠璣莫落連飾萬民疲極此二殆也疑龍茲卽龍疏疏鬚音相近也曹大家亦不解實謂實於棺椁中或曰茲與髭同人猶且莫之抇也是何也則求利之

詭緩而犯分之羞大也（詭詐也求利詭詐之心緩也）夫亂今然後反是上以無法使下以無度行知者不得慮能者不得治賢者不得使（不得在位使人）若是則上失天性下失地利中失人和故百事廢財物詘而禍亂起王公則病不足於上庶人則凍餧羸瘠於下於是焉桀紂羣居而盜賊擊奪以危上矣（言在上位者盡如桀紂也）安禽獸行虎狼貪故脯巨人而炙嬰兒矣若是則有何尤抇人之墓抉人之口而求利矣哉（抉挑也抉人口取其珠也）雖此倮而薶之猶且必抇也安得葬薶哉（不可得葬薶而不發）彼乃將食其肉而齕其骨也夫曰大古薄葬故不抇也亂今厚葬故

抇也是特姦人之誤於亂說以欺愚者而潮陷之以偷取利焉夫是之謂大姦言是乃特姦人自誤或於亂說因以欺愚者猶於泥潮之中陷之謂使陷於不仁不孝也以偷取利謂借弃死者而苟取其利於生者也是時墨子之徒說薄葬以惑當世故以此譏之○案潮當作淖古潮字作淖故淖誤爲淖又誤爲潮傳曰危人而自安害人而自利此之謂也危害死者以利生者與此義同

子宋子曰明見侮之不辱使人不鬭宋子已解在天論篇宋子言若能明侵侮而不以爲辱之義則可使人不鬭也莊子說宋子曰見侮不辱救民之鬭尹文子曰見侮不辱見推不矜禁暴息兵救世之鬭此人君之德可以爲王矣宋子蓋尹文弟子何休注公羊曰以子冠氏上者著其師也言此者蓋以難宋子之徒也人皆以見侮爲辱故鬭也知見侮之爲不辱則不鬭矣應之曰然則亦以人之情爲

不惡侮乎曰惡而不辱也［雖惡其侮而不以爲辱惡烏路反下同］曰若是則必不得所求焉［求不鬭必不得］凡人之鬭也必以其惡之爲說非以其辱之爲故也［凡鬭在於惡不在於辱也］今俳優侏儒狎徒詈侮而不鬭者是豈鉅知見侮之爲不辱哉［狎戲也鉅與遽同言此倡優豈遽知宋子有見侮不辱之論哉］然而不鬭者不惡故也今人或入其央瀆竊其豬彘［央瀆中瀆也如今人家出水溝也］則援劍戟而逐之不避死傷是豈以喪豬爲辱也哉然而不憚鬭者惡之故也雖以見侮爲辱也不惡則不鬭［不知宋子之論者也］雖知見侮爲不辱惡之則必鬭［知宋子之論也］然則鬭與不鬭邪亾於辱之與不辱也乃在於惡之

與不惡也夫今子宋子不能解人之惡侮而務說人以勿辱也豈不過甚矣哉解達也不知人情惡侮而使見侮不辱是過甚也解如字說讀爲稅金舌弊口猶將無益也金舌以金爲舌金舌弊口以喻不言也雖子宋子見侵侮金舌弊口而不對欲以率先猶無益於不鬭也揚子法言曰金口而木舌金或讀爲噤○上云說人以勿辱此蓋言舌弊猶不見聽耳一說適人木鐸金口木舌今郎爲之金舌振之至於口弊亦何益哉不知其無益則不知不知此說無益是不知也知其無益也直以欺人則不仁不仁不知辱莫大焉發論而不仁不知辱無過此也將以爲有益於人則與無益於人也與讀爲預本謂有益於人反預於無益人之論也○注論宋本作謂則得大辱而退耳說莫病是矣本欲使人見侮不辱反自得大辱耳子宋子曰見侮不辱應之曰凡議

必將立隆正然後可也崇高正直然後可也無隆正則是非不分而辨訟不決故所聞曰天下之大隆是非之封界分職名象之所起王制是也名謂指名象謂法象王制謂王者之舊制故凡言議期命是非以聖王爲師期物之所會也命名物也皆以聖王爲法也而聖王之分榮辱是也聖王以榮辱爲人之大分豈如宋子以見侮爲不辱哉是有兩端矣榮辱各有二也有義榮者有埶榮者有義辱者有埶辱者志意脩德行厚知慮明是榮之由中出者也夫是之謂義榮爵列尊貢祿厚形埶勝貢謂所受貢賦謂天子諸侯也祿謂受君之祿卿相士大夫也形埶謂埶位也上爲天子諸侯下爲卿相士大夫是榮之從外至者也夫是之謂埶榮流

淫汙優汙穢行也優當爲漫已解在榮辱篇犯分亂理驕暴貪利，是辱之由中出者也，夫是之謂義辱。詈侮捽搏，捽持頭也搏手擊也捶笞臏腳，捶笞皆杖擊也臏膝骨也腳古腳字臏腳謂刖其膝骨也鄒陽曰司馬喜臏腳於宋卒相中山斬斷枯磔，斷如字枯弃市暴屍也磔車裂也周禮以疈辜祭四方百物注謂披磔牲體也或者枯與疈辜義同歟韓子曰楚南之地麗水之中生金民多竊采之采金之禁得而輒辜磔所辜磔甚衆而民竊金不止疑辜即枯也又莊子有辜人謂犯罪應死之人也藉靡舌縪，藉見凌藉也才夜反靡繫縛也與縻義同即謂胥靡也謂刑徒之人以鐵鎖相連繫也舌縪未詳或曰莊子云公孫龍口呿而不合舌舉而不下謂辭窮亦恥辱也是辱之由外至者也，夫是之謂埶辱。是榮辱之兩端也。故君子可以有埶辱而不可以有義辱，小人可以有埶榮而不可以有義榮。有埶辱無害爲堯有埶榮無害爲桀義榮埶榮唯君子然後兼有之義辱埶辱唯小人然後兼有之是榮辱之分也聖王以爲法士大夫以爲道官人以爲守百姓以爲成俗萬世不能易也言上下皆以榮辱爲治也士大夫主教化者官人守職事之官也今子宋子案不然獨詘容爲己慮一朝而改之說必不行矣言宋子不知聖人以榮辱爲大分獨欲屈容受辱爲己之道其謀慮乃欲一朝而改聖王之法說必不行也譬之是猶以塼涂塞江海也以焦僥而戴太山也塼涂以涂壘塼也焦僥短人長三尺者○塼俗字荀書當本作摶摶塗泥而塞江海必無用矣蹎跌碎折不待頃矣蹎與顚同躓也頃少頃也二三子之善於子宋子者殆不若止之將恐得傷其體也

二三子慕宋子道者也止謂息其說也傷其體謂受大辱○得未詳或云古與礙通梵書以㝵爲礙亦有所本

子宋子曰人之情欲寡而皆以己之情欲爲多是過也宋子以凡人之情所欲在少不在多也莊子說宋子曰以禁攻寢兵爲外以情欲寡少爲內也故率其羣徒辨其談說明其譬稱將使人知情欲之寡也稱謂所宜也稱尺證反情欲之寡或爲情人欲寡也應之曰然則亦以人之情爲欲○此欲字衍句當連下一說當作亦以人情爲不欲乎目不欲綦色耳不欲綦聲口不欲綦味鼻不欲綦臭形不欲綦佚此五綦者亦以人之情爲不欲乎曰人之情欲是已曰若是則說必不行矣以人之情爲欲此五綦者而不

欲多譬之是猶以人之情爲欲富貴而不欲貨也好美而惡西施也古之人爲之不然以人之情爲欲多而不欲寡故賞以富厚而罰以殺損也謂以富厚賞之以殺損罰之殺減也所介反是百王之所同也故上賢祿天下次賢祿一國下賢祿田邑愿愨之民完衣食以人之情爲欲多故使德重者受厚祿下至愿愨之民猶得完衣食皆所以報其功今子宋子以是之情爲欲寡而不欲多也然則先王以人之所不欲者賞而以人之所欲者罰邪亂莫大焉如宋子之說乃大亂之道今子宋子嚴然而好說嚴讀爲儼好說自喜其說也好呼報反聚人徒立師學成文曲文曲文章也然而說不免於以至治爲至亂也豈不

過甚矣哉

荀子卷第十二

藏版

荀子卷第十三

登仕郎守大理評事楊 倞 注

禮論篇第十九

舊目錄第二十三今升在論議之中於文爲比

禮起於何也曰人生而有欲欲而不得則不能無求求而無度量分界則不能不爭量力嚮反爭則亂亂則窮窮謂計無所出也先王惡其亂也故制禮義以分之以養人之欲給人之求有分然後欲可養求可給使欲必不窮乎物物必不屈於欲兩者相持而長是禮之所起也屈竭也先王爲之立中道故欲不盡於物物不竭於欲欲與物相扶持故能長久是禮所起之本意者也故禮者養也芻豢稻粱五味調香所以養口也椒蘭芬苾所以

養鼻也雕琢刻鏤黼黻文章所以養目也鍾鼓管磬琴瑟竽笙所以養耳也疏房檖貌越席牀第几筵所以養體也〔疏通也疏房通明之房也貌古貌字檖貌未詳或曰檖讀爲邃貌廟也廟者宮室尊嚴之名或曰貌讀爲邈言屋宇深邃綿邈也第牀棧也越席翦蒲席也古人所重司馬貞曰疏窻也〕故禮者養也君子既得其養又好其別曷謂別曰貴賤有等長幼有差貧富輕重皆有稱者也〔稱謂各當其宜尺證反〕故天子大路越席所以養體也側載睪芷所以養鼻也○〔睪芷說在上篇史記禮書作臭茝臭亦皐之誤〕前有錯衡所以養目也和鸞之聲步中武象趨中韶護所以養耳也〔竝解在正論篇〕龍旗九斿所以養信也〔龍旗畫龍旗爾雅曰素陞龍于縿練斿九旗正幅爲縿斿〕

所以屬之者也信謂使萬人見而信之識至尊也養猶奉也○注正幅爲縿宋本縿作緇元刻作絲皆誤今改正元刻練旃作練旒與今爾雅同**寢兕**謂武士寢處於甲冑者也**持虎**謂以虎皮爲弓衣武士執持者也詩曰虎韔鏤膺劉氏云畫虎於鈴竿及楯也○案持當爲特字之誤也寢兕特虎謂畫輪爲飾也劉昭注輿服志引古今注武帝天漢四年令諸侯王朱輪特虎居前左兕右麋小國朱輪畫特熊居前寢麋居左右白虎通亦曰朱輪特熊居前寢麋居左右此謂朱輪每輪畫一虎居前兕麋在兩旁御後而相竝故虎稱特左右謂每輪兩旁也寢伏也大國畫特虎兕麋不寢小國則畫特熊二寢麋無兕天子乘輿蓋畫二寢兕居輪左右畫特虎居前歟此段若膺說**蛟韅**韅馬服之革蓋象蛟形徐廣曰以蛟魚皮爲之○案史記蛟作鮫古字通用注馬服乃馬腹之誤徐說本說文楊云象蛟形與上下文虎兕龍一例勝徐說**絲末**末與幦同禮記曰君羔幦虎犆鄭云覆苓也絲幦蓋織絲爲幦亾狄反○絲末史記無**彌龍所以養威也**彌如字又讀爲弭弭末也謂金飾衡軛之末爲龍首也

也徐廣曰乘輿車以金薄繆龍爲輿倚較文虎伏軾龍首銜軛○案彌卽說文之⿱靡耳廣韻引說文云⿱靡耳乘輿金耳也讀若湖水一讀若月令靡艸之靡金耳謂車耳卽重較也徐廣說爲得之繆龍史記作璆龍索隱云璆然龍貌徐又云文虎伏軾龍首銜軛此引古類及之非正釋也銜軛當從史記注作衡軛爲是

故大路之馬必倍至教順然後乘之所以養安也倍至謂倍加精至也或以必倍爲句倍謂反之車在馬前令馬熟識車也至極教順然後乘之備驚奔也○史記倍至作信至

孰知夫出死要節之所以養生也孰甚也出死出身死寇難也要節自要約以節義謂立節也使其孰知出死要節盡忠於君是乃所以受祿養生也若不能然則亂而不保其生也要一遙反○此注舊本有賸有脫今訂正

孰知夫出費用之所以養財也費用財以成禮謂問遺之屬是乃所以求奉養其財不相侵奪也

孰知夫恭敬辭讓之所以養安也無恭敬辭讓則亂而不安也

孰知夫禮

義文理之所以養情也（無禮義文理則縱情性不知所歸也）故人苟生之爲見若者必死（言苟唯以生爲所見不能出死要節若此者必死也）苟利之爲見若者必害（苟唯以利爲所見不能以成禮若此者必遇害也）苟怠惰偷懦之爲安若者必危（懦讀爲儒言苟以怠惰爲安居不能恭敬辭讓若此者必危也○偷懦非十二子篇作偷儒是也此與勸學篇作偷懦皆非）苟情說之爲樂若者必滅（說讀爲悅言苟以情悅爲樂不知禮義文理恣其所欲若此者必滅亡也）故人一之於禮義則兩得之矣一之於情性則兩喪之矣（一專於禮義則禮義情性兩得專一於情性則禮義情性兩喪也）故儒者將使人兩得之者也墨者將使人兩喪之者也是儒墨之分也

禮有三本天地者生之本也先祖者類之本也（類種）君

師者治之本也無天地惡生無先祖惡出無君師惡治三者偏亾焉無安人偏亾謂闕一也故禮上事天下事地尊先祖而隆君師是禮之三本也所以奉其三本故王者天太祖謂以配天也太祖若周之后稷諸侯不敢壞謂不祧其廟若魯周公史記作不敢懷司馬貞云懷思也蓋誤耳大夫士有常宗繼別子之後爲族人所常宗百世不遷之大宗也別子若魯三桓也所以別貴始貴始得之本也得當爲德言德之本在貴始穀梁傳有此語○得大戴禮作德古二字通用郊止乎天子而社止於諸侯道及士大夫道通也言社自諸侯通及士大夫也或曰道行神也祭法大夫適士皆得祭門及行史記道作蹈亦作啗司馬貞曰啗音含苞也言士大夫皆得苞立社倞謂當是道誤爲蹈傳寫又誤以蹈爲啗耳○史記集解本道及作函及所以別尊者事尊卑者事卑

姕大者巨，姕小者小。故有天下者事十世，（十當爲七，穀梁傳作天子七廟。）有一國者事五世，有五乘之地者事三世，（古者十里爲成，成出革車一乘，五乘之地謂大夫有菜地者得立三廟也。）有三乘之地者事二世，（祭法所謂適士立二廟也。）持手而食者不得立宗廟，（持其手而食，謂農工食力也。）所以別積厚，積厚者流澤廣，積薄者流澤狹也。（積與績同，功業也。穀梁傳僖公十五年震夷伯之廟，夷伯魯大夫，因此以見天子至于士皆有廟也。天子七廟，諸侯五，大夫三，士二，故德厚者流光，德薄者流卑，是以貴始德之本也。○大戴及史記積厚二字不重。）

大饗尚玄尊，俎生魚，先大羹，貴食飲之本也。（大饗，祫祭先王也。尚，上也。玄酒，水也。大羹，肉汁無鹽梅之味者也。本謂造飲食之初。禮記曰：郊血，大饗腥也。）饗尚玄尊而用酒醴，先黍稷而飯稻粱。（饗與享同，四時享廟也。用謂酌）

獻也以玄酒爲上而獻以酒醴先陳黍稷而後飯以稻粱也祭齊大羹而飽庶羞
貴本而親用也祭月祭也齊讀爲嚌至齒也謂尸舉大羹但至齒而已矣至庶羞而致飽
也用謂可用食也○案大戴禮齊作嚌史記嚌下有先字貴本之謂文親用之謂
理文謂脩飾理謂合宜兩者合而成文以歸大一夫是之謂大
隆貴本親用兩者相合然後備成文理大讀爲太太一謂太古時也禮記曰夫禮必本於太一言雖備
成文理然猶不忘本而歸於太一是謂大隆於禮司馬貞曰隆盛也得禮文理歸於太一是禮之盛也
故尊之尚玄酒也俎之尚生魚也俎之先大羹也一
也一謂一於古也此以象太古時皆貴本之義故云一也利爵之不醮也成事
之俎不嘗也三臭之不食也一也醮盡也謂祭祀畢告利成利成之時
其爵不卒奠于筵前也史記作不啐成事謂尸既飽禮成不嘗其俎儀禮尸又三飯士佐食受尸牢肺正

春加于所是臭謂歆其氣謂食畢也許又反皆謂禮畢無文飾復歸于朴亦象太古時也史記作三侑之不食司馬貞云禮祭必立侑以勸尸食至三飯而止每飯有侑一人故曰三侑旣是勸尸故不自食也

大昏之未發齊也大廟之未入尸也始卒之未小斂也一也皆謂未有威儀節文象太古時也史記作大醮子而迎故曲禮云齊也司馬貞曰廢齊謂婚禮父親初始質而未備故云一也○案古廢發音同通用

大路之素未集也郊之麻絻也喪服之先散麻也一也大路殷祭天車王者所乘也未集不集丹漆也禮記云大路素而越席又曰丹漆雕幾之美素車之乘麻絻緇麻爲冕所謂大裘而冕冕不用袞龍之屬也士喪禮始死主人散帶垂長三尺史記作大路之素幬司馬貞曰幬音稠謂車蓋素帷示質也○注未舊本作亦質者也三年之喪哭之不文也清廟之歌一倡而三歎也縣一鍾尙拊之膈朱

絃而通越也一也不文謂無曲折也禮記曰斬衰之哭若往而不反清廟之歌謂工以樂歌清廟之篇也一人倡三人歎言和之者寡也縣一鍾比於編鍾爲簡略也尙拊之膈未詳或曰尙謂上古也拊樂器名膈擊也卽所謂戛擊鳴球搏拊琴瑟也尙古樂所以示質也揚子雲長楊賦曰拮膈鳴球韋昭曰古文膈爲擊或曰膈當爲搏大戴禮作搏拊一名相禮記曰治亂以相拊所以補樂相亦輔之義書曰搏拊琴瑟孔安國曰搏拊以韋爲之實之以糠所以節樂也周禮大祭祀登歌令奏擊拊司馬貞說拊鬲謂縣鍾格也不擊其鍾而拊其格不取其聲示質也朱絃疏越鄭玄云朱絃練朱絃也練則聲濁越瑟底孔也所以發越其聲故謂之越疏通之使聲遲也史記作洞越或曰膈讀爲戛也○越疏不文大戴禮史記皆作不反觀注意此亦似本作不反文字疑誤凡禮始乎梲成乎文終乎悅校史記作始乎脫成乎文終乎梲言禮始於脫略成於文飾終於稅滅禮記曰禮主其減校未詳大戴禮作終於隆隆盛也○注隆字舊本不重案大戴作終於隆史索隱所引同云隆謂盛也今据增

故至備情文俱盡情文俱盡乃爲禮之至備情謂禮意喪主哀祭主敬之類文謂禮物威儀其次情文代勝不能至備或文勝於情情勝於文是亦禮之次也其下復情以歸大一也雖無文飾但復情以歸質素是亦禮也若潢汙行潦之水可薦於鬼神也天地以合日月以明四時以序星辰以行江河以流萬物以昌好惡以節喜怒以當言禮能上調天時下節人情若無禮以分別之則天時人事皆亂也昌謂各遂其生也以爲下則順以爲上則明萬物變而不亂貳之則喪也禮豈不至矣哉禮在下位則使人順在上位則治萬變而不亂貳謂不一在禮喪亾也立隆以爲極而天下莫之能損益也立隆盛之禮以極盡人情使天下不復更能損益也本末相順司馬貞曰禮之盛文理合以歸太一禮之殺復情以歸太一是本末相順也終始相應司馬貞曰

禮始於脫畧終於稅稅亦殺也殺亦脫脫畧是終始相應也至文以有別至察以有說言禮之至文以其有尊卑貴賤之別至察以其有是非分別之說司馬貞曰說音悅言禮之至察有以明鴻殺委曲之情文足以悅人心也天下從之者治不從者亂從之者安不從者危從之者存不從者亾小人不能測也禮之理誠深矣堅白同異之察入焉而溺其理誠大矣擅作典制辟陋之說入焉而喪其理誠高矣暴慢恣睢輕俗以爲高之屬入焉而隊隊古墜字墮也以其深故能使堅白者溺以其大故能使擅作者喪以其高故能使暴慢者墜司馬貞曰恣睢毀訾也故繩墨誠陳矣則不可欺以曲直衡誠縣矣則不可欺以輕重規矩誠設矣則不可欺以方圓君子審於禮則不可

欺以詐偽故繩者直之至衡者平之至規矩者方圓
之至禮者人道之極也然而不法禮不足禮謂之無
方之民法禮足禮謂之有方之士足謂無闕失方猶道也禮之
中焉能思索謂之能慮禮之中焉能勿易謂之能固
勿易不變也若不在禮之中雖能思索勿易猶無詎能慮能固加好者焉斯聖
人矣故天者高之極也地者下之極也無窮者廣之
極也東西南北無窮聖人者道之極也故學者固學為聖人
也非特學為無方之民也禮者以財物為用以貢獻問遺之
類為行禮之用也以貴賤為文以車服旗章為貴賤文飾也以多少為異
多少異制所以別上下也以隆殺為要隆豐厚殺減降也要當也禮或厚或薄唯其所當為

貴文理繁情用省是禮之隆也文理謂威儀情用謂忠誠若享獻之禮賓主百拜情唯主敬文過於情是禮之隆盛也文理省情用繁是禮之殺也若尊之尚玄酒本於質素情過於文雖減殺是亦禮也文理情用相爲內外表裏竝行而雜是禮之中流也或豐或殺情文代勝竝行相雜是禮之中流中流言如水之清濁相混也故君子上致其隆下盡其殺而中處其中君子知禮者致極也言君子於大禮則極其隆厚小禮則盡其降殺中用得其中皆不失禮也步驟馳騁厲騖不外是矣是君子之壇宇宮廷也厲騖疾騖也史記作廣騖言雖馳騁不出於隆殺之閒壇宇宮廷已解於上人有是士君子也外是民也是猶此也民氓無所知者於是其中焉方皇周挾曲得其次序是聖人也方皇讀爲彷徨猶徘徊也挾讀爲浹帀也言於是禮之中徘徊

周而委曲皆得其次序而不亂是聖人也故厚者禮之積也大者禮之廣也高者禮之隆也明者禮之盡也聖人所以能厚重者由積禮也能弘大者由廣禮也崇高者由隆禮也明察者由盡禮也司馬貞曰言君子聖人有厚大之德則爲禮之所歸積謚弘廣也詩曰禮儀卒度笑語卒獲此之謂也引此明有禮動皆合宜也

禮者謹於治生死者也謹嚴生人之始也死人之終也終始俱善人道畢矣故君子敬始而慎終終始如一是君子之道禮義之文也夫厚其生而薄其死是敬其有知而慢其無知也是姦人之道而倍叛之心也君子以倍叛之心接臧穀猶且羞之而況以事其所

隆親乎臧已解在王霸篇莊子曰臧與穀相與牧羊音義云孺子曰穀或曰穀讀爲鬬穀於菟之穀穀乳也謂哺乳小兒也所隆親所厚之親也故死之爲道也一而不可得再復也臣之所以致重其君子之所以致重其親於是盡矣以其一死不可再復臣子於極重之道不可不盡也故事生不忠厚不敬文謂之野忠厚心篤厚敬文恭敬文飾野野人不知禮者也有送死不忠厚不敬文謂之瘠瘠薄君子賤野而羞瘠故天子棺槨十重諸侯五重大夫三重士再重禮記曰天子之棺四重水兕革棺被之其厚三寸杝棺一梓棺二四者皆周棺束縮二衡三衽每束一柏槨以端長六尺又禮器曰天子七月而葬五重八翣鄭云五重謂抗木與茵也今十重蓋以棺槨與抗木合爲十重也諸侯已下與禮記多少不同未詳也然後皆有衣衾多少厚薄之數皆有翣菨文

章之等以敬飾之衣謂衣衾禮記所謂君陳衣于庭百稱之比者也衾謂君錦衾大夫縞衾士緇衾也食謂遣車所苞遣奠也翣蔞翣當爲蔞翣鄭康成云蔞翣棺之牆飾也翣以木爲筐衣以白布畫爲雲氣如今之攝也周禮縫人衣翣柳之材鄭云必先纏衣其木乃以張飾也柳之言聚也諸飾所聚柳以象宮室也劉熙釋名云輿棺之車其蓋曰柳文章之等謂君龍帷三池振容黼荒火三列黻三列素錦褚加帷荒纁紐六齊五采五貝黼翣二黻翣二畫翣二皆戴圭魚躍拂池君纁戴六纁披六大夫以下各有差也○正文衣衾案注當本作衣食元刻於注頗有刪節今悉依宋本使生死終始若一一足以爲人願是先王之道忠臣孝子之極也生死如一則人願皆足忠孝之極在此也天子之喪動四海屬諸侯諸侯之喪動通國屬大夫大夫之喪動一國屬脩士脩士之喪動一鄉屬朋友屬謂付託之使主喪也通國謂通好之國也一國謂同在朝之

人也脩士士之進脩者謂上士也一鄉謂一鄉內之姻族也春秋傳曰天子七月而葬同軌畢至諸侯五月而葬同盟至大夫三月同位至士踰月外姻至庶人之喪合族黨動州里刑餘罪人之喪不得合族黨獨屬妻子棺椁三寸衣衾三領不得飾棺不得晝行以昏殣凡緣而往埋之刑餘遭刑之餘死者墨子曰桐棺三寸葛以爲緘趙簡子亦云然則厚三寸刑人之棺也喪大記士陳衣于序東三十稱今云三領亦貶損之甚也殣道死人也詩曰行有死人尚或殣之今昏殣如掩道路之死人惡之甚也凡常也緣因也言其妻子如常日所服而埋之不更加絰杖也今猶謂無盛飾爲緣身也反無哭泣之節無衰麻之服無親疏月數之等各反其平各復其始已葬埋若無喪者而止夫是之謂至辱此蓋論墨子薄葬是以至辱之道奉君父也禮者謹於吉凶不相厭者

也厭掩也烏甲反謂不使相侵掩也或曰不使相厭惡非也紸纊聽息之時則夫忠臣孝子亦知其閔已紸讀爲注注纊即屬纊也言此時知其必至於憂閔也或曰紸當爲紸紸苦化反以爲黈字非也然而殯斂之具未有求也所謂不相厭也垂涕恐懼然而幸生之心未已持生之事未輟也卒矣然後作具之作之具之故雖備家必踰日然後能殯三日而成服備豐足也然後告遠者出矣備物者作矣故殯久不過七十日速不損五十日此皆據士喪禮首尾三月者也損減也是何也曰遠者可以至矣百求可以得矣百事可以成矣其忠至矣其節大矣其文備矣忠誠也節人子之節也文器用儀制也子思曰喪三日而殯凡附於身者必誠必信勿之有悔焉耳三月而葬凡附於棺者必誠必

信勿之有悔焉耳然後月朝卜日月夕卜宅然後葬也月朝月初
也月夕月末也先卜日知其期然後卜宅此大夫之禮也士則筮宅士喪禮先筮宅後卜日此云月朝卜
日月夕卜宅未詳也當是時也其義止誰得行之其義行誰得
止之聖人爲之節制使賢者抑情不肖者企及故三月之葬其須以生設
飾死者也殆非直留死者以安生也須象也言其象以生之所設器
用飾死者三月乃能備也是致隆思慕之義也
喪禮之凡凡謂常道○喪禮宋本作卒禮下同變而飾謂殯斂每加飾動而遠
禮記子游云飯於牖下小斂於戶內大斂於阼殯於客位祖於庭葬於墓所以卽遠也久而平
久則哀殺如平常也故死之爲道也不飾則惡惡則不哀尒則
翫尒與邇同翫戲狎也翫則厭厭則忘忘則不敬一朝而喪其

嚴親而所以送葬之者不哀不敬則嫌於禽獸矣君子恥之故變而飾所以滅惡也動而遠所以遂敬也遂成也邇則懼敬不成也久而平所以優生也優養生者謂送死有巳復生有節也禮者斷長續短損有餘益不足達愛敬之文而滋成行義之美者也皆謂使賢不肖得中也賢者則達愛敬之文而巳不至於滅性不肖者用此成行義之美不至於禽獸也故文飾麤惡聲樂哭泣恬愉憂戚是反也是相反也然而禮兼而用之時舉而代御御進用也時吉則吉時凶則凶也故文飾聲樂恬愉所以持平奉吉也麤衰哭泣憂戚所以持險奉凶也持扶助也險謂不平之時故其立文飾也不至於窕冶窕讀爲姚姚冶妖美也其立麤衰也不至於瘠

弃立麤衰以爲居喪之飾亦不使麤衰瘠自弃其立聲樂恬愉也不至於流淫惰慢其立哭泣哀戚也不至於隘懾傷生是禮之中流也隘窮也懾猶戚也之怯反中流禮之中道也故情貌之變足以別吉凶明貴賤親疏之節期止矣期當爲斯外是姦也雖難君子賤之故量食而食之量要而帶之相高以毀瘠是姦人之道也非禮義之文也非孝子之情也將以有爲者也非禮義之節文孝子之眞情將有作爲以邀名求利若演門也○注演門未詳故說豫娩澤憂戚萃惡是吉凶憂愉之情發於顏色者也說讀爲悅豫樂也娩媚也音晚澤顏色潤澤也萃與顇同惡顏色惡也發見也歌謠謸笑哭泣諦號是吉凶憂愉之情發於聲音者也謸與傲同戲謔

也說文云謕悲聲與此義不同謕讀爲嗁管子曰豕人立而謕古字通用號胡刀反○案春秋繁露執贄篇羊殺之不謕淮南精神訓病疵瘕者踐跼而謕並以謕爲嗁芻豢稻粱酒醴餰鬻魚肉菽藿酒漿是吉凶憂愉之情發於食飲者也餰鬻菽藿喪者之食卑絻黼黻文織資麤衰絰菲繐菅屨是吉凶憂愉之情發於衣服者也卑絻與裨冕同衣裨衣而服冕也裨之言卑也天子六服大裘爲上其餘爲卑以事尊卑服之諸侯以下皆服焉文織染絲織爲文章也資與齋同即齊衰也麤麤布也今麤布亦謂之資菲草衣蓋如蓑然或當時喪者有服此也繐繐衰也鄭玄云繐衰小功之縷四升半之衰也凡布細而疏者謂之繐今南陽有鄧繐布菅茅也春秋傳曰晏子枕菅屨也○注鄧繐布今儀禮無布字疏房檖貌越席牀笫几筵屬茨倚廬席薪枕塊是吉凶憂愉之情發於居處者也茨蓋屋草也屬茨令茨相連屬

而已至疏漏也倚廬鄭云倚木爲廬謂一邊著地如倚物者旣葬柱楣塗廬也兩情者人生固有端焉兩情謂吉與凶憂與愉言此兩情固自有端緒非出於禮也若夫斷之繼之博之淺之益之損之類之盡之盛之美之使本末終始莫不順比足以爲萬世則則是禮也人雖自有憂愉之情必須禮以節制進退然後終始合宐類之謂觸類而長比附會也吡至反非順孰脩爲之君子莫之能知也順從也孰精也脩治也爲作也故曰性者本始材朴也僞者文理隆盛也無性則僞之無所加無僞則性不能自美之往性僞合然後聖人之名一天下之功於是就也一謂不分散言性僞合然後成聖人之名也故曰天地合而萬物生陰陽接而變化起性僞合而天下治天能生

物不能辨物也地能載人不能治人也宇中萬物生人之屬待聖人然後分也詩曰懷柔百神及河喬嶽此之謂也引此論聖人能并治之詩周頌時邁之篇喪禮者以生者飾死者也大象其生以送其死也故如死如生如亡如存終始一也不以死異於生亡異於存始卒沐浴鬠體飯唅象生執也儀禮鬠用組鄭云用組組束髮也古文鬠皆爲括體謂爪揃之屬士喪禮主人左扱米實于右三實一貝左中亦如之凡實米唯盈鄭云于右尸口之右唯盈取滿而已是飯唅之禮也象生執謂象生時所執持之事執或爲持不沐則濡櫛三律而止不浴則濡巾三式而止律理髮也今秦俗猶以枇髮爲栗濡溼也式與拭同士喪禮尸無有不沐浴者此云不蓋末世多不備禮也○注枇髮舊本枇作批誤案魏志管輅傳筮十三物一一名之惟以梳爲枇耳古枇作比漢

書有比疏蓋梳疏而比密也說文櫛下云梳比之總名充耳而設瑱士喪禮瑱用白纊鄭云瑱充耳纊新緜也飯以生稻唅以槁骨反生術矣生稻米也槁枯也槁骨貝也術法也前說象其生也此已下說反於生之法也說褻衣襲三稱縉紳而無鉤帶矣縉與搢同扱也紳大帶也搢紳謂扱於帶鉤之所用弛張也今不復解脫故不設鉤也褻衣親身之衣也士喪禮飯唅後乃襲三稱明衣不在算設韐帶搢笏禮記曰季康子之母死陳褻衣鄭玄云褻衣衣非上服陳之將以斂也○正文說字疑當作設設掩面儇目鬠而不冠笄矣士喪禮掩用練帛廣終幅長五尺儇與還同繞也士喪禮幎目用緇方尺二寸䞓裏著組繫幎讀如縈縈與還義同鬠而不笄謂但鬠髮而已不加冠及笄也士喪禮笄用桑又云鬠用組乃笄此云不笄或後世略也書其名置于其重則名不見而柩獨明矣書其名于旌也士喪禮爲銘各以其物亾則以緇長半幅䞓末長終幅廣三寸書銘于末曰某氏某之柩

重以木爲之長三尺夏祝鬻餘飯用二鬲縣于重冪用葦席書其名置于重謂見所書置于重則名已無但知其柩也士喪禮祝取銘置于重案銘皆有名此云無蓋後世禮變今猶然薦器則冠有鍪而毋縰薦器謂陳明器也鍪冠捲如兜鍪也縰韜髮者也士冠禮緇纚廣終幅長六尺謂明器之冠也有如兜鍪加首之形而無韜髮之縰也鍪之言蒙也冒也所以冒首莫侯反或音冒甕廡虛而不實士喪禮甕三醯醢屑廡二醴酒皆有冪蓋喪禮陳鬼器人器鬼器虛人器實也禮記宋襄公葬其夫人醯醢百甕曾子曰既曰明器而又實之○此與下所引士喪禮皆見既夕篇中鄭云古文甒皆作廡有簟席而無牀第此言棺中不施牀第大斂小斂則皆有也木器不成斲陶器不成物薄器不成內木不成於雕琢不加功也瓦不成於器物不可用也薄器竹葦之器不成內謂有其外形內不可用也內或爲用禮記曰竹不成用瓦不成味鄭云成善也竹不可善用謂籩無縢也味當作沬沬靧也笙竽具而不和琴瑟張

而不均鄭云無宮商之調也輿藏而馬反告不用也輿謂輁軸也國君謂之輴藏謂埋之也馬謂駕輁軸之馬告示也言也士喪禮既啓遷于祖廟用軸禮記君葬用輴四綍二碑大夫葬用輴二綍二碑士葬用團車皆至葬時埋之也具生器以適墓象徙道也生器用器也弓矢盤盂之屬徙遷改也徙道其生時之道器當在家今以適墓以象人行不從常行之道更徙他道也略而不盡貌而不功趨輿而藏之金革轡靷而不入明不用也略而不盡謂簡略而不盡備也貌形也言但有形貌不加功精好也趨輿而藏之謂以輿趨於墓而藏之趨者速藏之意金謂和鸞革車報也說文云靷所以引軸者也杜元凱云靷在馬胷或曰貌讀如邈像也今謂畫物爲貌下貌皆同義○注趨者下俗閒本有速也二字宋本元刻皆無車報舊誤作車軼今據爾雅改正象徙道又明不用也以器適墓象其改易生時之器亦所以明不用是皆所以重哀也有異生時皆所以重孝子之哀

也故生器文而不功明器貌而不用生器生時所用之器士喪禮曰用器弓矢耒耜兩敦兩杅盤匜之屬明器鬼器木不成斲竹不成用瓦不成沫之屬禮記曰周人兼用之以言不知死者有知無知故雜用生器與明器也凡禮事生飾歡也送死飾哀也祭祀飾敬也師旅飾威也是百王之所同古今之所一也未有知其所由來者也故壙壠其貌象室屋也壙墓中壠冢也禮記曰適墓不登壠貌猶意也言其意以象生時也或音邈棺槨其貌象版蓋斯象拂也版謂車上障蔽者蓋車蓋也斯未詳象衍字拂卽茀也爾雅釋器云輿革前謂之鞎後謂之茀郭云以韋靶車軾及後戶也無帾絲歶縷翣其貌以象菲帷幬尉也無讀爲幠幠覆也所以覆尸者也士喪禮幠用斂衾夷衾是也帾與褚同禮記曰素錦褚又曰褚幕丹質鄭云所以覆棺也絲歶未詳蓋亦喪車之飾也或曰絲讀爲綏禮記

曰畫翣二皆戴綏鄭云以五采羽注於翣首也嵩讀爲魚謂以銅魚縣於池下禮記曰魚躍拂池縷讀爲柳蔞字誤爲縷字耳菲謂編草爲蔽蓋古人所用障蔽門戶者今貧者猶然或曰菲當爲屝屝隱也謂隱奧之處也或曰菲讀爲扉戶扇也幬讀爲帳尉讀爲罻罻網也帷帳如網也

抗折其頟以象槾茨番閼也

士喪禮陳明器於乘車之西折橫覆之鄭云折如牀縮者三橫者五無簀窆事畢加之壙上以承抗席抗禦也所以禦止土者槾扞也茨蓋屋也槾茨猶墍茨也槾莫干反番讀爲藩藩籬也閼謂門戶壅閼風塵者抗所以禦土折所以承抗皆不使外物侵內有象於槾茨藩閼也○舊本注引士喪禮多脫誤今補正

故喪禮者無它焉明死生之義送以哀敬而終周藏也故葬埋敬藏其形也

葬也者藏也所以爲葬埋之禮敬藏其形體也

祭祀敬事其神也其銘誄繫世敬傳其名也

銘謂書其功於器物若孔悝之鼎銘者誄謂誄其行狀以爲謚也繫世謂書其傳襲若今之譜諜也皆所

以敬傳其名於後世也事生飾始也送死飾終也終始具而孝子之事畢聖人之道備矣刻死而附生謂之墨刻生而附死謂之惑刻損減附增益也墨墨子之法惑謂惑亂過禮也殺生而送死謂之賊殉葬殺人與賊同也大象其生以送其死使死生終始莫不稱宜而好善是禮義之法式也儒者是矣

三年之喪何也曰稱情而立文鄭康成曰稱人之情輕重而制其禮也因以飾羣別親疏貴賤之節而不可益損也故曰無適不易之術也羣別謂羣而有別也適往也無往不易言所至皆不可易此術或曰適讀爲敵創巨者其日久痛甚者其愈遲三年之喪稱情而立文所以爲至痛極也創傷也楚良反曰久愈遲互言之也皆言久乃能平故重

荀子　卷十三　十六　藏版

喪必待三年乃除亦爲至痛之極不可朞月而已齊衰苴杖居廬食粥席薪枕塊所以爲至痛飾也齊衰禮記作斬衰苴杖謂以苴惡色竹爲之杖鄭云飾謂章表也三年之喪二十五月而畢哀痛未盡思慕未忘然而禮以是斷之者豈不以送死有已復生有節也哉斷決也丁亂反鄭云復生謂除喪反生者之事也凡生乎天地之閒者有血氣之屬必有知有知之屬莫不愛其類今夫大鳥獸則失亾其羣匹越月踰時則必反鉛過故鄉則必徘徊焉鳴號焉躑躅焉踟躕焉然後能去之也鉛與沿同循也禮記作反巡過故鄉徘徊回旋飛翔之貌躑躅以足擊地也踟躕不能去之貌小者是燕爵猶有啁噍之頃焉然後能去之燕爵與鷰雀同故有血氣

之屬莫知於人故人之於其親也至死無窮鳥獸猶知愛其羣匹良久乃去況人有生之最智則於親喪悲哀之情至死不窮已故以三年節之也將由夫愚陋淫邪之人與則彼朝死而夕忘之然而縱之則是曾鳥獸之不若也彼安能相與羣居而無亂乎將由夫脩飾之君子與則三年之喪二十五月而畢若駟之過隙然而遂之則是無窮也隙壁孔也鄭云喻疾也遂之謂不時除也故先王聖人安爲之立中制節一使足以成文理則舍之矣禮記作焉爲之立中制節鄭云焉猶然立中至節謂服之年月也舍除也王肅云一皆也然則何以分之分半也半於三年矣曰至親以期斷斷決也鄭云言服之正雖至親皆期而除也是何也鄭云問服斷於期之義也曰天地則已易

矣四時則已徧矣其在宇中者莫不更始矣宇中者謂萬物

故先王案以此象之也然則三年何也鄭云法此變易可以期何

乃三年為曰加隆焉案使倍之故再期也鄭云言於父母加厚其恩使倍

期也由九月以下何也由從也從大功以下也曰案使不及也鄭云

言使其恩不若父母故三年以為隆緦小功以為殺期九月以

為間隆厚也殺減也所介反間厕其間也古莧反情在隆殺之間也上取象於天下

取象於地中取則於人人所以羣居和一之理盡矣

鄭云取象於天地謂法其變易也自三年以至緦皆歲時之數言既象天地又足盡人聚居粹厚之恩也

○注恩字俗本在聚居上宋本上下皆有今案上恩字衍去之下恩字元刻作理即依本文似未是故

三年之喪人道之至文者也夫是之謂至隆至文飾人道使

成忠孝鄭云言三年之喪喪禮之最盛也是百王之所同古今之所一也一謂不變君之喪所以取三年何也問君之喪何取於三年之制曰君者治辨之主也文理之原也情貌之盡也相率而致隆之不亦可乎治辨謂能治人使有辨別也文理法理條貫也原本也情忠誠也貌恭敬也致至也言人所施忠敬無盡於君者則臣下相率服喪而至於三年不亦可乎詩曰愷悌君子民之父母彼君子者固有爲民父母之說焉父能生之不能養之養謂哺乳之也養或謂食母能食之不能教誨之食音嗣也君者已能食之矣又善教誨之者也食謂祿廩敎誨謂制命也三年畢矣哉君者兼父母之恩以三年報之猶未畢也乳母飲食之者也而三月慈母衣被之者也而九月君曲備之者

也三年畢乎哉曲備謂兼飲食衣服得之則治失之則亂文之至也文謂法度也治亂所繫是有法度之至也得之則安失之則危情之至也情謂忠厚使人去危就安是忠厚之至也兩至者俱積焉以三年事之猶未足也直無由進之耳直但也故社祭社也稷祭稷也社土神以何龍配之稷百穀之神以棄配之但各止祭一神而已郊者幷百王於上天而祭祀之也百王百神也或神字誤爲王言社稷唯祭一神至郊天則兼祭百神以喻君兼父母者也三月之殯何也此殯謂葬也曰大之也重之也所致隆也所致親也將舉錯之遷徙之離宮室而歸丘陵也先王恐其不文也是以繇其期足之日也所至厚至親將徙而歸丘陵不可急遽無文飾故繇其期足之日然後葬也繇讀爲由從也故天

子七月諸侯五月大夫三月皆使其須足以容事事足以容成成足以容文文足以容備曲容備物之謂道矣須待也謂所待之期也事喪具也道者委曲容物備物者也祭者志意思慕之情也愅詭悒僾而不能無時至焉愅變也詭異也皆謂變異感動之貌悒僾氣不舒憤鬱之貌爾雅云僾唈也郭云鳴唈短氣也言人感動或憤鬱不能無時而至言有待而至也愅音革悒音邑僾音愛○悒宋本作悒案爾雅作唈陸德明釋文作邑烏合反今從元刻作唈故人之歡欣和合之時則夫忠臣孝子亦愅詭而有所至矣歡欣之時忠臣孝子則感動而思君親之不得同樂也彼其所至者甚大動也言所至之情甚大感動也案屈然已則其於至意之情者惆然不嗛其於禮節者闕然不具也屈竭也屈然空然也惆然悵然也嗛

足也言若無祭祀之禮空然而已則忠臣孝子之情悵然不足禮節又闕然不具也故先王案爲之立文尊尊親親之義至矣文謂祭祀節文故曰祭者志意思慕之情也忠信愛敬之至矣禮節文貌之盛矣苟非聖人莫之能知也聖人明知之士君子安行之官人以爲守百姓以成俗其在君子以爲人道也其在百姓以爲鬼事也以爲人道則安而行之以爲鬼事則畏而奉之故鍾鼓管磬琴瑟竽笙韶夏護武汋桓箾簡象是君子之所以爲悼詭其所喜樂之文也因說祭遂廣言喜樂哀痛敦惡之意本皆因於感動而爲之文飾也喜樂不可無文飾故制爲鍾鼓韶夏之屬箾音朔賈逵曰舞曲名武汋桓皆周頌篇名簡未詳象周武王伐紂之樂也齊衰苴杖居廬食粥席薪枕塊是

君子之所以爲愅詭其所哀痛之文也感動其所哀痛而不可無文飾故制爲齊衰苴杖之屬言本皆因於感動也師旅有制刑法有等莫不稱罪是君子之所以爲愅詭其所敦惡之文也師旅所以討有罪制謂人數也有等輕重異也敦厚也厚惡深惡也或曰敦讀爲頓頓困躓也本因感動敦惡故制師旅刑法以爲文飾○案方言七諄憎所疾也宋魯凡相惡謂之諄憎敦與諄音義同卜筮視日齋戒脩涂几筵饋薦告祝如或饗之視日之吉凶史記周文爲項燕視日脩涂謂脩自宮至廟之道塗也几筵謂祝筵几于室中東面也饋獻牲體也薦進黍稷也告祝謂尸命祝以嘏于主人曰皇尸命工祝承致多福無疆于女孝孫來女孝孫使女受祿于天宜稼于田眉壽萬年勿替引之如或歆饗其祀然也物取而皆祭之如或嘗之物取每物皆取也謂祝命挼祭尸取菹擩于醢祭于豆閒佐食取黍稷肺授尸尸啐祭之又取肝擩于鹽振祭嚌之是

也如或嘗之謂以尸啐嚌之如神之親嘗然也毋利舉爵當云無舉利爵即上文云利爵之不醮也主人有尊如或觴之謂主人設尊酌以獻尸尸飲之如神飲其觴然賓出主人拜送反易服卽位而哭如或去之此雜說喪祭也易服易祭服反喪服也賓出祭事畢卽位而哭如神之去然也哀夫敬夫事死如事生事亾如事存狀乎無形影然而成文狀類也言祭祀不見鬼神有類乎無形影者然而足以成人道之節文也

荀子卷第十三

傳古樓景印

四部要籍選刊·子部

清謝墉刻本

荀子

一

【戰國】荀況 撰

浙江大學出版社

傳古樓據上海圖書館藏
清乾隆五十一年謝墉刻
本影印原書框高一八六
毫米寬一二三毫米

影印説明

《荀子》二十卷，唐楊倞注，據上海圖書館藏清乾隆五十一年謝墉刻本影印。

《荀子》舊題荀況撰。荀況，字卿，戰國時趙人，後世或謂之孫卿。《史記·荀卿列傳》唐司馬貞《索隱》云：『卿者，時人相尊而號爲卿也。後亦謂之孫卿子者，避漢宣帝諱改也。』但漢劉向《孫卿書録》稱『蘭陵人喜字爲卿，蓋以法孫卿也』。謝墉、劉師培則證明漢時不諱荀字，荀、孫只是古音相通，故得移易，[一]因知尊號、避諱之説皆不可信。荀子事跡散見於《史記》《戰國策》《别録》《風俗通義》等書，而以《别録·孫卿書録》所載較爲詳實，今參稽衆説，撮述其生平如左。

關於荀子的生卒年，史書上没有明確記録，諸家考證則意見紛紜，尤以《荀卿列傳》《孫卿書録》所説的『年五十始來遊學（於齊）』爲一公案，或以爲五十不誤，或以爲當作十五，各執一詞，終無定論。馬積高先生分析了漢以前諸書所載荀子事跡的時間關係，推論其可能生於前三三五年左右，卒於前二三五年前後，〔三〕是較爲合理可信的觀點。

作爲戰國時期的大思想家，荀子既積極預流又獨具個性。他先後遊歷於秦、齊、趙、楚等國，陳述政見，當權者多禮遇其人（在齊三爲祭酒，在楚春申君以爲蘭陵令，在趙以爲上卿）而不用其説，故《書録》歎曰：『如人君能用孫卿，庶幾於王，然世終莫能用』，『使斯人卒終於閭巷，而功業不得見於世，哀哉』。但荀子本人無意曲學阿世，當時『蘇秦、張儀以邪道説諸侯，以大貴顯，孫卿退而笑之曰：夫不以其道進者，必不以其道亡』，仍『道守禮義，行應繩墨，安貧賤』。另一方面，他授李斯、韓非以帝王之術，而這兩名弟子都對秦之法政造成了極爲深遠的影響，至後世仍餘波未歇，『百代猶行秦政法』，也可算是曲折地部分實現了荀子的政治理想。（儘管他未必讚成李斯所爲，《鹽鐵論・論儒》云：『方李斯之相秦也，始皇任之，人臣無二。然而荀卿爲之不食，覩其罹不測之禍也。』）

《荀卿列傳》稱：『春申君死而荀卿廢，因家蘭陵。……荀卿嫉濁世之政，亡國亂君相屬，不遂大道而營於巫祝，信機祥，鄙儒小拘，如莊周等又猾稽亂俗，於是推儒、墨、道德之行事興壞，序列著數萬言而卒。因葬蘭陵。』可見其著述主要是在晚年不遇的境況下撰成，且在當時就已廣泛傳播，有《史記·呂不韋列傳》所言爲證，『是時諸侯多辯士，如荀卿之徒，著書布天下』。需要注意的是，秦漢以前之書，多非作者手著（詳見余嘉錫先生《古書通例》卷四），荀子也不例外，所以在劉向校讎《孫卿書》時，得三百二十二篇以相校，除復重二百九十篇，定著三十二篇，這三十二篇中固不乏荀卿弟子記録的文字。廖名春《荀子各篇寫作年代考》將今本《荀子》分成三類：第一類是荀子親手所著，包括《勸學》《修身》《不苟》《榮辱》《非相》《非十二子》《王制》《富國》《王霸》《君道》《臣道》《致士》《天論》《正論》《禮論》《樂論》《解蔽》《正名》《性惡》《君子》《成相》《賦篇》共二十二篇；第二類是荀子弟子所記述的荀子言行，包括《儒效》《議兵》《彊國》《大略》《仲尼》共五篇；第三類是荀子所整理、纂集的資料，其間也插入了弟子之作，包括《宥坐》《子道》《法行》《哀公》《堯問》共五篇，[三]可備一說。

荀子被公認爲戰國時期的大師，[四]也是先秦諸子中唯一能與孟子並稱並傳的儒者（《史記》立專章《孟子荀卿列傳》），但因爲其學説與孟子分趨兩極，所以長期受到統治者的排斥，漢時不列於學官，不設博士，隋代以前亦未聞注《荀》者。現存最早的《荀子注》是唐楊倞所作。楊倞，中唐文人，兩《唐書》無傳。《新唐書·藝文志》著録楊倞注《荀子》二十卷，注曰『汝士子，大理評事』，但岑仲勉《楊倞非汝士子》推論其更可能只是汝士『族子』。〔五〕霍生玉《唐代楊倞行實及『倞』字讀音考》〔六〕考得其生平如下：唐元和十三年完成《荀子注》，官大理評事。長慶三年正月官大理司直，參與敕格的編纂。長慶三年十一月，赴江西道觀察使幕府任職。開成中任主客郎中，與嚴澗等同爲郎官。會昌至大中年間，官朝請大夫、汾州刺史。

關於楊倞《荀子注》，清代的四庫館臣主要持肯定態度，《四庫全書總目》云『楊倞所注，亦頗詳洽』，《四庫全書簡明目録》云『倞注多明古義，亦異於無稽之言』。不過學者仍多詬病之。郝懿行《與王伯申引之侍郎論孫卿書》云：『其注大體不誤，而中多未盡，往往喜加［或曰］云云，知其持擇未精，亦由詁訓未明，不知古書假借之義，故動多疐礙。』梁啟雄《荀子柬釋自敘》云：『惟楊去古既遠，時或安其意以失其真，殊不足以饜人欲。』〔七〕今人李中生又撰文表彰楊注有五類優點。〔八〕往復辯駁，各有所據，但無論是褒是貶，皆承認其作爲最早的《荀子》舊注實具有極重要之價值，自漢迄明，前無依傍，後鮮來者，楊注孤懸於中唐，不能不視作荀學流傳的功臣。

至清代，校注《荀子》之業始昌，而盧文弨、汪中、王念孫、郝懿行、劉端臨、王先謙等人的相關工作也都是以楊注爲基礎。作爲《荀子》舊注的代表，楊注的學術史意義是不會因爲時間推移而磨滅的。

《荀子》楊注本初次刊行於北宋熙寧元年（同時期及以前未見《荀子》白文本付梓的記録），此後出現的《荀子》刻本可考者就有數十種之多，儘管有宋本如南宋寧宗時浙北翻刻北宋呂夏卿熙寧監本、南宋淳熙錢佃江西漕司本傳世，然輾轉遞藏，珍若拱璧，雖影鈔本亦極罕覯，故當時通行者仍爲明清刻本。所謂通行的《荀子》刻本，大致包括三個系統：自明嘉靖至清乾隆，通行者爲明嘉靖世德堂刻本及其衍生版本，清嘉慶元年顧廣圻爲影鈔宋呂夏卿本作跋時猶稱『《荀子》向唯明世德堂本最行於世』〔九〕；自清乾隆至光緒，通行者爲清乾隆謝墉安雅堂刻本及其衍生版本，王先謙《荀子集解序》稱『近世通行嘉善謝氏校本』；清光緒以後，王先謙編撰《荀子集解》，集荀學之大成，才取代世德堂、安雅堂二本的地位，成爲新的通行本，但《集解》正文仍然是主要以謝刻本爲基礎校勘而成的。

謝墉刻本實際上是盧文弨、謝墉二人合作的成果。謝墉（一七一九至一七九五），字昆城，號金圃、東墅，浙江嘉善人。乾隆十六年南巡，以優貢生召試，賜舉人，授内閣中書。乾隆十七年進士，後歷任工部侍郎、江蘇學政，授内閣學士。著有《安雅堂詩文集》《四書義》《六書正説》《南巡召試録》等。[十] 盧文弨（一七一七至一七九六），字紹弓，號磯漁，又號檠齋，晚更號抱經，浙江杭州人。乾隆三年，中順天鄉試。七年，考授内閣中書。十七年，以一甲第三人成進士，授翰林院編修。二十二年，命尚書房行走。二十三年，署日講起居注官，陞左春坊右中允、翰林院侍讀。二十九年，陞翰林院侍讀學士。三十年，充廣東鄉試正考官。三十一年，會試同考官，提督湖南學政。三十三年，以條陳學政事不合朝廷意，降調還都。三十四年，辭官歸故里。此後歷主鍾山紫陽書院及崇文、龍城、婁東、暨陽、晉陽各書院講席，直至去世。[十一] 謝、盧爲同年進士，交誼頗深，根據謝墉《安雅堂本荀子序》可知，校刊《荀子》之事實因盧氏而起。乾隆四年，文弨二十二歲，借住於餘姚周巷景氏東白樓，得見《荀子》楊注本，遂手鈔之爲巾箱本，自稱『諸子自老莊外，唯此爲得之最先也』，其留意荀學蓋始於是年，『後得版本不甚精，曾以他本校一過』，在此後相當長的時間裏都没有機會覓得《荀子》的善本，直到乾隆四十一年才獲觀影鈔大字宋本，『以校俗間本，則此本字句尚未經改竄。余亟取以正余本之誤，蓋十有八九焉』，『歲月如流，迴憶三十八年前之事，若在夢境，而白髮明鐙，手此一編，摩挲探討，不自意得見善本，疑若有鬼神爲之賜，抑何幸與』[十二]。這個本子顧廣圻、黄丕烈後來都曾經眼，是自南宋浙北翻刻吕夏卿熙寧監本鈔出，高正《荀子版本源流考》第四章[十三]考證其源流始末頗詳，兹不贅述。

謝墉《安雅堂本荀子序》曰：『此書自來無解詁善本，唐大理評事楊倞所注，已爲最古，而亦頗有舛誤。向知同年盧抱經學士勘核極爲精博，因從假觀，校士之暇，輒用披尋，不揆檮昧，間附管窺，皆正楊氏之誤，抱經不我非也。其援引校讎，悉出抱經，參互攷證，往復一終，遂得蕆事。以墉譾陋，誠不足發揮儒術，且不欲攘人之美，而抱經頻致書屬序，因舉其大要，略綴數語於簡端。』錢大昕《安雅堂本荀子跋》曰：『荀卿子書世所傳唯楊倞注本，明人所刊，字句踳譌，讀者病之。少宗伯嘉善謝公視學江蘇，得餘姚盧學士抱經手校本，歎其精審，復與往復討論，正楊注之誤者若干條，付諸剞劂氏，而此書始有善本矣。』可見是謝墉首先不愜於《荀子》舊本的舛誤，得知盧文弨勘核精博，故借讀其校本，并與其往復討論，然後以盧文弨校注所得爲基礎，刻成安雅堂本，所刻文本主要由文弨手定，刻書費用則由謝墉承擔（當然書中校注亦有出自謝墉者，但正如王先謙《荀子集解·例略》所説，已『無可區别』）。

謝墉刻安雅堂本卷端列參據版本五種，除了影鈔自南宋浙北翻刻吕夏卿熙寧監本的大字宋本，還包括元刻纂圖互注本、明虞氏王氏合校刻本、明世德堂本、明鍾人傑本，此外又援引趙曦明、段玉裁、吴騫、朱奂、汪中、盧文弨之説。該書採用合校式的體例，不墨守一本，但以影鈔大字宋本與元刻纂圖互注本爲主。内容方面，以楊注直接《荀子》正文，如有校記或諸家考釋則附於楊注之下，並在楊注後加一圓圍，以示區别。對於謝墉刻本的評價，應分正反兩面。其以當時希見的影宋鈔本與元刻本爲基礎，參校各本，匯輯衆説，主事者又是第一流的校勘學家，自然能較舊刻更上層樓，無怪乎錢大昕以『始有善本』目之。另一方面，受客觀條件限制，其所利用的文獻資源依然有限，主事者既未見到影宋鈔本的底本南宋浙北刻本，也未見到文字更爲精確的宋台州刻本，所以難免爲影宋鈔本與元本的錯字所誤。合校不主一本，又必新增訛舛，如《百宋一廛賦》『懲餘姚之匍匐，循故步乎熙寧』黄丕烈注所云：『餘姚盧學士文弨合校諸本，撰定開雕，曾見從此影鈔者而引之，居士細加覆審，其所沿革，往往可議，故步一失，無所持循，凡合校之弊必至於此矣。』[十四]對各家學説的引用，也大多局限於異文的校勘考訂，注解詮説之文寥寥，未愜人意。王先謙《荀子集解》所以能夠後來居上，取代謝刻的通行本地位，正是因其在一定程度上針對性地彌補了謝刻的缺陷。但無論如何，我們都應承認謝墉刻本是荀學史上的關鍵版本之一，《中國古籍善本書目・子部》『荀子類』著録清人批校謝墉刻本即達九種（批校者有盧文弨、王念孫、戈襄、顧廣圻、劉寶楠、韓應陛、唐翰、孫衣言、孫詒讓、翁同龢，皆宿儒名士），清乾隆以後，《荀子》的盧氏《抱經堂叢書》本、嘉慶王氏聚文堂《十子全書》本、光緒浙江書局《二十二子》本、光緒謙德堂《畿輔叢書》本、民國上海商務印書館《叢書集成初編》本、民國上海中華書局《四部備要》本皆自謝墉刻本出，可見其在學界影響之巨。從謝墉刻本入手研讀《荀子》，無疑有利於讀者更客觀深入地理解清代民國時期的荀學流變，畢竟，與簡單的佞宋媚古的風氣相比，讀作者所見書然後與作者展開商榷才是更爲理想的學問境界，這也是今天影印謝墉刻本的最大意義。

二〇一八年六月一日　蔣鵬翔撰於湖南大學嶽麓書院

〔一〕說詳本書所附謝墉自序以及《荀子校釋·附録》轉引劉師培説。王天海《荀子校釋》第一一八六頁，上海古籍出版社二〇〇五年版。

〔二〕馬積高《荀學源流》第五頁，上海古籍出版社二〇〇〇年版。

〔三〕廖名春《荀子各篇寫作年代考》，《吉林大學社會科學學報》一九九四年第六期。按劉向《孫卿書録》所載三十二篇的篇名與今本相同，只是次序有所變化，可見今本《荀子》與劉向當時校定者的主要内容是一致的。

〔四〕郭沫若《十批判書·荀子的批判》、范文瀾《中國通史簡編》第一編皆持此説。

〔五〕文載《唐史餘瀋》卷三，岑仲勉《唐史餘瀋》，中華書局二〇〇四年版。

〔六〕霍生玉《唐代楊倞行實及『倞』字讀音考》，《古籍研究》二〇一五年第二期。

〔七〕《荀子校釋》第一二四一、一二四五頁。

〔八〕李中生《楊倞荀子注評議》，《古籍研究》一九九八年第四期。

〔九〕王欣夫輯《顧千里集》第三一四頁，中華書局二〇〇七年版。

〔十〕謝墉生平轉引自康廷山《清代荀學史略》第二章。康廷山《清代荀學史略》，山東大學中國古代文學專業二〇一六年博士學位論文。

〔十一〕盧文弨生平轉引自王文錦《抱經堂文集前言》。王文錦點校、盧文弨撰《抱經堂文集》，中華書局一九九〇年版。

〔十二〕這篇跋文並載於《抱經堂文集》卷十、《鐵琴銅劍樓藏書題跋集録》卷三，而前者時間僅題『丙申』（即乾隆四十一年），後者則署爲『乾隆四十一年十一月既望四日』，今據後者録入。瞿良士輯《鐵琴銅劍樓藏書題跋集録》，上海古籍出版社二〇〇五年版。

〔十三〕高正《荀子版本源流考》，中華書局二〇一〇年版。

〔十四〕《顧千里集》第九至十頁。

全書目録

本册目録

乾隆丙午

荀子

安雅堂雕

序

荀子生孟子之後最爲戰國老師太史公作傳論次諸子獨以孟子荀卿相提並論餘若談天雕龍炙轂及愼子公孫子尸子墨子之屬僅附見於孟荀之下蓋自周末歷秦漢以來孟荀並稱久矣小戴所傳三年問全出禮論篇樂記鄉飲酒義所引俱出樂論篇聘義子貢問貴玉賤珉亦與德行篇大同大戴所傳禮三本篇亦出禮論篇勸學篇卽荀子首篇而以宥坐篇末見大水一則附之哀公問五義出哀公篇之首則知荀子所著載在二戴記者尚多而本書或反

缺佚愚竊嘗讀其全書而知荀子之學之醇正文之博達自四子而下洵足冠冕羣儒非一切名法諸家所可同類共觀也觀於議兵篇對李斯之問其言仁義與孔孟同符而責李斯以不探其本而索其末切中暴秦之弊乃蘇氏譏之至以爲其父殺人其子必且行劫然則陳相之從許行亦陳良之咎歟此所謂欲加之罪也荀子在戰國時不爲游說之習鄙蘇張之縱横故國策僅載諫春申事大旨勸其擇賢而立長若早見及於李園棘門之禍而爲厲人憐王之詞則先幾之哲固異於朱英策士之所爲故不見用於

春申而以蘭陵令終則其人品之高豈在孟子下顧以嫉濁世之政而有性惡一篇且詬孟子性善之說而反之於是宋儒乃交口攻之矣嘗卽言性者論之孟子言性善葢勉人以爲善而爲此言荀子言性惡葢疾人之爲惡而爲此言要之繩以孔子相近之說則皆爲偏至之論謂性惡則無上智也謂性善則無下愚也韓子亦疑於其義而爲三品之說上品下品葢卽不移之旨而中品則視習爲轉移固勝於二子之言性者矣然孟子偏於善則據其上游荀子偏於惡則趨乎下風由憤時疾俗之過甚不覺其言之也

偏然尙論古人當以孔子爲權衡過與不及師商均
不失爲大賢也此書自來無解詁善本唐大理評事
楊倞所註已爲最古而亦頗有舛誤向知同年盧抱
經學士勘核極爲精博因從借觀校士之暇輒用披
尋不揆檮昧閒附管窺皆正楊氏之誤抱經不我非
也其援引校讎悉出抱經參互攷證往復一終遂得
蕆事以墉譾陋誠不足發揮儒術且不欲攘人之美
而抱經頻致書屬序因舉其大要略綴數語於簡端
竝附著書中所未及者二條於左云
乾隆五十一年歲在丙午六月既望嘉善謝墉東墅

甫題於江陰學使官署時年六十有八

荀卿又稱孫卿自司馬貞顏師古以來相承以爲避漢宣帝諱故改荀爲孫考漢宣名詢漢時尚不諱嫌名且如後漢李恂與荀淑荀爽荀悅荀彧俱書本字詎反於周時人名見諸載籍者而改稱之若然則左傳自荀息至荀瑤多矣何不改耶且郇前漢書任敖公孫敖俱不避元帝之名鶩也葢荀音同孫語遂移易如荆軻在衛衛人謂之慶卿而之燕燕人謂之荆卿又如張良爲韓信都潛夫論云信都者司徒也俗音不正曰信都或曰申徒或

勝屠然其本一司徒耳然則荀之爲孫正如此比以爲避宣帝諱當不其然

漢志孫卿子三十二篇隋志則稱十二卷漢志又載孫卿賦十篇今所存者僅禮知雲蠶箴其末二篇無題相其文勢其小歌曰以下皆當爲致春申君書中之語而國策於曷惟其同下尚有詩曰上帝甚神無自瘵也韓詩外傳亦然此尤見卓識今本文脫去而其謝春申君書亦不載楊氏注亦未之及此等似尚未精審也

荀子讎校所據舊本并參訂名氏

影鈔大字宋本

元刻纂圖互註本此乃當時坊間所梓脱誤差舛不一而足然正以未經校改之故其本眞翻未盡失書中頗多採用

明虞氏王氏合校刻本

明世德堂本

明鍾人傑本有評點注删節

江陰趙曦明敬夫

金壇段玉裁若膺

海寧吳騫槎客

吳縣朱奐文游

江都汪中容夫

餘姚盧文弨紹弓

嘉善謝墉金圃輯校輯諸家之說幷附所見上皆增一圓圍以別於楊氏之注其引用各書不具列

荀子序

昔周公稽古三五之道損益夏殷之典制禮作樂以仁義理天下其德化刑政存乎詩至于幽厲失道始變風變雅作矣平王東遷諸侯力政逮五霸之後則王道不絕如綫故仲尼定禮樂作春秋然後三代遺風弛而復張而無時無位功烈不得被于天下但門人傳述而已陵夷至于戰國於是申商苛虐孫吳變詐以族論罪殺人盈城談說者又以慎墨蘇張爲宗則孔氏之道幾乎息矣有志之士所爲痛心疾首也故孟軻闡其前荀卿振其後觀其立言指事根極理

要敷陳往古掎挈當世撥亂興理易於反掌眞名世之士王者之師又其書亦所以羽翼六經增光孔氏非徒諸子之言也蓋周公制作之仲尼祖述之荀孟贊成之所以膠固王道至深至備雖春秋之四夷交侵戰國之三綱弛絕斯道竟不墜矣倞以末宦之暇頗窺篇籍竊感炎黃之風未洽於聖代謂荀孟有功於時政尤所耽慕而孟子有趙氏章句漢氏亦嘗立博士傳習不絕故今之君子多好其書獨荀子未有註解亦復編簡爛脫傳寫謬誤雖好事者時亦覽之至於文義不通屢掩卷焉夫理曉則愜心文舛則忤

意未知者謂異端不覽覽者以脫誤不終所以荀氏之書千載而未光焉輒用申抒鄙思敷尋義理其所徵據則博求諸書但以古今字殊齊楚言異事資參考不得不廣或取偏傍相近聲類相通或字少增加文重刊削或求之古字或徵諸方言加以孤陋寡儔愚昧多蔽穿鑿之責於何可逃曾未足粗明先賢之旨適增其蕪穢耳葢以自備省覽非敢傳之將來以文字繁多故分舊十二卷三十二篇爲二十卷又改孫卿新書爲荀卿子其篇第亦頗有移易使以類相從云時歲在戊戌大唐睿聖文武皇帝元和十三年

十二月也○傳習不絕俗閒本作傳誓不絕申抒宋本作申杼三十二篇四字元刻無又荀子序作荀卿子與諸書所引合

荀子新目錄

第二十卷

藏版

荀子卷第一

唐登仕郎守大理評事楊倞注

勸學篇第一

君子曰學不可以已青取之於藍而青於藍冰水爲之而寒於水以喻學則才過其本性也○青取之於藍從宋本困學紀聞所引同元刻作青出之藍無於字木直中繩輮以爲輪其曲中規雖有槁暴不復挺者輮使之然也輮屈槁枯暴乾挺直也晏子春秋作不復贏矣○暴舊本作㬥非說文一作暴晞也一作暴疾有所趣也顏氏家訓分之亦極明今此字注雖訓乾然因乾而暴起則下當从夲案考工記輪人槁作藃鄭注云藃藃暴陰柔後必橈減幬革暴起釋文步角反劉步莫反一音蒲報反又注贏舊本訛作羸案贏緩也今據晏子雜上篇改正亦作贏故木受繩則直金

就礪則利君子博學而日參省乎己則知明而行無
過矣參三也曾子曰日三省吾身知讀爲智行下孟反故不登高山不知天
之高也不臨深谿不知地之厚也不聞先王之遺言
不知學問之大也大謂有益於人于越夷貉之子生而同聲
長而異俗教使之然也于越猶言於越呂氏春秋荊有次非得寶劒於于越高誘
曰吳邑也貉東北夷同聲謂啼聲同貉莫革反○案
于越宋本作干越今從元刻與大戴禮同注於越舊
作吳越詭所引呂氏春秋見知分篇次非俗本作佽
飛唯宋本與呂氏同呂氏于越作干遂淮南同注干
音寒國策作干隧然楊氏
自作于越故以於越爲釋詩曰嗟爾君子無恆安息
靖共爾位好是正直神之聽之介爾景福詩小雅小明之篇靖
謀介助景大也無恆安息戒之不使懷安也言能謀
恭其位好正直之道則神聽而助之福引此詩以喻

勸學

也

神莫大於化道福莫長於無禍爲學則自化道故神莫大焉脩身則自無禍故福莫長焉吾嘗終日而思矣不如須臾之所學也吾嘗跂而望矣不如登高之博見也跂舉足也登高而招臂非加長也而見者遠順風而呼聲非加疾也而聞者彰假輿馬者非利足也而致千里假舟檝者非能水也而絕江河能善絕過君子生非異也善假於物也皆以喻脩身在假於學生非異言與衆人同也南方有鳥焉名曰蒙鳩以羽爲巢而編之以髮繫之葦苕風至苕折卵破子死巢非不完也所繫者然也蒙鳩鷦鷯也苕葦之秀也今巧婦鳥之巢至精密多繫於葦竹之上是也

蒙當爲蔑方言云鷦鷯自關而西謂之桑飛或謂之蔑雀或曰一名蒙鳩亦以其愚也言人不知學問其所置身亦猶繫葦之危也說苑客謂孟嘗君曰鷦鷯巢於葦苕著之以髮可謂完堅矣大風至則苕折卵破者何也所託者然也○案蒙鳩大戴禮作蟁鳩方言作蔑雀蟁讀如蚊蒙蟁蔑一聲之轉皆謂細也蒙與蠛蠓音義近楊云當爲蔑似非箸張略切俗閒本多作著今從宋本與說文合

西方有木焉名曰射干莖長四寸生於高山之上而臨百仞之淵木莖非能長也所立者然也本草藥名有射干一名烏扇陶弘景云花白莖長如射人之執竿又引阮公詩云射干臨層城是生於高處也據本草在草部中又生南陽川谷此云西方有木未詳或曰長四寸即是草云木誤也蓋生南陽亦生西方也射音夜○注烏扇宋本與本草同元刻作烏翣廣雅烏蓮射干也蓮翣同所夾反是二字皆可通

蓬生麻中不扶而直蘭槐之根是爲芷其漸之滫君子不近庶人不服

其質非不美也所漸者然也蘭槐香草其根是爲芷也本草白芷一名白茝陶弘景云即離騷所謂蘭茝也蓋苗名蘭茝根名芷也蘭槐當是蘭茝別名故云蘭槐之根是爲芷也漸漬也染也滫溺也言雖香草浸漬於溺中則可惡也漸子廉反滫思酒反○案蘭槐之根大戴禮作蘭氏之根懷氏之苞晏子作今夫蘭本三年而成說苑雜言篇同又案滫久泔也說文廣韻訓皆同又晏子雜上篇作湛之苦酒苦苦讀如良苦之苦義皆相近楊氏乃訓滫爲溺未見所出故君子居必擇鄉遊必就士所以防邪僻而近中正也物類之起必有所始榮辱之來必象其德肉腐出蟲魚枯生蠹怠慢忘身禍災乃作強自取柱柔自取束凡物強則以爲柱而任勞柔則見束而約急皆其自取也邪穢在身怨之所構構結也言亦所自取施薪若一火就燥也布薪於地均若一火就燥而焚之矣平地若一水就

溼也草木疇生禽獸羣焉物各從其類也疇與儔同類也是故質的張而弓矢至焉林木茂而斧斤至焉所謂召禍也質射侯的正鵠也樹成蔭而衆鳥息焉醯酸而蜹聚焉喻有德則慕之者衆故言有召禍也行有招辱也君子愼其所立乎禍福如此不可不愼所立所立郎謂學也○愼其元刻作其愼大戴作愼其所立焉積土成山風雨興焉積水成淵蛟龍生焉積善成德而神明自得聖心循焉神明自得謂自通於神明○宋本循作備與大戴同故不積蹞步無以至千里半步曰蹞蹞與跬同不積小流無以成江海○江海宋本與大戴同元刻作江河騏驥一躍不能十步駑馬十駕言駑馬十度引車則亦及騏驥之一躍據下云駑馬十駕則亦及之此亦當同疑脫一句○案不能十步十當作千玉篇引大

戴禮騏驥一躒不能千步今大戴禮步作里此千十皆是諧字里海爲韻步舍爲韻古音如是晉書虞溥傳云契而舍之朽木不知契而不舍金石可虧亦是韻語功在不舍○此句當連上文鍥而舍之朽木不折鍥而不舍金石可鏤言立功在於不舍舍與捨同鍥刻也苦結反春秋傳曰陽虎借邑人之車鍥其軸也螾無爪牙之利筋骨之強上食埃土下飲黃泉用心一也螾與蚓同蚯蚓也○正文螾字上宋本有蚯字無注末蚯蚓也三字今從元刻蟹六跪而二螯非虵蟺之穴無可寄託者用心躁也跪足也韓子以刖足爲刖跪螯蟹首上如鉞者許叔重說文云蟹六足二螯也○案說文蠏有二敖八足大戴禮亦同此正文及注六字疑皆八字之譌是故無冥冥之志者無昭昭之明無惛惛之事者無赫赫之功冥冥惛惛皆專默精誠之謂也行衢道者不至事兩君者不容

爾雅云四達謂之衢孫炎云衢交道四出也或曰衢道兩道也不至不能有所至下篇有楊朱哭衢涂今秦俗猶以兩爲衢古之遺言歟**目不兩視而明耳不兩聽而聰**○兩不字下宋本俱有能字與大戴同元刻無**螣蛇無足而飛**爾雅云螣螣蛇郭璞云龍類能興雲霧而遊其中也**梧鼠五技而窮**梧鼠當爲鼫鼠蓋本誤爲鼯字傳寫又誤爲梧耳技才能也言技能雖多而不能如螣蛇專一故窮五技謂能飛不能上屋能緣不能窮木能游不能度谷能穴不能掩身能走不能先人○案本草云螻蛄一名鼫鼠易釋文及正義皆引之崔豹古今注亦同蛄與梧音近楊說似未參此**詩曰尸鳩在桑其子七兮淑人君子其儀一兮其儀一兮心如結兮故君子結於一也**詩曹風尸鳩之篇毛云尸鳩鳲鞠也尸鳩之養七子旦從上而下暮從下而上平均如一善人君子其執義亦當如尸鳩之一一執義一則用心堅固故曰心如結也○注鳲鞠元刻作秸鞠毛傳作秸鞠

昔者瓠巴鼓瑟而流魚出聽瓠巴古之善鼓瑟者不知何代人流魚中流之魚也列子云瓠巴鼓琴鳥舞魚躍○流魚大戴禮作沈魚論衡作鱏魚鱏亦與沈音近恐流字誤韓詩外傳作潛魚或説流魚卽游魚古流游通用伯牙鼓琴而六馬仰秣伯牙古之善鼓琴者亦不知何代人六馬天子路車之馬也漢書曰乾六車坤六馬白虎通曰天子之馬六者示有事於天地四方也張衡西京賦曰天子駕彫軫六駿駮又曰六玄虯之奕奕齊騰驤而沛艾仰首而秣聽其聲也○駕彫軫元刻與今文選同宋本駕作御又案下所引二句出東京賦故聲無小而不聞行無隱而不形形謂有形可見玉在山而草木潤淵生珠而崖不枯崖岸枯燥爲善不積邪安有不聞者乎學惡乎始惡乎終假設問也曰其數則始乎誦經終乎讀禮數術也經謂詩書禮謂典禮之屬也其義則始乎爲士終乎爲聖人義謂學之意言

在乎脩身也眞積力久則入眞誠也力力行也誠積力久則能入於學也學至乎沒而後止也生則不可怠惰故學數有終若其義則不可須臾舍也爲之人也舍之禽獸也故書者政事之紀也書所以紀政事此說六經之意詩者中聲之所止也詩謂樂章所以節聲音至乎中而止不使流淫也春秋傳曰中聲以降五降之後不容彈矣禮者法之大分羣類之綱紀也禮所以爲典法之大分統類之綱紀類謂禮法所無觸類而長者猶律條之比附方言云齊謂法爲類也故學至乎禮而止矣夫是之謂道德之極禮之敬文也禮有周旋揖讓之敬車服等級之文也樂之中和也中和謂使人得中和悅也詩書之博也博謂廣記土風鳥獸草木及政事也春秋之微也微謂襃貶沮勸微而顯志而晦之類也在天地之閒者畢矣君子之

學也入乎耳箸乎心布乎四體形乎動靜所謂古之學者爲己入乎耳箸乎心謂聞則志而不忘也布乎四體謂有威儀潤身也形乎動靜謂知所措履也端而言蝡而動一可以爲法則端讀爲喘喘微言也蝡微動也一皆也或喘息微言或蝡蠢微動皆可以爲法則蝡人允反或曰端而言謂端莊而言也小人之學也入乎耳出乎口所謂今之學者爲人道聽涂說也口耳之閒則四寸耳曷足以美七尺之軀哉韓侍郎云則當爲財與纔同○宋本四寸下耳字無古之學者爲己今之學者爲人君子之學也以美其身小人之學也以爲禽犢禽犢饋獻之物也故不問而告謂之傲傲喧噪也言與戲傲無異或曰讀爲嗷口嗷嗷然也嗷與敖通○案口嗷嗷舊本作聱曰嗷嗷今改正問一而告二謂之囋囋即讚字也謂以言強讚助之今贊禮謂之讚囋古字口與言

多通○李善注文賦引埤蒼云嘈啐聲皃啐與嘖及囋同才曷反荀子上句謂其躁此句謂其多言下文云如嚮則不問不告問一不告二傲非也囋非也君子如嚮矣楊注非也啐今文選注誤爲啐

嚮與響同如響應聲學莫便乎近其人謂賢師也禮樂法而不說有大法而不曲說也詩書故而不切詩書但論先王故事而不委曲切近於人故曰學詩三百使於四方不能專對也春秋約而不速文義隱約褒貶難明不能使人速曉其意也方其人之習君子之說則尊以徧矣周於世矣當其人習說之時則尊高而徧周於世事矣六經則不能然矣故曰學莫便乎近其人學之經莫速乎好其人隆禮次之學之大經無速於好近賢人若無其人則隆禮爲次之上不能好其人下不能隆禮安特將學雜識志順詩書而已耳則末世窮年不免爲陋

儒而已安語助猶言抑也或作安或作案荀子多用此字禮記三年問作焉戰國策謂趙王曰秦與韓爲上交秦禍案移於梁矣秦與梁爲上交秦禍案攘於趙矣呂氏春秋吳起謂商文曰今置質爲臣其主安重釋璽辭官其主安輕盖當時人通以安爲語助或方言耳特猶言直也雜識志謂雜志記之書百家之說也言旣不能好其人又不能隆禮直學將雜說順詩書而已豈免爲陋儒乎言不知通變也

原先王本仁義則禮正其經緯蹊徑也所成所出皆在於禮也

若挈裘領詘五指而頓之順者不可勝數也言禮亦爲人之綱領挈舉也詘與屈同頓挈也順者不可勝數言禮皆順矣○頓猶頓挫提舉高下之狀若頓首然注挈也疑誤順者不可勝數言全裘之毛皆順矣

不道禮憲以詩書爲之道言說也憲標表也

譬之猶以指測河也以戈舂黍也以錐飡壺也○飡同餐

不可以得之矣故隆禮雖未明法士也不隆禮

雖察辯散儒也散謂不自檢束莊子以不材木爲散木也問楛者勿告也楛與苦同惡也問楛謂所問非禮義也凡器物堅好者謂之功濫惡者謂之楛國語曰辨其功苦韋昭曰堅曰功脆曰苦故西京賦曰鬻良雜苦史記曰器不苦窳或曰楛讀爲沽儀禮有沽功鄭玄曰沽麤也告楛者勿問也說楛者勿聽也有爭氣者勿與辯也故必由其道至然後接之非其道則避之道不至則不接故禮恭而後可與言道之方辭順而後可與言道之理色從而後可與言道之致致極也此謂道至而後接之也故未可與言而言謂之傲傲亦戲傲也論語曰言未及而言謂之躁可與言而不言謂之隱不觀氣色而言謂之瞽故君子不傲不隱不瞽謹順其身瞽者不識人之顏色○順宋本作慎今從元刻與呂東萊讀詩記所引同詩

曰匪交匪舒天子所予此之謂也詩小雅采菽之篇匪交當爲彼交言彼與人交接不敢舒緩故受天子之賜予也〇案匪亦有彼義左傳襄廿七年引詩桑扈匪交匪敖成十四年引仍作彼交匪敖襄八年引小旻如匪行邁謀杜注匪彼也匪舒宋本與詩攷合元刻及讀詩記所引皆作匪紓此段自昔者瓠巴鼓瑟起至此皆論爲學之效與爲學之要末亦引詩以證之應爲一節宋本分段頗不明今更正

百發失一不足謂善射千里蹞步不至不足謂善御未能全盡倫類不通仁義不一不足謂善學通倫類謂雖禮法所未該以其等倫比類而通之謂一以貫之觸類而長也一仁義謂造次不離他術不能亂也學也者固學一之也一出焉一入焉涂巷之人也或善或否其善者少不善者多桀紂盜跖也盜跖柳下季之弟聚徒九千人於太山之傍侵

諸侯孔子說之而不入者也○案柳下季在魯僖公時與孔子年數懸遠莊子所載亦寓言耳全之盡之然後學者也學然後全盡君子知夫不全不粹之不足以爲美也故誦數以貫之使習禮樂詩書之數以貫穿之思索以通之思求其意也爲其人以處之爲擇賢人與之處也除其害者以持養之使目非是無欲見也使耳非是無欲聞也使口非是無欲言也使心非是無欲慮也是猶此也謂學也或曰是謂正道也及至其致好之也目好之五色耳好之五聲口好之五味心利之有天下致極也謂不學極恣其性欲不可禁也心利之有天下之富也或曰學成之後必受榮貴故能盡其欲也是故權利不能傾也羣衆不能移也天下不能蕩也蕩動也覆說爲學學則物不能傾移矣生乎

由是死乎由是夫是之謂德操死生必由於學是乃德之操行德操然後能定能定然後能應我能定能應物也故能定能應夫是之謂成人內自定而外應物乃爲成就之人也天見其明地見其光君子貴其全也見顯也明謂日月光謂水火金玉天顯其日月之明而地顯其水火金玉之光君子則貴其德之全也

脩身篇第二

見善脩然必以自存也脩然整飭貌言見善必自整飭使存於身也見不善愀然必以自省也愀然憂懼貌自省其過也善在身介然必以自好也介然堅固貌易曰介如石焉自好自樂其善也不善在身也菑然必以自惡也菑讀爲災災然災害在身之貌○上句也字宋本無故非我而當者

吾師也是我而當者吾友也諂諛我者吾賊也故君子隆師而親友以致惡其賊致猶極也下同好善無猒受諫而能誡雖欲無進得乎哉小人反是致亂而惡人之非己也致不肖而欲人之賢己也心如虎狼行如禽獸而又惡人之賊己也諂諛者親諫爭者疏脩正爲笑至忠爲賊雖欲無滅亾得乎哉至忠反以爲賊詩曰噏噏呰呰亦孔之哀謀之其臧則具是違謀之不臧則具是依此之謂也詩小雅小旻之篇毛云噏噏然患其上呰呰然不思稱乎上鄭云臣不事君亂之階也故甚可哀噏許急反呰音紫○噏噏呰呰元刻與詩攷合宋本作潝潝訿訿注同

扁善之度以治氣養生則後彭祖以脩身自名則配

堯禹扁讀爲辨韓詩外傳曰君子有辨善之度言君子有辨別善之法卽謂禮也言若用禮治氣養生壽則不及於彭祖若以脩身自爲名號則配堯禹不朽矣言禮雖不能治氣養生而長於脩身自名以此辨之則善可知也彭祖堯臣名鏗封於彭城經虞夏至商壽七百歲也○案扁外傳作辯則扁當訓平尙書平章平秩古作辯章辯秩此謂隆禮之人有平善之度不常作辨辨別解後彭祖則得年亦永矣然壽身之謚尚小壽世之謚更大也宜於時通利以處窮禮信是也信誠也言所用脩身及時通處窮禮誠是也孟子曰君子窮則獨善其身達則兼善天下○案韓詩外傳作宜於時則達厄於窮則處凡用血氣志意知慮由禮則治通不由禮則勃亂提僈提舒緩也爾雅媞媞安也詩曰好人提提提皆舒緩之義食飲衣服居處動靜由禮則和節不由禮則觸陷生疾容貌態度進退趨行由禮則雅不由禮則夷固僻違庸衆

而野夷倨也論語曰原壤夷俟固陋也庸凡庸衆衆人野郊野之人故人無禮則不生事無禮則不成國家無禮則不寧詩曰禮儀卒度笑語卒獲此之謂也詩小雅楚茨之篇卒盡也獲得也以善先人者謂之教以善和人者謂之順先謂首唱也和胡臥反下同以不善先人者謂之諂以不善和人者謂之諛諂之言陷也謂以佞言陷之諛與俞義同故爲不善和人也是是非非謂之知能辨是爲是非爲非謂之智也非是是非謂之愚以非爲是以是爲非則謂之愚傷良曰讒害良曰賊是謂是非謂非曰直竊貨曰盜匿行曰詐易言曰誕趣舍無定謂之無常不恆之人保利非義謂之至賊保安○非義元刻作弃義多聞曰博少聞曰淺多見曰

閑閑習也能習其事則不迫遽也少見曰陋難進曰偍偍與提媞皆同謂弛緩也易忘曰漏少而理曰治多而亂曰秏少謂舉其要而有條理謂之治秏虛竭也凡物多而易盡曰秏

治氣養心之術言以禮脩身是亦治氣養心之術不必如彭祖也血氣剛強則柔之以調和知慮漸深則一之以易良漸進也或曰漸浸也子廉反詩曰漸車帷裳言智慮深則近險詐故一之以易良也勇膽猛戾則輔之以道順膽有膽氣戾忿惡也此性多不順故以道順輔之也齊給便利則節之以動止爾雅云齊疾也齊急便利皆捷速也懼其太陵遽故節之使安徐也狹隘褊小則廓之以廣大卑溼重遲貪利則抗之以高志卑謂謙下溼亦謂自卑下如地之下溼然也方言溼憂也自關而西凡志而不得欲而不獲高而有墜行而中止皆謂之

溼卑溼溼謂過謙恭而無禮者重遲寬緩也夫過恭則無威儀寬緩常不及機事貪利則苟得故皆抗之高志也或曰卑溼亦謂遲緩也言遲緩之人如有卑溼之疾不能運動也○溼元刻作濕注憂也作優也又卑溼謂過謙恭舊本作亦謂之過謙恭訛今改正

庸衆駑散則刦之以師友庸衆已解上駑謂材下如駑馬者也散不拘檢者也刦奪去也言以師友去其舊性也

怠慢僄棄則炤之以禍災僄輕也謂自輕其身也音匹妙反方言楚謂相輕薄爲僄炤之以禍災謂以禍災照燭之使知懼也炤與照同

愚款端愨則合之以禮樂通之以思索款誠款也說文云款意有所欲也愚款端愨多無潤色故合之以禮樂此皆言脩身之術在攻其所短也

凡治氣養心之術莫徑由禮莫要得師莫神一好徑捷速也神神明也一好謂好善不怒惡也

夫是之謂治氣養心之術也

志意脩則驕富貴矣道義重則輕王公矣內省則外物輕矣傳曰君子役物小人役於物此之謂也君子能役物小人爲物所役凡言傳曰皆舊所傳聞之言也○正文前兩矣字宋本無又下一則字作而今皆從元刻身勞而心安爲之利少而義多爲之事亂君而通不如事窮君而順焉窮君小國迫脅之君也言事大國暴亂之君違道而通不如事小國之君順行其道也故良農不爲水旱不耕良賈不爲折閱不市折損也閱賣也謂損所閱賣之物價也賈音古○案說文云閱具數於門中也史記積日曰閱此當謂計數歲月之所得有折損耳折常列切士君子不爲貧窮怠乎道體恭敬而心忠信術禮義而情愛人術法也橫行天下雖困四夷人莫不貴橫行不順理而行也困窮也言所至皆貴也○橫行天下猶書

所云方行天下言周流之廣注謬甚勞苦之事則爭先饒樂之事則能讓端慤誠信拘守而詳拘守謂守而勿失詳謂審於事也橫行天下雖困四夷人莫不任體倨固而心執詐術順墨而精雜汙倨傲也固陋也固順墨當爲慎墨慎謂齊宣王時處士慎到也其術本黃老歸刑名先申韓其意相似多明不尚賢不使能之道著書四十一篇墨翟宋人號墨子墨子著書三十五篇其術多務儉嗇精當爲情雜汙謂非禮義之言也○墨子書本七十一篇今在者尚有五十四篇此云三十五篇反少於今所傳者疑三十五當是五十五之訛蓋有分幷之故也橫行天下雖達四方人莫不賤勞苦之事則偷儒轉脫偷謂苟避於事儒亦謂懦弱畏事皆懶惰之義或曰偷當爲輸揚子雲方言云儒輸愚也郭璞注謂懦撰也又云轉脫者謂偷儒之人苟求免於事之義○此注多訛脫今按文義改正饒樂之事則佞兌而不曲兌悅也言接悅

於人以求饒樂之事不曲謂直取之也辟違而不慤乖僻違背不能端慤誠信辟讀爲僻程役而不錄程功程役勞役錄檢束也於功程及勞役之事怠惰而不檢束言不能拘守而詳也橫行天下雖達四方人莫不弃行而供冀非漬淖也供恭也冀當爲翼凡行自當恭敬非謂漬於泥淖也人在泥淖中則兢兢然或曰李巡注爾雅冀州曰冀近也恭近謂不敢放誕也○供疑是張拱之義行而俯項非擊戾也擊戾謂項曲戾不能仰者也擊戾猶言了戾也○案方言三軫戾也郭注云相了戾也與此正同此書宋本世德堂本皆作了戾元刻訛作孑戾形尙相近至俗閒本竟改作乖戾謬之甚矣了戾乃屈曲之意豈可云乖戾乎偶視而先俯非恐懼也偶視對視也然夫士欲獨脩其身不以得罪於比俗之人也夫驥一日而千里駑馬十駕則亦及之矣將以窮無

窮逐無極與其折骨絕筋終身不可以相及也將有所止之則千里雖遠亦或遲或速或先或後胡爲乎其不可以相及也不識步道者將以窮無窮逐無極與意亦有所止之與步行夫堅白同異有厚無厚之察非不察也此言公孫龍惠施之曲說異理不可爲法也堅白謂離堅白也公孫堅白論曰堅白石三可乎曰不可曰二可乎曰可謂目視石但見白不知其堅則謂之白石手觸石則知其堅而不知其白則謂之堅石是堅白終不可合爲一也司馬彪曰堅白謂堅石非石白馬非馬也同異謂使異者同同者異或曰卽莊子所謂大同而與小同異此之謂小同異言同在天地之間故謂之大同物各有種類所同故謂之小同是大同與小同異也此略舉同異故曰此之謂小同異莊子又曰萬物畢同畢異此之謂大同異言萬物摠謂之物莫不皆同是萬物畢同若分而別之則人耳目鼻口百體草木枝葉花實無不皆

異是物畢異也此具舉同異異故曰此之謂大同異莊子又曰無厚不可積也其大千里無厚謂厚之極不可爲厚薄也不可積言其委積至多不可使復積也凡無厚不可積因於有厚可積故得其大千里千里者舉大之極也然而君子不辯止之也止而不爲倚魁之行非不難也然而君子不行止之也倚奇也奇讀爲奇偶之奇方言云秦晉之閒凡物體全而不具謂之倚魁大也倚魁皆謂偏僻狂怪之行莊子曰南方有倚人曰黃繚也○案今方言作凡全物而體不具謂之倚故學曰遲彼止而待我我行而就之學曰謂爲學者傳此言也遲待也直吏反則亦或遲或速或先或後胡爲乎其不可以同至也故蹞步而不休跛鼈千里累土而不輟丘山崇成○兩而字宋本有元刻無此下俗閒本有重意一段引老子九層之臺起於累土四句係後人妄羼入書內又有所謂互注者特少異其名耳皆取它書語近似者注其下竝

非楊氏本文今一槩削去之厥其源開其瀆江河可竭厥塞也音一涉反瀆水竇也一進一退一左一右六驥不致言不齊故不能致道路也彼人之才性之相縣也豈若跛鼈之與六驥足哉然而跛鼈致之六驥不致是無它故焉或爲之或不爲之耳○宋本作或不爲爾道雖邇不行不至事雖小不爲不成其爲人也多暇日者其出入不遠矣多暇日謂怠惰出入謂道路所至也好法而行士也好法而能行則謂之士士事也謂能治其事也篤志而體君子也厚其志而知大體者也齊明而不竭聖人也齊謂無偏無頗也不竭不竆也書曰成湯克齊聖廣淵

人無法則倀倀然倀倀無所適貌言不知所措履禮記曰倀倀乎其何之有法而無志其義則渠渠然渠渠讀爲遽古字渠遽通渠渠不寬泰之貌志識也不識其義謂但拘守文字而已依乎法而又深其類然後溫溫然深其類謂深知統類溫溫有潤澤之貌舉類君子所難故屢言之也

禮者所以正身也師者所以正禮也無禮何以正身無師吾安知禮之爲是也禮然而然則是情安禮也師云而云則是知若師也情安禮知若師則是聖人也情安禮謂若天性所安不以學也行不違禮言不違師則與聖人無異言師法之效如此也故非禮是無法也非師是無師也無師謂不以師爲師不是師法而好自用譬之是猶以盲辨色以聾辨聲也舍亂妄

無爲也 舍除也除亂妄之人孰肯爲此也 故學也者禮法也夫師以身爲正儀而貴自安者也 效師之禮法以爲正儀如性之所安斯爲貴也禮或爲體 詩云不識不知順帝之則此之謂也 詩大雅皇矣之篇引此以喻師法暗合天道如文王雖未知已順天之法則也

端慤順弟則可謂善少者矣 弟與悌同 加好學遜敏焉則有鈞無上可以爲君子者矣 既好學遜敏又有鈞平之心而無上人之意則可以爲君子矣或曰有鈞無上四字衍耳 偷儒憚事無廉恥而嗜乎飲食則可謂惡少者矣 偷儒憚事皆謂懦弱怠惰畏勞苦之人也 加惕悍而不順險賊而不弟焉 韓侍郎云惕與蕩同字作心邊易謂放蕩兇悍也 則可謂不詳少者矣雖陷刑戮可也 詳當爲祥○案二字古通用 老老而

壯者歸焉老老謂以老爲老而尊敬之也孟子曰伯夷太公二者天下之大老是天下之父也其父歸之其子焉徃矣○大老宋本作達老不窮窮而通者積焉窮者則寬而容之不迫蹙以苛政謂惠恤鰥寡窮匱也積墳委也既然則通者歸歸亦多矣覆巢毁卵則鳳皇不至竭澤涸魚則蛟龍不游義與此同行乎冥冥而施乎無報而賢不肖一焉行乎冥冥謂行事不務求人之知施乎無報謂施不務報如此賢不肖同慕而歸之人有此三行雖有大過天其不遂乎若不幸而有過天亦祐之矣此固不宜有大災也

君子之求利也略其遠思也早其避辱也懼其行道理也勇

君子貧窮而志廣富貴而體恭安燕而血氣不惰勞勌而容貌不枯怒不過奪喜不過予予賜也周禮八柄三曰予以馭

其幸君子貧窮而志廣隆仁也仁愛之心厚故所思者廣言務於遠大濟物也富貴而體恭殺埶也減權埶之威故形體恭謹殺所介反安燕而血氣不惰柬理也柬與簡同言柬擇其事理所宜而不務驕逸故雖安燕而不至怠惰勞勸而容貌不枯好交也以和好交接於物志意常泰也怒不過奪喜不過予是法勝私也以公滅私故賞罰得中也書曰無有作好遵王之道無有作惡遵王之路此言君子之能以公義勝私欲也書洪範之辭也

荀子卷第一

荀子卷第二

登仕郎守大理評事楊 倞 注

不苟篇第三

君子行不貴苟難說不貴苟察行如字察聰察名不貴苟傳唯其當之爲貴當謂合禮義也當丁浪反負石而赴河是行之難爲者也而申徒狄能之申徒狄恨道不行發憤而負石自沈於河莊子音義曰殷時人韓詩外傳曰申徒狄將自投於河崔嘉聞而止之不從○宋本正文負石上有故懷二字案文不當有或負字本有作故懷二字者校者注異同於旁因誤入正文耳然而君子不貴者非禮義之中也禮義之中時止則止時行則行不必枯槁赴淵也揚子雲非屈原曰君子遭時則大行不遇則龍蛇何必沈身○案注不遇下一本有時字子雲語見本傳此約取之山淵

平天地比比謂齊等也莊子曰天與地卑山與澤平音義曰以平地比天則地卑於天若以宇宙之高則似天地皆卑天地皆卑則山與澤平矣或曰天無實形地之上空虛者盡皆天也是天地長親比相隨無天高地之下殊也在高山則天亦高在深泉則天亦下故曰天地比地去天遠近皆相似是山澤平也○張湛注列子云地之上皆天也意亦與此同

齊秦襲襲合也齊在東秦在西相去甚遠若以天地之大包之則曾無隔異亦可合為一國也

入乎耳出乎口未詳所明之意或曰即山出口也言山有耳口也凡呼於一山衆山皆應是山聞人聲而應之故曰入乎耳出乎口或曰山山能吐納雲霧是有口也○注未句宋本作是以有口訛

鉤有須未詳自齊秦襲入乎耳出乎口鉤有須皆淺學所未見或曰鉤有須即丁子有尾也丁之曲者為鉤須與尾皆毛類是同也莊子音義云夫萬物無定形形無定稱在上為首在下為尾世人謂右行曲波為尾今丁子二字雖左行曲波亦是尾也

卵有毛司馬彪曰胎卵之生必有毛羽雞伏鵠卵卵不為雞則生類於鵠也毛氣成毛羽氣

成羽雖胎卵未生而毛羽之性已著矣故曰卵有毛也是說之難持者也而惠施鄧析能之皆異端曲說故曰難持惠施梁相與莊子同時其書五車其道舛駁鄧析鄭大夫劉向云鄧析好刑名操兩可之說設無窮之辭數難子產爲政子產執而戮之按左氏傳鄭駟歂殺鄧析而用其竹刑而云子產戮之恐誤也○正文能之俗本作能精之然而君子不貴者非禮義之中也盜跖吟口名聲若日月與舜禹俱傳而不息然而君子不貴者非禮義之中也吟口吟咏長在人口也說苑作盜跖凶貪○見說苑說叢篇案韓詩外傳亦作吟口與此同故曰君子行不貴苟難說不貴苟察名不貴苟傳○苟傳與上文同俗閒本作苟得非案外傳亦作苟傳唯其當之爲貴詩曰物其有矣唯其時矣此之謂也詩小雅魚麗之篇言雖有物亦須得其時以喻當之爲貴也

君子易知而難狎坦蕩蕩故易知不比黨故難狎易懼而難脅小心而志不可奪也畏患而不避義死欲利而不爲所非心以爲非則捨之交親而不比親謂仁恩比謂暱狎言辯而不辭辯足以明事不至於騁辭蕩蕩乎其有以殊於世也與俗人有異

君子能亦好不能亦好小人能亦醜不能亦醜君子能則寬容易直以開道人道與導同不能則恭敬繜絀以畏事人繜與撙同絀與黜同謂自撙節貶損小人能則倨傲僻違以驕溢人溢滿不能則妬嫉怨誹以傾覆人故曰君子能則人榮學焉不能則人樂告之小人能則人賤學焉不能則人羞告之是君子小人之分也分異也如字

君子寬而不僈僈與慢同怠惰也廉而不劌廉棱也說文云劌利傷也但有廉隅不至於刃傷也○注刃傷疑是刅傷本或作兩傷者訛辯而不爭察而不激但明察而不激切也寡立而不勝堅彊而不暴雖寡立而不能勝雖堅彊而不兇暴柔從而不流恭敬謹慎而容不至於孤介也夫是之謂至文言德備詩曰溫溫恭人惟德之基此之謂矣詩大雅抑之篇溫溫寬柔貌

君子崇人之德揚人之美非諂諛也正義直指舉人之過非毀疵也疵病也或曰讀爲訾○正文美字元刻作善又舉人之過下宋本有惡字元刻無言己之光美擬於舜禹參於天地非夸誕也與時屈伸柔從若蒲葦非懾怯也蒲葦所以爲席可卷者也剛彊猛

縠靡所不信非驕暴也信讀爲伸下同古字通用以義變應知當曲直故也以義隨變而應其所知當於曲直也詩曰左之左之君子宜之右之右之君子有之此言君子能以義屈信變應故也詩小雅裳裳者華之篇以能應變故左右無不得宜也○此言君子下一本有之字

君子小人之反也與小人相反○此一段舊不提行今案當別爲一節君子大心則天而道小心則畏義而節天而道謂合於天而順道○正文則天而道韓詩外傳四作即敬天而道知則明通而類類謂知統類愚則端慤而法愚謂無機智也法謂守法度也見由則恭而止由用也止謂不放縱也或曰止禮也言恭而有禮也見閉則敬而齊謂閉塞道不行也敬而齊謂自齊整而不怨也喜則和而理憂則靜而違皆當其理○外傳四作喜即和而治憂即靜而違此作和而理

避時諱下句舊本俱作靜而理當由誤會注文耳今從外傳改正通則文而明有文而彰明也窮則約而詳隱約而詳明其道也小人則不然大心則慢而暴小心則淫而傾以邪諂事人也○宋本淫上有流字今案元刻及外傳俱無知則攫盜而漸漸進也謂貪利不知止也愚則毒賊而亂毒害也愚而無畏忌也見由則兌而倨兌說也言喜於徼幸而倨傲也見閉則怨而險怨上而險賊也喜則輕而翾輕謂輕佻失據翾小飛也言小人之喜輕佻如小鳥之翾然音許緣反或曰與懁同說文云懁急也憂則挫而懾通則驕而偏偏頗也窮則棄而儑棄自棄也儑當為濕方言云濕憂也字書無儑字韓詩外傳作棄而累也傳曰君子兩進小人兩廢此之謂也

君子治治非治亂也曷謂邪曰禮義之謂治非禮義

之謂亂也故君子者治禮義者也非治非禮義者也然則國亂將弗治與曰國亂而治之者非案亂而治之之謂也去亂而被之以治案據也據舊亂而治之也荀子安案多爲語助與此不同也人汙而脩之者人有汙穢之行將脩爲善非案汙而脩之之謂也去汙而易之以脩故去亂而非治亂也去汙而非脩汙也治之爲名猶曰君子爲治而不爲亂爲脩而不爲汙也治之名號如此君子絜其辯而同焉者合矣絜修整也謂不煩雜○案韓詩外傳一亦有此文彼辯作身善其言而類焉者應矣出其言善千里之外應之故馬鳴而馬應之○案外傳此下尚有牛鳴而牛應之六字非知也其埶然也知音

智故新浴者振其衣新沐者彈其冠人之情也言潔其身者懼外物之汙也猶賢者必不受不善人之汙者也其誰能以己之潐潐受人之掝掝者哉潐潐明察之貌潐盡謂窮盡明於事易曰窮理盡性掝當爲惑掝掝惛也楚詞曰安能以身之察察受物之惛惛者乎潐子詣反

君子養心莫善於誠無姦詐則心常安也致誠則無它事矣致極也極其誠則外物不能害唯仁之爲守唯義之爲行致其誠在仁義誠心守仁則形形則神神則能化矣誠心守於仁愛則必形見於外則下尊之如神能化育之矣化謂遷善也誠心行義則理理則明明則能變矣義行則事有條理明而易人不敢欺故能變改其惡也變化代興謂之天德既能變化則德同於天馴致於善謂之化改其舊質謂之變言始於化終於變也猶天道陰陽運行則爲化春

生冬落則爲變也天不言而人推高焉地不言而人推厚焉四時不言而百姓期焉期謂知其時候夫此有常以至其誠者也至極也天地四時所以有常如此者由極其誠所致君子至德嘿然而喻未施而親不怒而威君子有至德所以嘿然不言而人自喻其意也夫此順命以慎其獨者也人所以順命如此者由慎其獨所致也慎其獨謂戒慎乎其所不睹恐懼乎其所不聞至誠不欺故人亦不違之也善之爲道者不誠則不獨無至誠則不能慎其獨也不獨則不形不能慎其獨故其德亦不能形見於外不形則雖作於心見於色出於言民猶若未從也雖從必疑若如也無至誠故雖出令民猶如未從者雖彊使之從亦必疑之也天地爲大矣不誠則不能化萬物聖人爲知矣不誠則不能化萬民父

子爲親矣不誠則疏君上爲尊矣不誠則卑卑謂不爲在下所尊夫誠者君子之所守也而政事之本也唯所居以其類至所居所止也唯其所止至誠則以類自至謂天地誠則能化萬物聖人誠則能化萬民父子誠則親君上誠則尊也操之則得之舍之則失之操持操而得之則輕持至誠也而得之則易舉也詩曰德輶如毛輕則獨行舉至誠而不難則慎獨之事自行矣獨行而不舍則濟矣至誠在乎不已濟而材盡長遷而不反其初則化矣既濟則材性自盡長遷不反其初謂中道不廢也

君子位尊而志恭心小而道大所聽視者近而所聞見者遠是何邪則操術然也謂以近知遠以今知古所持之術如此也○正文則字從元刻宋本作是故千人萬人之情一人之情是也人情不相

遠

天地始者今日是也百王之道後王是也（後王當今之王言後王之道與百王不殊行堯舜則是亦堯舜也）君子審後王之道而論於百王之前若端拜而議（端玄端朝服也端拜猶言端拱言君子審後王所宜施行之道而以百王之前比之若服玄端拜揖而議言其從容不勞也時人多言後世澆醨難以爲治故荀卿明之）推禮義之統分是非之分（上分如字下扶問反分之使當其分）揔天下之要治海內之衆若使一人故操彌約而事彌大（約少也得其宗主也）五寸之矩盡天下之方也（矩正方之器也）故君子不下堂而海內之情舉積此者則操術然也（舉皆也○正文堂字上宋本有室字今從元刻刪）

有通士者有公士者有直士者有慤士者有小人者

上則能尊君下則能愛民物至而應事起而辨若是則可謂通士矣物有至則能應之事有疑則能辨之通者不滯之謂也不下比以闇上不上同以疾下闇上掩上之明也疾與嫉同分爭於中不以私害之若是則可謂公士矣謂於事之中有分爭者不以私害之則可謂公正之士也身之所長上雖不知不以悖君不怨君而違悖也身之所短上雖不知不以取賞受祿不誣長短不飾以情自竭若是則可謂直士矣不矜其長不掩其短但任直道而竭盡其情也庸言必信之庸行必慎之庸常也謂言常信行常慎畏法流俗而不敢以其所獨甚法效也畏效流移之俗又不敢以其所獨善而甚過人謂不敢獨爲君子也若是則可謂愨士矣端愨不貳言無常信行無常貞唯利

所在無所不傾利之所在皆傾意求之若是則可謂小人矣公生明偏生闇端慤生通詐僞生塞多窮塞也誠信生神誠信至則通於神明中庸曰至誠如神夸誕生惑矜夸妄誕則貪惑於物也此六生者君子愼之而禹桀所以分也所以分賢愚也

欲惡取舍之權舉下事也見其可欲也則必前後慮其可惡也者見其可利也則必前後慮其可害也者而兼權之孰計之權所以平輕重者孰甚也猶成孰也然後定其欲惡取舍如是則常不失陷矣凡人之患偏傷之也偏謂見其一隅見其可欲也則不慮其可惡也者見其可利也則不顧其可害也者是以動則必陷爲則必辱是偏傷之患

也

人之所惡者吾亦惡之賢人欲惡之不必異於衆人也○正文首疑當有人之所欲者吾亦欲之九字注賢人欲惡之下疑脫一字夫富貴者則類傲之富貴之類不論是非皆傲之也夫貧賤者則求柔之見貧賤者皆柔屈就之也是非仁人之情也是姦人將以盜名於晻世者也險莫大焉姦人盜富貴貧賤之名於昏闇之世晻與暗同故曰盜名不如盜貨田仲史鰌不如盜也田仲齊人處於陵不食兄祿辭富貴爲人灌園號曰於陵仲子史鰌衛大夫字子魚賁直也○田與陳古多通用

榮辱篇第四

憍泄者人之殃也泄與媟同嫚也殃或爲袂○憍元刻作憍恭儉者偋五

兵也偋當爲屏却也說文有偋字偋𡣕也與此義不同偋防正反○五兵元刻與俗閒本俱作五六今從宋本雖有戈矛之刺不如恭儉之利也言入人深故與人善言煖於布帛傷人之言深於矛戟故薄薄之地不得履之非地不安也危足無所履者凡在言也薄薄謂㫄薄廣大之貌危足側足也凡皆也所以廣大之地側足無所容者皆由以言害身也○正文危足無所履者下宋本有也字今据元刻去之與注合巨涂則讓小涂則殆雖欲不謹若云不使殆近也凡行前遠而後近故近者亦後之義謂行於道涂大道竝行則讓之小道可單行則後之若能用意如此雖欲爲不謹敬若有物制而不使之者儒行曰道涂不爭險易之利

快快而亡者怒也肆其快意而亡由於忿怒也察察而殘者忮也至明察而見傷殘者由於有忮害之心也博而窮者訾也言詞辯博而見窮蹙者由於好

（毀訾也）淸之而俞濁者口也（欲求其淸而俞濁者在口說之過謂言過其實也或曰絜其身則自淸也但能口說斯俞濁也俞讀爲愈）豢之而俞瘠者交也（所交接非其道則必有患難雖食芻豢而更瘠也故上篇云勞勸而容貌不枯好交也）辯而不說者爭也（不說不爲人所稱說或讀爲悅）直立而不見知者勝也（直立謂己直人曲勝謂好勝人也）廉而不見貴者劌也（劌傷也刻己太過不得中道故不見貴也）勇而不見憚者貪也（貪利則委曲求人故雖勇而不見憚）信而不見敬者好剸行也（剸與專同專行謂不度是非好復言如自公者也）此小人之所務而君子之所不爲也

鬬者忘其身者也忘其親者也忘其君者也行其少頃之怒而喪終身之軀然且爲之是忘其身也室家

立殘親戚不免乎刑戮然且爲之是忘其親也蓋當時禁鬬殺人之法戮及親戚尸子曰非人君之用兵也以爲民傷鬬則以親戚徇一言而不顧之也君上之所惡也刑法之所大禁也然且爲之是忘其君也憂忘其身遭憂患刑戮而不能保其身是憂忘其身也或曰當爲下忘其身誤爲夏又夏轉誤爲憂字耳內忘其親上忘其君是刑法之所不舍也○俗本舍作赦今從宋本聖王之所不畜也乳彘觸虎乳狗不遠遊不忘其親也人也○人也各本作小人今從宋本憂忘其身內忘其親上忘其君則是人也而曾狗彘之不若也凡鬬者必自以爲是而以人爲非也己誠是也人誠非也則是己君子而人小人也以君子與小人相賊害也憂以

忘其身內以忘其親上以忘其君豈不過甚矣哉是人也所謂以狐父之戈钃牛矢也時人舊有此語喻以貴而用於賤也狐父地名史記伍被曰吳王兵敗於狐父徐廣曰梁碭之閒也蓋其地出名戈其說未聞管子曰蚩尤爲雍狐之戟狐父之戈豈近此邪钃刺也之欲反故巨劒謂之屬鏤亦取其利也或讀斵爲斫將以爲智邪則愚莫大焉將以爲利邪則害莫大焉將以爲榮邪則辱莫大焉將以爲安邪則危莫大焉人之有鬭何哉我欲屬之狂惑疾病邪則不可聖王又誅之屬託也之欲反我欲屬之鳥鼠禽獸邪則不可其形體又人而好惡多同視其形體則又人也其好惡多與賢人同但好鬭爲異耳人之有鬭何哉我甚醜之其禍如此何爲鬭也

有狗彘之勇者有賈盜之勇者狗彘勇於求食賈盜勇於求財賈音古有小人之勇者有士君子之勇者小人勇於暴士君子勇於義言人有此數勇也爭飲食無廉恥不知是非不辟死傷不畏衆彊恈恈然唯利飲食之見是狗彘之勇也辟讀爲避恈恈愛欲之貌方言云牟愛也宋魯之閒曰牟爲事利爲事及利也爲于僞反爭貨財無辭讓果敢而振猛貪而戾恈恈然唯利之見是賈盜之勇也振動也戾乖背也春秋公羊傳曰葵丘之會桓公振而矜之何休云亢陽之貌也輕死而暴是小人之勇也義之所在不傾於權不顧其利舉國而與之不爲改視重死持義而不橈是士君子之勇也雖重愛其死而執節持義不橈曲以苟生也儒行曰愛其死以有待也

鯈䱁者浮陽之魚也鯈䱁魚名浮陽謂此魚好浮於水上就陽也今字書無䱁字蓋當爲鮍說文云即鱣鮪鮍鮍字蓋鯈魚一名鯈鮍莊子與惠子遊於濠梁之上鯈魚出遊是亦浮陽之義或曰浮陽勃海縣名也鯈音稠鮍布末反胠於沙而思水則無逮矣胠與祛同揚子雲方言云祛去也齊趙之總語去於沙謂失水去在沙上也莊子有胠篋篇亦取去之義也○案方言祛作抾挂於患而欲謹則無益矣人亦猶魚也自知者不怨人知命者不怨天怨人者窮徒怨憤於人不自修者則窮迫無所出怨天者無志有志之士但自修身遇不遇皆歸於命故不怨天失之己反之人豈不迂乎哉迂失也反責人也

榮辱之大分○舊本不提行今案當分段安危利害之常體先義而後利者榮先利而後義者辱榮者常通辱者常窮

通者常制人窮者常制於人受制於人是榮辱之大分也其中雖未必皆然然其大分如此矣材慤者常安利蕩悍者常危害材慤謂材性原慤也蕩悍已解於脩身篇安利者常樂易危害者常憂險樂易歡樂平易也詩所謂愷悌者也樂易者常壽長憂險者常夭折是安危利害之常體也亦大率如此

夫天生蒸民有所以取之言天生衆民其君臣上下職業皆有取之道非其道所以敗之也○案注取之道當重一之字之也之字衍志意致脩德行致厚智慮致明是天子之所以取天下也致極也言如此是乃天子之所以取天下之道也政令法舉措時聽斷公舉措時謂興力役不奪農時也○元刻首句作政法令注首云當作政令法或曰政當爲正多十一字今從宋本上則能順天子

之命下則能保百姓是諸侯之所以取國家也志行脩臨官治上則能順上下則能保其職是士大夫之所以取田邑也循法則度量形辟圖籍度尺丈量斗斛刑法之書左氏傳曰先王議事以制不爲刑辟圖謂模寫土地之形籍謂書其戶口之數也○正文循元刻作脩各本同今從宋本不知其義謹守其數愼不敢損益也若制父所然子相傳以持王公世傳法則所以保持王公言王公頼之以爲治者也是故三代雖亾治法猶存是官人百吏之所以取祿秩也孝弟原慤軥錄疾力以敦比其事業而不敢怠傲是庶人之所以取煖衣飽食長生久視以免於刑戮也軥與拘同拘錄謂自檢束也疾力謂速力而作也敦厚也比親也言不敢怠惰也飾邪說文姦言之

言爲倚事倚巳解上倚事怪異之事陶誕突盜陶當爲檮杌之檮頑嚚之貌突夌突不順也或曰陶當爲逃隱匿其情也惕悍憍暴惕與蕩同以偷生反側於亂世之間是姦人之所以取危辱死刑也其慮之不深其擇之不謹其定取舍楛僈是其所以危也小人所以危亾由於計慮之失也楛惡也謂不堅固也材性知能君子小人一也好榮惡辱好利惡害是君子小人之所同也若其所以求之之道則異矣小人也者疾爲誕而欲人之信己也疾爲詐而欲人之親己也禽獸之行而欲人之善己也慮之難知也行之難安也持之難立也慮之難知謂人難測其姦詐行之難安言易顛覆也持之難立謂難扶持之也成則必不得其所好必

遇其所惡焉雖使姦詐得成亦必有禍無福故君子者信矣而亦欲人之信己也忠矣而亦欲人之親己也脩正治辨矣而亦欲人之善己也慮之易知也行之易安也持之易立也成則必得其所好必不遇其所惡焉是故窮則不隱通則大明不隱謂人不能隱蔽身死而名彌白白彰明也小人莫不延頸舉踵而願曰知慮材性固有以賢人矣願猶慕也賢人謂賢過於人也夫不知其與己無以異也則君子注錯之當而小人注錯之過也注錯謂所注意錯履也亦與措置義同也故孰察小人之知能足以知其有餘可以爲君子之所爲也譬之越人安越楚人安楚君子安雅雅正也正而有美德

者謂之雅詩曰弁彼鸒斯歸飛提提鸒斯雅烏也是非知能材性然也是注錯習俗之節異也習俗謂所習風俗節限制之也○注制下之字宋本有元刻無仁義德行常安之術也然而未必不危也汙侵突盗常危之術也然而未必不安也侵當爲漫漫亦汙也水冒物謂之漫莊子云北人無擇曰舜以其辱行汙漫我莫半反莊子又曰澶漫爲樂崔云淫衍也李云縱逸也一曰漫欺詆之也故君子道其常而小人道其怪道語謂非常之事取以自比也○元刻故下有曰字宋本無凡人有所一同飢而欲食寒而欲煖勞而欲息好利而惡害是人之所生而有也是無待而然者也是禹桀之所同也目辨白黑美惡耳辨音聲清濁口辨酸

鹹甘苦鼻辨芬芳腥臊骨體膚理辨寒暑疾養膚理肌膚之文理養與癢同是又人之所常生而有也是無待而然者也是禹桀之所同也可以爲堯禹可以爲桀跖可以爲工匠可以爲農賈在埶注錯習俗之所積耳在所積習是又人之所生而有也是無待而然者也是禹桀之所同也爲堯禹則常安榮爲桀跖則常危辱爲堯禹則常愉佚爲工匠農賈則常煩勞然而人力爲此而寡爲彼何也曰陋也言人不爲彼堯禹而爲此桀跖由於性之固陋也堯禹者非生而具者也夫起於變故成乎脩脩之爲待盡而後備者也變故患難事故也言堯禹起於憂患成於脩飾由於待盡物理然後乃能備之

（孟子曰天將降大任於是人也必先苦其心志勞其筋骨窮餓其體膚空乏其身行拂亂其所爲所以動心忍性增益其所不能也智生於憂患而死於安樂爲于僞反）人之生固小人無師無法則唯利之見耳人之生固小人又以遇亂世得亂俗是以小重小也以亂得亂也君子非得埶以臨之則無由得開內焉（開小人之心而內善道也）今是人之口腹安知禮義安知辭讓安知廉恥隅積（言口腹無所知隅一隅謂其分也積積習）亦呥呥而噍鄉鄉而飽已矣（呥呥噍貌如鹽反噍嚼也才笑反鄉鄉趨飲食貌許亮反）人無師無法則其心正其口腹也（人不學則心正如口腹之欲也）今使人生而未嘗睹芻豢稻粱也惟菽藿糟糠之爲睹則以至足爲在此也俄而粲然有秉芻豢稻

粱而至者則瞲然視之曰此何怪也（粲然精絜貌牛羊曰芻犬豕曰豢豢圈也以穀食於圈中瞲然驚視貌與獝同禮記曰故鳥不獝許聿反○宋本作與瞲狘同禮記曰故鳥不狘狘許聿反瞲或爲狘與元刻微異）彼臭之而無嗛於鼻（臭許又反嗛當爲慊厭也苦廉反或下忝反○案下忝元刻作胡簟）嘗之而甘於口食之而安於體則莫不弃此而取彼矣今以夫先王之道仁義之統以相羣居以相持養以相藩飾以相安固邪（持養保養也藩飾藩蔽文飾也）以夫桀跖之道是其爲相縣也幾直夫芻豢稻粱之縣糟糠爾哉（言以先王之道與桀跖相懸豈止糟糠比芻豢哉幾讀爲豈下同）然而人力爲此而寡爲彼何也曰陋也陋也者天下之公患也（公共有此患也）人之大殃大害也故曰仁者

好告示人告之示之靡之儇之鈆之重之靡順從也儇疾也火緣反靡之儇之猶言緩之急之也鈆與沿同循也撫循之申重之也則夫塞者俄且通也陋者俄且僩也愚者俄且知也僩與撊同猛也方言云晉魏之閒謂猛爲撊陋者俄且僩言鄙陋之人俄且矜莊有威儀也詩曰瑟兮僩兮鄭云僩寬大也下板反○注撊字宋本作憪今從元刻與方言合案此注說頗歧出竊疑僩當爲嫺雅之義賈誼書傅職篇云明僩雅以道之文又道術篇云容志審道謂之僩反僩爲野此以僩與陋相對義亦合是若不行則湯武在上曷益桀紂在上曷損若不行告示之道則湯武何益於天下桀紂何損於百姓所以貴湯武賤桀紂以行與不行耳湯武存則天下從而治桀紂存則天下從而亂如是者豈非人之情固可與如此可與如彼也哉

人之情食欲有芻豢衣欲有文繡行欲有輿馬又欲夫餘財蓄積之富也皆人之所貴也然而窮年累世不知不足是人之情也不知不足當爲不知足剩不字或曰不足猶不得也今人之生也方知蓄雞狗猪彘又蓄牛羊然而食不敢有酒肉餘刀布有囷窌刀布皆錢也刀取其利布取其廣囷廩也圜曰囷方曰廩窌窖也地藏曰窖窌匹貌反○正文方知元刻作方多然而衣不敢有絲帛約者有筐篋之藏然而行不敢有輿馬約儉嗇也筐篋藏布帛者也言又富於餘刀布也是何也非不欲也幾不長慮顧後而恐無以繼之故也於是又節用御欲御制也或作禦禦止也收斂蓄藏以繼之也是於己長慮顧後幾不甚善矣哉幾亦讀爲豈今夫

偷生淺知之屬曾此而不知也偷者苟且也糧食大侈不顧其後俄則屈安窮矣大讀爲太屈竭也安語助也猶言屈然窮矣安已解上也○正文大大宋本作太無大讀爲太四字注今從元刻是其所以不免於凍餓操瓢囊爲溝壑中瘠者也乞食羸瘦於溝壑者言不知久遠生業故至於此也況夫先王之道仁義之統詩書禮樂之分乎爲生業尚不能知況能知其遠大者分制也扶問反彼固天下之大慮也將爲天下生民之屬長慮顧後而保萬世也其汸長矣其溫厚矣其功盛姚遠矣汸古流字溫猶足也言先王之道於生人其爲溫足也亦厚矣姚與遙同言功業之盛甚長遠也非孰脩爲之君子莫之能知也孰甚也甚脩飾作爲之君子也故曰短綆不可以汲深井之泉知不幾者不可

與及聖人之言綆索也幾近也謂不近於習也夫詩書禮樂之分固非庸人之所知也故曰一之而可再也既知一則務知二有之而可久也不可中道而廢廣之而可通也知禮樂廣博則於事可通慮之而可安也思慮禮樂則無危懼反鉛察之而俞可好也鈆與沿同循也既知禮樂之後却循察之愈可好而不厭俞音愈以治情則利利謚也禮記曰聖人之所以治人七情脩十義捨禮何以治之以爲名則榮以羣則和以獨則足知詩書禮樂羣居則和同獨處則自足也樂意者其是邪樂意莫過於此夫貴爲天子富有天下是人情之所同欲也然則從人之欲則埶不能容物不能贍也故先王案爲之制禮義以分之以禮義分別上下也使有貴賤之等長幼之差知賢愚

能不能之分皆使人載其事而各得其宐載行也然任之也後使慤祿多少厚薄之稱慤實也謂實其祿使當其才稱尺證反是夫羣居和一之道也故仁人在上則農以力盡田賈以察盡財百工以巧盡械器盡謂精於事察謂明其盈虛說文云有盛爲械無盛爲器士大夫以上至於公侯莫不以仁厚知能盡官職夫是之謂至平各當其分雖貴賤不同然謂之至平也故或祿天下而不自以爲多謂爲天子以天下爲祿也或監門御旅抱關擊柝而不自以爲寡監門主門也御讀爲迓迓旅逆旅也抱關門卒也擊柝擊木所以警夜者皆知其分故雖賤而不以爲寡也故曰斬而齊枉而順不同而一夫是之謂人倫舊有此語引以喻貴賤雖不同不以齊一然而要歸於治也斬而齊謂殭斬之使齊

若漢書之一切者枉而順雖枉曲不直然而歸於順也不同而一謂殊塗同歸也夫如此是人之倫理也

詩曰受小共大共爲下國駿蒙此之謂也詩殷頌長發之篇共執也駿大也蒙讀爲厖厚也今詩作駿厖言湯執小玉大玉大厚於下國言下皆賴其德也

荀子卷第二

卷二

藏版

荀子卷第三

登仕郎守大理評事楊　倞　注

非相篇第五

相，視也。視其骨狀以知吉凶貴賤也。妄誕者多以此惑世，時人或矜其狀貌而忽於務實，故荀卿作此篇非之。漢書形法家有相人二十四卷。○形法，宋本作刑法；又二十四卷作二十四篇。雖皆可通，今從元刻，以與漢志合故也。

相人，古之人無有也，學者不道也。道，說。古者有姑布子卿，姑布，姓；子卿，名。相趙襄子者。或本無姑字。今之世梁有唐舉，相李兌、蔡澤者。相人之形狀顏色而知其吉凶妖祥，世俗稱之。古之人無有也，學者不道也。再三言者，深非之也。故相形不如論心，論心不如擇術。術，道術也。形不勝心，心不勝術。術正而心順之則形相雖惡而心術善無害爲君子也形相雖善而心術惡無害爲小人也君子之謂吉小人之謂凶故長短小大善惡形相非吉凶也古之人無有也學者不道也葢帝堯長帝舜短文王長周公短仲尼長子弓短子弓葢仲弓也言子者著其爲師也漢書儒林傳馯臂字子弓江東人受易者也然馯臂傳易之外更無所聞荀卿論說常與仲尼相配必非馯臂也馯音寒昔者衛靈公有臣曰公孫呂身長七尺面長三尺句焉廣三寸鼻目耳具而名動天下面長三尺廣三寸言其狹而長甚也鼻目耳雖皆具而相去疏遠所以爲異名動天下言天下皆知其賢或曰狹長如此不近人情恐文句誤脫也○案焉字古多以爲發聲如周禮焉使則介之淮南子天子焉始乘舟是也荀書楚或用焉或用案或用安字異語同皆以爲發聲

之孫叔敖期思之鄙人也杜元凱云期思楚邑名今弋陽期思縣鄙人郊野之人也突禿長左軒較之下而以楚霸突謂短髮可麦突人者故莊子說趙劒士蓬頭突鬢長左左脚長也軒較之下而以楚霸言脩文德不勞甲兵遠征伐也說文云軒曲輈也鄭注考工記云較兩輢上出式者詩曰倚重較兮○案今毛詩本倚誤作猗正義明云倚此重較之車則本作倚字宋本足利本皆不誤葉公子高微小短瘠行若將不勝其衣葉公楚大夫沈尹戌之子食邑於葉名諸梁字子高楚僭稱王其大夫稱公白公亦是也微細也葉音攝然白公之亂也令尹子西司馬子期皆死焉白公楚太子建之子平王之孫子西楚平王長庶子公子申子期亦平王子公子結葉公子高入據楚誅白公定楚國如反手爾仁義功名善於後世故事不揣長不揳大不權輕重亦將志乎爾揳與絜同約也謂約

計其大小也絜戶結反莊子匠石見櫟社樹絜之百圍權稱也輕重體之輕重也言不論形狀長短大小肥瘠唯在志意脩飾耳○案注以志意二字訓志長字增一字成文耳宋本作亦將志乎心爾心字衍長短小大美惡形相豈論也哉且徐偃王之狀目可瞻馬徐國名僭稱王其狀偃仰而不能俯故謂之偃王周穆王使楚誅之瞻馬言不能俯視細物遠望纔見馬尸子曰徐偃王有筋而無骨也○馬元刻作焉注同今案楊注正謂不能見小物而但見馬耳可者僅可之詞瞻說文云臨視也莊子云不辨牛馬今從宋本仲尼之狀面如蒙倛倛方相也其首蒙茸然故曰蒙倛子虛賦曰蒙公先驅韓侍郎云四目為方相兩目為倛倛音欺慎子曰毛嬙西施天下之至姣也衣之以皮倛則見之者皆走也周公之狀身如斷菑爾雅云木立死曰椔椔與菑同皋陶之狀色如削瓜如削皮之瓜青綠色閎夭之狀面無見膚閎夭文王臣在十亂之中言多鬚髯蔽其膚也○注鬚一作鬢傅說之狀

身如植鰭植立也如魚之立也伊尹之狀面無須麋麋與眉同禹跳湯偏尸子曰禹之勞十年不窺其家手不爪脛不生毛偏枯之病步不相過人曰禹步鄭注尚書大傳湯半體枯呂氏春秋曰禹通水濬川顏色黎黑步不相過堯舜參牟子牟與眸同參牟子謂有二瞳之相參也史記曰舜目重瞳重瞳蓋堯亦然尸子曰舜兩眸子是謂重明作事成法出言成章當時傳聞今書傳亦難盡詳究所出也從者將論志意比類文學邪直將差長短辨美惡而相欺傲邪從者荀卿門人問將論志意文學邪但以好醜相欺傲也○從者猶言學者注非古者桀紂長巨姣美天下之傑也筋力越勁百人之敵也姣好也倍萬人曰傑越過人也勁勇也然而身死國亾為天下大僇後世言惡則必稽焉僇與戮同稽考也後世言惡必考桀紂為證也○稽止也此即天下之惡皆歸焉之意稽猶歸也注非是是非容

貌之患也聞見之不衆論議之卑爾亦非以容貌害身言美惡皆非所患但以聞見不廣論議不高故致禍耳今世俗之亂君鄉曲之儇子方言云儇疾也慧也與喜而翾義同輕薄巧慧之子也儇火玄反莫不美麗姚冶奇衣婦飾血氣態度擬於女子說文曰姚美好貌冶妖奇衣珍異之衣婦飾謂如婦人之飾言輕細也擬於女子言柔弱便辟也婦人莫不願得以爲夫處女莫不願得以爲士士者未娶妻之稱易曰老婦得其士夫弃其親家而欲奔之者比肩竝起然而中君羞以爲臣中父羞以爲子中兄羞以爲弟中人羞以爲友不必上智皆知惡也俄則束乎有司而戮乎大市犯刑法爲有司所束縛也莫不呼天啼哭苦傷其今而後悔其始苦傷今之刑戮悔其始之所爲是非容貌之

患也聞見之不衆而論議之卑爾然則從者將孰可也問從者形相與志意孰爲諡乎○非相篇當止於此下文所論較大竝與相人無與疑是榮辱篇錯簡於此

人有三不祥幼而不肎事長賤而不肎事貴不肖而不肎事賢是人之三不祥也言必有禍災也人有三必窮爲上則不能愛下爲下則好非其上是人之一必窮也鄉則不若偝則謾之是人之二必窮也鄉讀爲向若如也謾欺毀也莫干反知行淺薄曲直有以縣矣然而仁人不能推知士不能明是人之三必窮也曲直猶能不也言智慮德行至淺薄其能否與人又相縣遠不能推讓明白之言不知己之不及也知音智行下孟反縣讀爲懸人有此三

數行者以爲上則必危爲下則必滅詩曰雨雪瀌瀌宴然聿消莫肎下隧式居屢驕此之謂也詩小雅角弓之篇今詩作見晛曰消作宴然蓋聲之誤耳晛日氣也隧讀爲隨屢讀爲婁婁斂也言雨雪瀌瀌然見日氣而自消喻欲爲善則惡自消矣幽王曾莫肎下隨於人用此居處斂其驕慢之過也人之所以爲人者何已也曰以已與以同問何以謂之人而貴於禽獸也其有辨也辨別也飢而欲食寒而欲煖勞而欲息好利而惡害是人之所生而有也是無待而然者也不待學而知也是禹桀之所同也然則人之所以爲人者非特以二足而無毛也以其有辨也今夫猩猩形笑亦二足而毛也猩猩獸似人而能言出交阯形笑者能言笑也然而君子啜其羹食

其胾（胾臠也禽獸無辨故賤而食之胾側吏反）故人之所以爲人者非特以其二足而無毛也以其有辨也夫禽獸有父子而無父子之親有牝牡而無男女之別故人道莫不有辨辨莫大於分（有上下親疏之分也）分莫大於禮（分生於有禮也）禮莫大於聖王（聖王制禮者言其人存其政舉）聖王有百吾孰法焉（問聖王至多誰可爲法也）故曰文久而息節族久而絕（文禮文節制度也言禮文久則制度滅息節奏久則廢也○注節奏宋本作宗族案陽以節奏訓族字與以制度訓節字無涉今從元刻）守法數之有司極禮而褫（褫解也有司世世相承守禮之法數至於極久亦下脫也易曰或錫之鞶帶終朝三褫之言此者以喻久遠難詳不如隨時興治褫直吏反）故曰欲觀聖王之跡則於其粲然者矣後王是也（後王近時之王也粲

然明白之貌言近世明王之法則是聖王之跡也夫禮法所興以救當世之急故隨時設教不必拘於舊聞而時人以爲君必用堯舜之道臣必行禹稷之術然後可斯惑也孔子曰殷因於夏禮所損益可知也故荀卿深陳以後王爲法審其所貴君子焉司馬遷曰法後王者以其近己而俗相類議卑而易行也

彼後王者天下之君也舍後王而道上古譬之是猶舍己之君而事人之君也故曰欲觀千歲則數今日○數字從宋本俗本亦作審欲知億萬則審一二欲知上世則審周道欲知周道則審其人所貴君子謂己之君也審謂詳觀其道也故曰以近知遠以一知萬以微知明此之謂也

夫妄人曰古今異情以其治亂者異道而衆人惑焉彼衆人者愚而無說陋而無度者也言其愚陋而不能辨說測度

大各反下同其所見焉猶可欺也而況於千世之傳也傳傳聞也妄人者門庭之閒猶可誣欺也而況於千世之上乎聖人何以不欺曰聖人者以己度者也以己意度古人之意故人不能欺亦不欺人也故以人度人以情度情以今之人情度古之人情既云欲惡皆同豈其治亂有異以類度類類種類謂若牛馬也以說度功以言說度其功業也以道觀盡以道觀盡物之理儒效篇曰涂之百姓積善而全盡謂之聖人也古今一度也古今不殊盡可以此度彼安在其古今異情乎類不悖雖久同理言種類不乖悖雖久而理同今之牛馬與古不殊何至人而獨異哉故鄉乎邪曲而不迷觀乎雜物而不惑以此度之以測度之道明之故向於邪曲不正之道而不迷雜物炫燿而不惑鄉讀爲向五帝之外無傳人外謂已前也無傳人謂其人事跡後

世無傳者（小注）非無賢人也久故也五帝之中無傳政非無善政也久故也（中間也五帝少昊顓頊高辛唐虞也）禹湯有傳政而不若周之察也非無善政也久故也傳者久則論略近則論詳略則舉大詳則舉小（略謂舉其大綱詳周備也）愚者聞其略而不知其詳聞其詳而不知其大也（惟聖賢乃能以略知詳以小知大也）是以文久而滅節族久而絕

凡言不合先王不順禮義謂之姦言雖辯君子不聽（公孫龍惠施鄧析之屬）法先王順禮義黨學者（黨親比也）然而不好言不樂言則必非誠士也（言講說也誠士謂至誠好善之士）故君子之於言也志好之行安之樂言之故君子必辯（辯謂能談）

說也凡人莫不好言其所善而君子爲甚所善謂己所好尙也故贈人以言重於金石珠玉觀人以言美於黼黻文章觀人以言謂使人觀其言黼黻文章皆色之美者白與黑謂之黼黑與靑謂之黻靑與赤謂之文赤與白謂之章聽人之言樂於鍾鼓琴瑟使人聽其言故君子之於言無厭無厭倦也鄙夫反是好其實不恤其文但好其質而不知文飾若墨子之屬也是以終身不免埤汙傭俗埤汙皆下也謂鄙陋也埤與庳同豬水處謂之汙亦地之下者也庳音婢汙一孤反故易曰括囊無咎無譽腐儒之謂也腐儒如朽腐之物無所用也引易以喻不談說者

凡說之難以至高遇至卑以至治接至亂以先王之至高至治之道說末世至卑至亂之君所以爲難也說音稅未可直至也遠舉則病繆

近世則病傭 未可直至言必在援引古今也遠舉上世之事則患繆妄下舉近世之事則患傭鄙也 善者於是間也亦必遠舉而不繆近世而不傭與時遷徙與世偃仰緩急嬴絀 嬴餘也嬴絀猶言伸屈也 府然若渠匽檃栝之於己也 府與俯同就物之貌或讀為附渠匽所以制水檃栝所以制木君子制人亦猶此也 曲得所謂焉然而不折傷 言談說委曲皆得其意之所謂然而不折傷其道也 故君子之度己則以繩接人則用抴 抴牽引也度己猶正己也君子正己則以繩墨接人則牽引而致之言正正己而馴致人也或曰抴當為枻枻楫也言如以楫櫂進舟船也度大各反枻以世反韓侍郎云枻者檠枻也正弓弩之器也○舊本抴枻多訛今悉改正韓說本攷工記 度己以繩故足以為天下法則矣接人用抴故能寬容因求以成天下之大事矣 成事在衆 故君子

賢而能容罷（罷弱不任事者音疲）知而能容愚博而能容淺粹而能容雜夫是之謂兼術（粹專一也兼術兼容之法）詩曰徐方既同天子之功此之謂也（詩大雅常武之篇言君子容物亦猶天子之同徐方也）

談說之術矜莊以莅之端誠以處之堅彊以持之分別以喻之譬稱以明之欣驩芬薌以送之寶之珍之貴之神之如是則說常無不受（言談說之法如此人乃信之芬薌言至芳絜也神之謂自神異其說不敢慢也說竝音稅稱尺證反薌與香同）雖不說人人莫不貴（不說猶貴況其說之）夫是之謂爲能貴其所貴（不使人賤之也）傳曰唯君子爲能貴其所貴此之謂也

君子必辯凡人莫不好言其所善（所善謂所好也）而君子爲

甚焉是以小人辯言險而君子辯言仁也仁謂忠言愛之道而非仁之中也則其言不若其默也其辯不若其吶也吶與訥同或引禮記其言吶吶然非言而仁之中也則好言者上矣不好言者下也故仁言大矣起於上所以道於下正令是也道與導同正或爲政起於下所以忠於上謀救是也謀救謂嘉謀匡救此言談說之謚不可以已也如是故君子之行仁也無厭無厭倦時志好之行安之樂言之故言所以好言說由此三者也行如字君子必辯小辯不如見端端首見端不如見本分分上下貴賤之分小辯謂辯說小事則不如見端首見端首則不如見本分言辯說止於知本分而已小辯而察見端而明本分而理聖人士君子之分具矣此言能辯說然

後聖賢之分具有小人之辯者有士君子之辯者有聖人之辯者不先慮不早謀發之而當成文而類言皆與理會成文理而不失其類謂不乖悖也居錯遷徙應變不窮錯置也居錯安居也錯千故反是聖人之辯者也先慮之早謀之斯須之言而足聽斯須發言已可聽也文而致實博而黨正是士君子之辯者也文謂辯說之詞也致至也黨與讜同謂直言也凡辯則失於虛詐博則失於流蕩故致實黨正爲重也聽其言則辭辯而無統無根本也用其身則多詐而無功上不足以順明王下不足以和齊百姓然而口舌之均噡唯則節蓋謂騁其口舌之辯也噡唯則節四字未詳或剩少錯誤耳○正文均宋本作於足以爲奇偉偃却之屬奇偉誇大也偃却猶偃仰卽偃蹇也言姦雄口辯適足以

自誇大偃蹇而已夫是之謂姦人之雄聖王起所以先誅也然後盜賊次之盜賊得變此不得變也變謂教之使自新也

非十二子篇第六○案韓詩外傳止十子無子思孟子此乃弁非之疑出韓非李斯所增益

假今之世假如今之世也或曰假借也今之世謂戰國昏亂之世治世則姦言無所容故十二子借亂世以惑衆也飾邪說文姦言以梟亂天下梟與澆同○梟宋本作濞注濞與僥同案濞字無攷僥亦澆之訛元刻作鴞亦未是莊子繕性篇濞濞醇散樸釋文云濞本亦作澆當從之欺惑愚衆矞宇嵬瑣矞與譎同詭詐也又余律反宇未詳或曰宇大也放蕩恢大也嵬謂爲狂險之行者也瑣者謂爲姦細之行者也說文云嵬高不平也今此言嵬者其行狂險亦猶山之高不平也周禮大司樂云大傀裁則去樂鄭云傀猶怪也晏子春秋曰不以上爲本不以民爲憂內

不恤其家外不顧其游夸言傀行自勤於飢寒命之曰狂辟之民明王之所禁也嵬當與傀同音五每反又牛彼反使天下混然不知是非治亂之所存者有人矣混然無分別之貌存在也縱情性安恣睢禽獸之行恣睢矜放之貌言任情性所爲而不知禮義則與禽獸無異故曰禽獸行睢許季反○元刻作香萃反不足以合文通治不足合於古之文義通於治道之然而其持之有故其言之成理足以欺惑愚衆妄稱古之人亦有如此者故曰持之有故又其言論能成文理故曰言之成理足以欺惑愚人衆人矣是它嚻魏牟也它嚻未詳何代人世本楚平王孫有田公它成豈同族乎韓詩外傳作范魏牟牟魏公子封於中山漢書藝文志道家有公子牟四篇班固曰先莊子莊子稱之今莊子有公子牟稱莊子之言以折公孫龍據即與莊子同時也又列子稱公子牟解公孫龍之言公孫龍平原君之客而張湛以爲文侯子據年代非也說苑曰公子牟東行穰侯送之未知

何者爲定也忍情性綦谿利跂忍謂違矯其性也綦谿未詳蓋與跂義同也利與離同離跂違俗自絜之貌謂離於物而跂足也莊子曰楊墨乃始離跂自以爲得離力智反跂丘氏反苟以分異人爲高苟求分異不同於人以爲高行也不足以合大衆明大分既求分異則不足合大衆苟立小節故不足明大分大分謂忠孝之大義也然而其持之有故其言之成理足以欺惑愚衆是陳仲史鰌也已解上○解見不苟篇彼作田仲田與陳通不知壹天下建國家之權稱不知齊一天下建立國家之權稱稱言不知輕重稱尺證反上功用大儉約而僈差等功用功力也大讀曰太言以功力爲上而過儉約也僈輕也輕僈差等謂欲使君臣上下同勞苦也曾不足以容辨異縣君臣上下同等則其中不容分別而縣隔君臣也然而其持之有故其言之成理足以欺惑愚衆是墨

翟宋鈃也宋鈃宋人與孟子尹文子彭蒙慎到同時孟子作宋牼牼與鈃同音口莖反尚法而無法下脩而好作尚上也言所著書雖以法為上而自無法以脩立為下而好作為言自相矛盾也上則取聽於上下則取從於俗言苟順上下意也終日言成文典及紃察之則倜然無所歸宿紃與循同倜然疏遠貌宿止也雖言成文典若反覆紃察則疏遠無所指歸也○注反覆二字宋本無不可以經國定分取聽於上取從於俗故法度不立也然而其持之有故其言之成理足以欺惑愚衆是慎到田駢也田駢齊人遊稷下著書十五篇其學本黃老大歸名法慎到已解上不法先王不是禮義不以禮義為是而好治怪說玩琦辭玩與翫同琦讀為奇異之奇甚察而不惠惠順辯而無用多事而寡功不可以為治綱紀然而其持

之有故其言之成理足以欺惑愚衆是惠施鄧析也略法先王而不知其統言其大略雖法先王而不知體統統謂紀綱也猶然而材劇志大聞見雜博猶然猶舒遲貌禮記曰君子蓋猶猶爾劇繁多也○宋本正文作然而猶材劇志大無注案往舊造說謂之五行案前古之事而自造其說謂之五行五行五常仁義禮智信是也甚僻違而無類幽隱而無說閉約而無解約結也解說也僻違無類謂乖僻違戾而不知善類也幽隱無說閉約無解謂其言幽隱閉結而不能自解說謂但言堯舜之道而不知其興作方略也荀卿常言法後王治當世而孟軻子思以爲必行堯舜文武之道然後爲治不知隨時設敎救當世之弊故言僻違無類孟子曰管仲曾西之所不爲解佳買反案飾其辭而祗敬之曰此眞先君子之言也言自敬其辭說先君子孔子也子思唱之孟軻和之子思孔子之孫名伋字子

思孟軻鄒人字子輿皆著書七篇世俗之溝猶瞀儒嚾嚾然不知其所非也溝讀爲怐怐愚也猶猶豫也不定之貌瞀闇也漢書五行志作區瞀與此義同嚾嚾喧囂之貌謂爭辯也怐音寇猶音柚○注怐舊訛作拘案怐愁愚貌楚詞九辯直怐愁以自苦五行志又作傋瞀與此書儒效篇同許慎作㝅瞀又作婁務皆一物也今改正溝猶瞀儒合四字爲疊韻遂受而傳之以爲仲尼子游爲茲厚於後世仲尼子游爲此言垂德厚於後世也是則子思孟軻之罪也若夫總方略齊言行壹統類而羣天下之英傑而告之以大古敎之以至順總領也統謂綱紀類謂比類大謂之統分別謂之類羣會合也大讀曰太奧窔之閒簟席之上斂然聖王之文章具焉佛然平世之俗起焉西南隅謂之奧東南隅謂之窔言不出室堂之內也斂然聚集之貌佛讀爲勃勃然興起貌窔一弔反則六

說者不能入也十二子者不能親也無置錐之地而王公不能與之爭名在一大夫之位則一君不能獨畜一國不能獨容言王者之佐雖在下位非諸侯所能畜一國所能容或曰時君不知其賢無一君一國能畜者故仲尼所至輕去也成名況乎諸侯莫不願以爲臣況比也言其所成之名比況於人莫與爲偶故諸侯莫不願得以爲臣或曰既成名之後則王者之輔佐也況諸侯莫不願得以爲臣乎未知其賢則無國能容也或曰況猶諠也國語驪姬曰衆況厚之○成名句卽上文王公不能與之爭名注宂而未當是聖人之不得埶者也仲尼子弓是也一天下財萬物財與裁同長養人民兼利天下通達之屬莫不從服通達之屬謂舟車所至人力所通者也六說者立息十二子者遷化遷而從化則聖人之得埶者舜禹是

也今夫仁人也將何務哉上則法舜禹之制下則法仲尼子弓之義以務息十二子之說如是則天下之害除仁人之事畢聖王之跡著矣○著宋本從竹作箸下並同

信信信也疑疑亦信也信可信者疑可疑者意雖不同皆歸於信也貴賢仁也賤不肖亦仁也言而當知也默而當亦知也故知默猶知言也論語曰知之爲知之不知爲不知是知也當丁浪反故多言而類聖人也少言而法君子也言雖多而不流湎皆類於禮義是聖人制作者也少言而法謂不敢自造言說所言皆守典法也多少無法而流湎然雖辯小人也湎沈也流者不復返沈者不復出也○此數語又見大略篇彼作多言無法此少字似訛故勞力而不當民務謂之姦事民務四民之務勞知而不律

先王謂之姦心[律法]辯說譬諭齊給便利而不順禮義
謂之姦說[齊疾也給急也便利亦謂言辭敏捷也]此三姦者聖王之所
禁也知而險賊而神[用智於險又賊害不測如神也]爲詐而巧[巧於爲詐]
言無用而辯[言辯而無用也]辯不惠而察[惠順也辭辯不順道理不聰察也]
治之大殃也行辟而堅[辟讀爲僻]飾非而好[好飾非也]玩姦而
澤[玩與翫同習姦而使有潤澤也]言辯而逆古之大禁也[逆者乖於常理]知
而無法[騁其異見知如字]勇而無憚[輕死]察辯而操僻淫[爲察察之
辯而操持僻淫之事操七刀反]大而用之[以前數事爲大而用之也]好姦而與衆
[好姦而與衆人共之謂使人同之也]利足而迷[苟求利足而迷惑不顧禍患也]負石而
墜[謂申徒狄負石投河言好名以至此也亦利足而迷者之類也]是天下之所弃也

兼服天下之心高上尊貴不以驕人在貴位不驕人聰明聖知不以窮人○元刻知作智齊給速通不爭先人剛毅勇敢不以傷人不知則問不能則學雖能必讓然後爲德然後爲聖賢之德也遇君則脩臣下之義遇鄉則脩長幼之義在鄉黨之中也遇長則脩子弟之義遇友則脩禮節辭讓之義遇賤而少者則脩告導寬容之義無不愛也無不敬也無與人爭也恢然如天地之苞萬物如是則賢者貴之不肖者親之如是而不服者則可謂訞怪狡猾之人矣訞與妖同妖怪狡猾之人雖則子弟之中刑及之而宜雖在家人子弟之中亦宜刑戮及之況公法乎詩云匪上帝不時殷不用舊

雖無老成人尚有典刑曾是莫聽大命以傾此之謂也詩大雅蕩之篇鄭云老成人伊尹伊陟臣扈之屬也典刑常事故法也古之所謂士仕者厚敦者也合羣者也士仕謂士之入仕合謂和合羣衆也樂富貴者也樂其道也樂分施者也施或所亥反遠罪過者也遠于願反務事理者也務使事有條理羞獨富者也使家給人足也今之所謂士仕者汙漫者也賊亂者也汙漫已解在榮辱篇恣睢者也恣睢已解於上貪利者也觸抵者也恃權埶而忤人無禮義而唯權埶之嗜者也古之所謂處士者德盛者也能靜者也處士不仕者也易曰或出或處能靜謂安時處順也脩正者也知命者也箸是者也明箸其時是之事不使人疑其姦詐也今之所謂處士者

無能而云能者也云能自言其能也慎子曰勁而害能則亂也云能而害無能則亂也蓋戰國時以言能爲云能當時之語也無知而云知者也利心無足而佯無欲者也好利不知足而詐爲無欲者也行僞險穢而彊高言謹慤者也以不俗爲俗以不合俗人自爲其俗也離縱而跂訾者也訾讀爲恣恣離縱謂離於俗而放縱跂恣謂跂足違俗而恣其志意皆違俗自高之貌或曰縱當爲縱傳寫誤耳縱與纚同步也離縱謂離於俗而步去跂訾亦謂跂足自高而訾毀於人離力智反跂丘氏反縱所綺反士君子之所不能爲○宋本之所下衍一能字今從元刻刪或疑此句因下文首句而誤衍

君子能爲可貴不能使人必貴己可貴謂道德也能爲可信不能使人必信己能爲可用不能使人必用己可用謂才

能也故君子耻不脩不耻見汙見汙爲人所汙穢也耻不信不耻
不見信耻不能不耻不見用是以不誘於譽不恐於
誹虛譽不能誘誹謗不能動率道而行端然正己不爲物傾側夫
是之謂誠君子誠實也謂無虛僞也詩云溫溫恭人維德之基
此之謂也已解在不苟篇
士君子之容其冠進其衣逢其容良進謂冠在前也逢大也謂逢掖
也良謂樂易也儼然壯然祺然蕼然恢恢然廣廣然昭昭然
蕩蕩然是父兄之容也儼然矜莊之貌壯然不可犯之貌或當爲莊祺然蕼然未
詳或曰祺祥也吉也謂安泰不憂懼之貌蕼當爲肆謂寬舒之貌恢恢廣廣皆容衆之貌昭昭明顯之貌
蕩蕩恢夷之貌其冠進其衣逢其容愨謹敬儉然恀然輔然端

然訾然洞然綴綴然瞀瞀然是子弟之容也儉然自卑謙之貌恀然恃尊長之貌爾雅曰恀恃也郭云江東呼母爲恀恀音紙輔然相親附之貌端然不傾倚之貌訾然未詳或曰與孳同柔弱之貌洞然恭敬之貌禮記曰洞洞乎其敬也綴綴然不乖離之貌謂相連綴也瞀瞀然不敢正視之貌吾語汝學者之嵬容說學者爲嵬行之形狀嵬已解於上○元刻正文無容字今從宋本增其冠絻其纓禁緩其容簡連絻當爲俛謂太向前而低俛也纓冠之繫也禁緩未詳或曰讀爲紟紟帶也言其纓大如帶而緩也簡連傲慢不前之貌紟其禁反連讀如往蹇來連之連塡塡然狄狄然莫莫然瞡瞡然瞿瞿然盡盡然盱盱然塡塡然滿足之貌狄狄讀爲趯跳躍之貌莫讀爲貊貊靜也不言之貌或動而跳躍或靜而不言皆謂舉止無恒也瞡瞡未詳或曰瞡與規規同規規小見之貌瞿瞿瞪視之貌盡盡極視盡物之貌盱盱張目之貌皆謂視瞻不平或大察也盱許于反酒食聲色之

中則瞞瞞然瞑瞑然瞞瞞閉目之貌瞑瞑視不審之貌謂好悅之甚佯若不視也瞞莫干反瞑母丁反禮節之中則疾疾然訾訾然謂憎疾毀訾也勞苦事業之中則儢儢然離離然偷儒而罔無廉恥而忍謑詬是學者之嵬也事業謂作業也儢儢不勉彊之貌離離不親事之貌陸法言云儢心不力也音呂偷儒謂苟避事之勞苦也罔謂罔冒不畏人之言也謑詬詈辱也此一章皆明視其狀貌而辨善惡也今之所解或取聲韻假借或推傳寫錯誤因隨所見而通之也○正文謑詬元刻作謑詬案說文謑胡禮切重文謨貢一字也洪興祖楚辭補注九思篇謑詬下引荀子作謨詬正與宋本合其引注罵辱也又與元刻同案漢書賈誼傳有奊詬亾節語同此彼奊音絜元刻罵辱也下有謑音奚三字宋本無弟佗其冠神禫其辭弟佗其冠未詳神禫當爲沖澹謂其言淡薄也○弟本或作弟集韻音徒回反莊子應帝王篇有弟靡此弟佗義當近之與上所云其冠絻亦頗相似俗閒本俱作

第作禹行而舜趨是子張氏之賤儒也但宗聖人之正威儀而已矣其衣冠齊其顏色嗛然而終日不言是子夏氏之賤儒也嗛與慊同快也謂自得之貌終日不言謂務於沈默史記樂毅與燕惠王書曰先王以爲嗛於志也偷儒憚事無廉恥而耆飲食必曰君子固不用力是子游氏之賤儒也偷儒已解上耆與嗜同此皆言先儒性有所偏愚者效而慕之故有此敝也彼君子則不然佚而不惰勞而不侵雖逸而不懈惰雖勞而不弛慢宗原應變曲得其宜如是然後聖人也宗原根本也言根本及應變皆曲得其宜也

仲尼篇第七

仲尼之門人五尺之豎子言羞稱乎五伯是何也曰

然彼誠可羞稱也齊桓五伯之盛者也言盛者猶如此況其下乎伯讀爲霸或曰伯長也爲諸侯之長春秋傳曰王命內史叔興父策命晉侯爲侯伯也前事則殺兄而爭國兄子糾也內行則姑姊妹之不嫁者七人閨門之內般樂奢汏般亦樂也汏侈也音太下同以齊之分奉之而不足分半也用賦稅之半也公羊傳曰師喪分焉外事則詐邾襲莒并國三十五詐邾未聞襲莒謂桓公與管仲謀伐莒未發爲東郭牙先知之是也并國三十五謂滅譚滅遂滅項之類其餘所未盡聞也其事行也若是其險汙淫汏也事險而行汙也行下孟反固曷足稱乎大君子之門哉若是而不亡乃霸何也曰於乎夫齊桓公有天下之大節焉夫孰能亡之於乎讀爲嗚呼歎美之聲大節謂大節義也俠然見管仲之能足

以託國也是天下之大知也倓安也安然不疑也大知謂知人之大也倓地坎反安忘其怒出忘其讎遂立以爲仲父是天下之大決也安猶內也出猶外也言內忘忿恚之怒外忘射鉤之讎仲者夷吾之字父者事之如父故號爲仲父大決謂斷決之大也立以爲仲父而貴戚莫之敢妬也不敢妬其親密與之高國之位而本朝之臣莫之敢惡也高子國子世爲齊上卿今以其位與之本朝之臣謂舊臣也春秋傳管仲曰有天子之二守國高在與之書社三百而富人莫之敢距也書社謂以社之戶口書於版圖周禮二十五家爲社距與拒同敵也言齊之富人莫有敢敵管仲者也○案注所引周禮出說文乃古周禮說也距古字拒俗字論語石經殘字其不可者距之貴賤長少秩秩焉莫不從桓公而貴敬之是天下之大節也秩秩順序之貌諸侯有一節如是

則莫之能亾也桓公兼此數節者而盡有之夫又何可亾也其霸也宜哉非幸也數也其術數可霸非爲幸遇也然而仲尼之門人五尺之豎子言羞稱乎五伯是何也曰然彼非本政教也非致隆高也致至極也非綦文理也非極有文章條理也非服人之心也非以義服之也鄉方略審勞佚鄉讀爲向趨也審勞佚謂審知使人之勞佚也畜積脩鬭而能顚倒其敵者也畜積倉廩脩戰鬭之術而能傾覆其敵也詐心以勝矣彼以讓飾爭依乎仁而蹈利者也爲讓所以飾爭非眞讓也行仁所以蹈利非眞仁也小人之傑也彼固曷足稱乎大君子之門哉前章言五霸救時故褒美之此章明王者之政故言其失孟子曰五霸者三王之罪人也彼王者則不然致賢而能以

救不肖致彊而能以寬弱戰必能殆之而羞與之鬭 必以義服不力服也 委然成文以示之天下 委然俯就之貌言俯就人使成文理以示天下 而暴國安自化矣有災繆者然後誅之 有災怪繆戾者然後誅之非顛倒其敵也 故聖王之誅也綦省矣 省少也所景反 文王誅四 四謂密也阮也共也崇也詩曰密人不恭敢距大邦侵阮徂共春秋傳曰文王聞崇德亂而伐之因壘而降史記亦說文王征伐與此小異誅者討伐殺戮之通名 武王誅二 史記云武王斬紂與妲己尸子曰武王親射惡來之口親斫殷紂之頸手汙於血不溫而食當此之時猶猛獸者也○案溫字有誤或是盥字 周公卒業 周公終王業亦時有小征伐謂三監淮夷商奄也 至於成王則安以無誅矣 言其化行刑措也 故道豈不行矣哉 以此言之道豈不行人自不行耳故又以下事明之 文王載百里地而天下一 所載之地

不過百里而天下一以有道也桀紂舍之厚於有天下之埶而不得以匹夫老桀紂舍道雖有天下厚重之埶而不得如庶人壽終故善用之則百里之國足以獨立矣不善用之則楚六千里而爲讎人役善用謂善用道也讎人秦也楚懷王死於秦其子襄王又爲秦所制而役使之也故人主不務得道而廣有其埶是其所以危也

持寵處位終身不厭之術論人臣處位可終身行之之術主尊貴之則恭敬而僔僔與撙同卑退也主信愛之則謹愼而嗛嗛與歉同不足也言不敢自滿也春秋穀梁傳曰一穀不升謂之嗛主專任之則拘守而詳謹守職事詳明法度主安近之則愼比而不邪謹愼親比於上而不回邪諂佞主疏遠之則全一而不倍不以疏遠而懷離貳之心主損絀之則

恐懼而不怨，貴而不爲夸（夸奢侈也），信而不忘處謙（謙讀爲嫌，得信於主不處嫌疑閒，使人疑其作威福也），任重而不敢專。財利至則言善而不及也，必將盡辭讓之義然後受（善而不及而如也，言己之善寡，如不合當此財利也）。福事至則和而理，禍事至則靜而理（理謂不失其道，和而理謂不充屈，靜而理謂不隕穫也）。富則施廣，貧則用節，可貴可賤也，可富可貧也，可殺而不可使爲姦也（君雖寵榮屈辱之，終不可使爲姦也）。是持寵處位終身不厭之術也。雖在貧窮徒處之埶，亦取象於是矣。夫是之謂吉人（徒處徒行，或曰獨處也。雖貧賤其所立志亦取法於此也）。詩曰：媚茲一人，應侯順德，永言孝思，昭哉嗣服。此之謂也（詩大雅下武之篇。一人謂君也。應當，侯維，服事也。鄭云媚愛茲此也可愛乎武王能當此順德謂能成其祖考之功也服事也明哉武王之嗣行祖考之事謂伐紂定天下也引此者明臣事君亦猶武王之繼祖考也

求善處大重理任大事大重謂大位也擅寵於萬乘之國必無後患之術莫若好同之好賢人與之同者也援賢博施除怨而無妨害人除怨不念舊惡○正文人字元刻作之能耐任之則慎行此道也耐忍也慎讀爲順言人有賢能者雖不欲用必忍而用之則順己所行之道耐乃代反能而不耐任有能者不忍急用之且恐失寵則莫若早同之推賢讓能而安隨其後如是有寵則必榮失寵則必無罪是事君者之寶而必無後患之術也或曰荀子非王道之書其言駁雜今此又言以術事君曰不然夫荀卿生於衰世意在濟時故或論王道或論霸道或論彊國在時

君所擇同歸於治者也若高言堯舜則道不必合何以拯斯民於塗炭乎故反經合義曲成其道若得行其志治平之後則亦堯舜之道也又荀卿門人多仕於大國故戒其保身推賢之術與大雅既明且哲豈云異哉○正文也字元刻在寶字下案推賢讓能人臣之正道也以此爲固寵之術亦不善於持說矣注曲爲之解非是故知者之舉事也滿則慮嗛嗛不足也當其盈滿則思其後不足之時而先防之平則慮險安則慮危曲重其豫猶恐及其旤是以百舉而不陷也委曲重多而備豫之猶恐其及旤旤與禍同孔子曰巧而好度必節勇而好同必勝知而好謙必賢此之謂也巧者多作淫靡故好法度者必得其節勇者多陵物故好與人同者必勝之也愚者反是處重擅權則好專事而妬賢能抑有功而擠有罪志驕盈而輕舊怨擠排也言重傷之也輕舊怨謂輕報舊怨以吝嗇而

不行施道乎上爲重招權於下以妨害人雖欲無危得乎哉施道施惠之道欲重其威福故招權使歸於己是以位尊則必危任重則必廢擅寵則必辱可立而待也可炊而僨也炊與吹同僨當爲僵言可以氣吹之而僵仆僨音竟○元刻作音僵是何也則墮之者衆而持之者寡矣墮許規反

天下之行術可以行於天下之術以事君則必通以爲仁則必聖立隆而勿貳也仁謂仁人聖亦通也以事君則必通達以爲仁則必有聖知之名者在於所立敦厚而專一也此謂可行天下之術也然後恭敬以先之忠信以統之愼謹以行之端慤以守之頓窮則從之疾力以申重之以敦厚不貳爲本然後輔之以恭敬之屬頓謂困躓也疾力勤力也困戹之時則尤加勤

力而不敢怠惰中重猶再三也君雖不知無怨疾之心功雖甚大無伐德之色省求多功愛敬不勸如是則常無不順矣省少也少所求卽多立功勞省所景反以事君則必通以爲仁則必聖夫是之謂天下之行術

少事長賤事貴不肖事賢是天下之通義也有人也埶不在人上而羞爲人下是姦人之心也志不免乎姦心行不免乎姦道而求有君子聖人之名辟之是猶伏而咶天救經而引其足也辟讀爲譬咶與舐同經縊也伏而舐天愈謚遠也救經而引其足愈謚急也經音徑說必不行矣俞務而俞遠俞讀爲愈故君子時詘則詘時伸則伸也埶在上則爲上在下則爲下必當其分安

有埶不在上而羞爲下之心哉

荀子卷第三

荀子卷第四

登仕郎守大理評事楊倞注

儒效篇第八（效功也）

大儒之效武王崩成王幼周公屏成王而及武王以屬天下惡天下之倍周也（屏蔽及繼屬續也屬之欲反）履天下之籍（籍謂天下之圖籍也）聽天下之斷偃然如固有之而天下不稱貪焉（偃然猶安然固有之謂如固合有此位也）殺管叔虛殷國而天下不稱戾焉（虛讀爲墟戾暴也墟殷國謂殺武庚遷殷頑民于洛邑朝歌爲墟也）兼制天下立七十一國姬姓獨居五十三人而天下不稱偏焉（左氏傳成鱄對魏獻子曰昔武王克商光有天下其兄弟之國者十有五人姬姓之國者四十人皆

舉親也與此數略同言四十人蓋舉成數又曰昔周公弔二叔之不咸故封建親戚以蕃周室管蔡郕霍魯衛毛聃郜雍曹滕畢原酆郇文之昭也邘晉應韓武之穆也凡蔣邢茅胙祭周公之胤也餘國名淺學難盡詳究教誨開導成王使諭於道而能揜迹於文武開導謂開通導達揜襲也周公歸周周公所封畿內之國亦名周春秋周公黑肩蓋其後也言周公自歸其國也反籍於成王而天下不輟事周然而周公北面而朝之待其固安之後北面為臣明攝政非為己也天子也者不可以少當也不可少頃當此位也不可以假攝為也周公所以少頃假攝天子之位蓋權宜以安周室也能則天下歸之不能則天下去之是以周公屏成王而及武王以屬天下惡天下之離周也成王冠成人周公歸周反籍焉明不滅主之義也周公

無天下矣鄉有天下今無天下非擅也鄉讀爲向下同擅與禪同言非禪讓與成王也成王鄉無天下今有天下非奪也變埶次序節然也節期也權變次序之期如此也故以枝代主而非越也枝枝子周公武王之弟故曰枝主成王也以弟誅兄而非暴也謂殺管叔管叔周公之兄也君臣易位而非不順也時不得不然故易位非爲不順因天下之和遂文武之業明枝主之義仰易變化天下厭然猶一也仰易反易也厭然順從之貌一涉反○正文仰易變化宋本作抑亦變化矣無仰易反易也五字注今從元刻非聖人莫之能爲夫是之謂大儒之效

秦昭王問孫卿子曰儒無益於人之國漢宣帝名詢劉向編錄故以荀卿爲孫卿也孫卿子曰儒者法先王隆禮義謹乎臣子

而致貴其上者也謹乎臣子謂使不敢爲非致極也人主用之則埶在本朝而宜言儒者得權埶在本朝則事皆合宜也不用則退編百姓而慤必爲順下矣必不爲勃亂也雖窮困凍餧必不以邪道爲貪無置錐之地而明於持社稷之大義嗚呼而莫之能應然而通乎財萬物養百姓之經紀嗚呼歎辭也財與裁同雖歎其莫己知無應之者而亦不怠惰困弃常通於裁萬物養百姓之綱紀也埶在人上則王公之材也在人之上謂爲人君也在人下則社稷之臣國君之寶也雖隱於窮閻漏屋人莫不貴之道誠存也窮閻窮僻之處閻里門也漏屋弊屋漏雨者也仲尼將爲司寇魯司寇也沈猶氏不敢朝飲其羊公慎氏出其妻慎潰氏踰境而徙皆魯

人家語曰沈猶氏常朝飲其羊以詐市人公慎氏妻淫不制愼潰氏奢侈踰法魯之粥六畜者飾之以儲賈魯之粥牛馬者不豫賈必蚤正以待之也豫賈定爲高價也粥牛馬者不敢高價言仲尼必先正其身以待物故得從化如此賈讀爲價○正文以待之下俗本有者字居於闕黨闕黨之子弟罔不必分有親者取多居謂孔子開居闕黨之子弟罔不分均有無於分均之中有父母者取其多也○宋本無必字元刻有案必與畢古通用新序五作罔罟分有親者取多其卷一作畋漁分有親者得多與此不同孝弟以化之也由孔子以孝弟化之儒者在本朝則美政在下位則美俗○下位元刻作其位儒之爲人下如是矣王曰然則其爲人上何如孫卿曰其爲人上也廣大矣志意定乎內禮節脩乎朝法則度量正乎官忠信愛利形乎下官百官形見也

行一不義殺一無罪而得天下不爲也此君義信乎人矣通於四海則天下應之如讙以君義通於四海故應之如讙讙喧也言聲齊應之也是何也則貴名白而天下治也貴名謂儒名可貴白明顯○俗本注末有之貌二字故近者歌謳而樂之遠者竭蹶而趨之竭蹶顛倒也遠者顛倒趨之如不及然四海之內若一家通達之屬莫不從服夫是之謂人師通達之屬謂舟車所至人力所通之處也師長也言儒者之功如此故可以爲人之師長也○注人之師長宋本無之字今從元刻詩曰自西自東自南自北無思不服此之謂也詩大雅文王有聲之篇引此以明天下皆歸之也夫其爲人下也如彼其爲人上也如此何謂其無益於人之國也昭王曰善

先王之道仁人隆也比中而行之先王之道謂儒學仁人之所崇高也以其比類中道而行之不爲詭異之說不高不下使賢不肖皆可及也曷謂中曰禮義是也道者非天之道非地之道人之所道也重說先王之道非陰陽山川怪異之事是人所行之道也○宋本作人之所以道也下又有君子之所道也句今從元刻刪正君子之所謂賢者非能偏能人之所能之謂也君子之所謂知者非能偏知人之所知之謂也君子之所謂辯者非能偏辯人之所辯之謂也君子之所謂察者非能偏察人之所察之謂也有所正矣苟得其正不必偏能或曰正當爲止言止於禮義也相高下視墝肥序五種君子不如農人相視也高下原隰也墝薄田也五種黍稷豆麥麻序謂不失次序各當土宜也通財貨

相美惡辯貴賤君子不如賈人視貨物之美惡辨其貴賤也賈與估同設規矩陳繩墨便備用君子不如工人便備用謂精巧便於備用不卹是非然不然之情以相薦撙以相恥怍君子不若惠施鄧析薦藉也謂相蹈藉撙抑皆謂相陵駕也作慙也○正文末有也字今從元刻刪若夫譎德而定次譎與商同古字商度其德而定位次本或亦多作譎譎與決同謂斷決其德故下亦有譎德而序位之語○注末四字宋本作定次也訛今從元刻量能而授官使賢不肖皆得其位能不能皆得其官任使各當其才萬物得其宜事變得其應慎墨不得進其談惠施鄧析不敢竄其察竄隱匿也言二子之察無所逃匿君子皆識也言必當理事必當務是然後君子之所長也凡事行有益於理者立之

（行下孟反）無益於理者廢之夫是之謂中事凡知說有益於理者爲之無益於理者舍之夫是之謂中說行事失中謂之姦事知說失中謂之姦道姦事姦道治世之所弃而亂世之所從服也若夫充虛之相施易也（充實也施讀曰移移易謂使實者虛虛者實也）堅白同異之分隔也（以堅白同異之言相分別隔易同異已解上也）是聰耳之所不能聽也明目之所不能見也辯士之所不能言也雖有聖人之知未能僂指也（僂疾也言雖聖人亦不可疾速指陳僂力主反公羊傳曰夫人不僂何休曰僂疾也齊人言也）不知無害爲君子知之無損爲小人工匠不知無害爲巧君子不知無害爲治（君子卿大夫也）王公好之則亂法

百姓好之則亂事事謂作業而狂惑戇陋之人乃始率其羣徒辯其談說明其辟稱老身長子不知惡也戇愚也辟音譬稱尺證反身老子長言終身不知惡之也夫是之謂上愚有偏僻之見非昧然無知然亦不免於愚故曰上愚曾不如相雞狗之可以爲名也有惠施鄧析之名尚不如相雞狗之名也○正文曾不如下宋本有好字元刻無詩曰爲鬼爲蜮則不可得有靦面目視人罔極作此好歌以極反側此之謂也詩小雅何人斯之篇毛云蜮短狐也靦姑也鄭云使汝爲鬼爲蜮也則汝誠不可得見也姑然有面目汝乃人也人相視無有極時終必與汝相見也引此以喻狂惑之人也

我欲賤而貴愚而智貧而富可乎曰其唯學乎彼學者行之曰士也彼爲儒學者能行則爲士也士者脩立之稱敦慕焉君子

也敦厚慕之知之聖人也知之謂通於學也於事皆通則與聖人無異也上爲聖人下爲士君子孰禁我哉爲學之後則誰能禁我使不爲聖人士君子也鄉也混然涂之人也俄而並乎堯禹豈不賤而貴矣哉混然無所知之貌並比也鄉音向涂與途同鄉也效門室之辨混然曾不能決也效自辨別也向者明白門室之別異猶不能決言所知淺也俄而原仁義分是非圖回天下於掌上而辯白黑豈不愚而知矣哉原本也謂知仁義之本圖謀也回轉也言圖謀運轉天下之事如在掌上也○而辯之而與如同鄉也胥靡之人俄而治天下之大器舉在此豈不貧而富矣哉胥靡刑徒人也胥相靡繫也謂鏁相聯相繫漢書所謂鋃鐺者也舉皆也顏師古曰聯繫使相隨而服役之猶今囚徒以鏁連枷也今有人於此屑然藏千溢之

寶雖行貣而食人謂之富矣〔屑然雜碎衆多之貌行貣行乞也貣土得反〕彼寶也者衣之不可衣也〔下衣於既反言已爲衣則不可衣著○案已以通〕食之不可食也賣之不可僂售也〔僂疾〕然而人謂之富何也豈不大富之器誠在此也〔喻學者雖未得衣食亦猶藏千金之寶也〕是杅杅亦富人已豈不貧而富矣哉〔杅杅郎于于也自足之貌莊子曰聽居居視于于也〕故君子無爵而貴無祿而富不言而信不怒而威窮處而榮獨居而樂豈不至尊至富至重至嚴之情舉積此哉〔舉皆也此此儒學也其情皆在此故人尊貴敬之〕故曰貴名不可以比周爭也不可以夸誕有也不可以埶重脅也必將誠此然後就也〔貴名人所貴儒學之名此身也〕爭之則失

讓之則至遵道則積夸誕則虛遵道則自委積夸誕則尤謚空虛也故

君子務脩其內而讓之於外務積德於身而處之以

遵道如是則貴名起之如日月天下應之如雷霆衆應之聲如雷○正文起之宋本無之字故曰君子隱而顯微而明辭讓而

勝詩曰鶴鳴于九皋聲聞于天此之謂也詩小雅鶴鳴之篇毛云皋澤也言身隱而名著也鄭云皋澤中水溢出所爲坎自外數至九喻深遠也鄙夫反是

比周而譽俞少鄙爭而名俞辱煩勞以求安利其身

俞危俞讀爲愈詩曰民之無良相怨一方受爵不讓至于

己斯亾此之謂也詩小雅角弓之篇引此以明不責己而怨人故能小而

事大辟之是猶力之少而任重也舍粹折無適也舍除

也粹讀爲碎除碎折之外無所之適言必碎折身不肖而誣賢是猶傴伸而好升高也指其頂者愈衆傴僂也伸讀爲身字之誤也傴身之人而彊升高則頭頂尤低屈故指而笑之者愈衆故明主譎德而序位所以爲不亂也忠臣誠能然後敢受職所以爲不窮也分不亂於上能不窮於下治辨之極也不亂謂皆當其序不窮謂通於其職列也言儒爲治辨之極也詩曰平平左右亦是率從是言上下之交不相亂也詩小雅采菽之篇毛云平平辯治也交謂上下相交接也

以從俗爲善以貨財爲寶以養生爲己至道是民德也養生爲己至道謂莊生之徒民德言不知禮義也○此條舊不提行今案當分段從俗元刻作容俗今從宋本行法至堅不以私欲亂所聞如是則可謂勁士

矣行法至堅好脩正其所聞以橋飾其情性行法謂行有法度行下孟反橋與嬌同○案宋本橋从木臣道篇亦同正韻引荀子亦从木元刻从手亦可通其言多當矣而未諭也其行多當矣而未安也其知慮多當矣而未周密也未諭謂未盡曉其義未安謂未得如天性安行之也周密謂盡善也上則能大其所隆下則能開道不己若者如是則可謂篤厚君子矣脩百王之法若辨白黑應當時之變若數一二如數一二之易行禮要節而安之若生四枝要邀也節節文也言安於禮節若身之生四枝不以造作爲也要一遙反下要時同要時立功之巧若詔四時邀時立功之巧謂不失機權若天告四時使成萬物也平正和民之善億萬之衆而博若一人如是則可謂賢人矣雖博雜衆

多如理一人之少也○賢人舊作聖人誤井井兮其有理也井井良易之貌理有條理也○正文有理各本作有條理案注則正文條字衍今刪嚴嚴兮其能敬己也嚴嚴有威重之貌能敬己不可干以非禮也嚴或為儼○注干以各本皆誤到今從明虞王合訂本移正分分兮其有終始也事各當其分卽無雜亂故能有終始分扶問反猒猒兮其能長久也猒足也亂生於不足故知足然後能長久也樂樂兮其執道不殆也殆危也炤炤兮其用知之明也炤炤明見之貌炤與照同脩脩兮其用統類之行也脩脩整齊之貌統類綱紀也言事不乖悖也綏綏兮其有文章也綏綏安泰之貌綏或為葳蕤之蕤熙熙兮其樂人之臧也熙熙和樂之貌隱隱兮其恐人之不當也隱隱憂戚貌恐人之行事不當理此已上皆論大儒之德也如是則可謂聖人矣此其道出乎一

曷謂一曰執神而固執持精神堅固曷謂神曰盡善挾洽之謂神萬物莫足以傾之之謂固挾讀爲浹浹周洽也神固之謂聖人聖人也者道之管也天下之道管是矣百王之道一是矣管樞要也是是儒學故詩書禮樂之歸是矣詩言是其志也是儒之志書言是其事也禮言是其行也樂言是其和也春秋言是其微也微謂儒之微旨一字爲褒貶微其文隱其義之類是也故風之所以爲不逐者取是以節之也風國風逐流蕩也國風所以不隨荒暴之君而流蕩者取聖人之儒道以節之也詩序曰變風發乎情止乎禮義發乎情人之性也止乎禮義先王之澤也小雅之所以爲小雅者取是而文之也雅正也文飾也大雅之所以爲大雅者取是而光之也頌

之所以爲至者取是而通之也至謂盛德之極天下之道畢是矣鄉是者臧倍是者亾鄉是如不臧倍是如不亾者自古及今未嘗有也是皆謂儒也鄉讀曰向○正文兩如字俱讀爲而

客有道曰孔子曰周公其盛乎言其德盛身貴而愈恭家富而愈儉勝敵而愈戒戒備也言勝敵而益戒備荀卿之時有客說孔子之言如此應之曰是殆非周公之行非孔子之言也武王崩成王幼周公屏成王而及武王履天下之籍負扆而坐戶牖之閒謂之扆也○宋本作履天子之籍今從元刻案坐當作立諸侯趨走堂下當是時也夫又誰爲恭矣哉兼制天下立七十一國姬姓獨居五十三人焉周之子孫苟不狂惑者莫不

爲天下之顯諸侯孰謂周公儉哉武王之誅紂也行之日以兵忌武王發兵以兵家所忌之日東面而迎太歲迎謂逆太歲尸子曰武王伐紂魚辛諫曰歲在北方不北征武王不從至汜而汎至懷而壞汜水名懷地名書曰覃懷底績孔安國曰覃懷近河地名謂至汜而適遇水汎漲至懷又河水汎溢也呂氏春秋曰武王伐紂天雨日夜不休汜音祀○案正文至汜當作至汜汜左傳鄗在鄭地汜釋文音凡字从巳不从巳其地在成皋之閒又漢高即位於汜水之陽以在定陶漢書注音敷劒反非周師所經也汜汎懷壞以音成義楊氏不知汜當爲汜而即音爲祀誤矣又注河水汎溢下疑當有壞道二字至共頭而山隧共河內縣名共頭蓋共縣之山名隧謂山石崩摧也隧讀爲墜共音恭○案共頭即共首見莊子霍叔懼曰出三日而五災至無乃不可乎霍叔武王弟也出行也周居豐鎬軍出三日未當至共蓋文王三分天下有其二境土已近於洛矣或曰至汜之後三日

也周公曰刳比干而囚箕子飛廉惡來知政夫又惡有不可焉比干紂賢臣箕子紂諸父箕國名子爵也飛廉惡來皆紂之嬖臣飛廉善走惡來有力也遂選馬而進選簡擇也朝食於戚暮宿於百泉杜元凱云戚衛邑在頓丘衛縣西百泉蓋近朝歌地名左氏傳曰晉人敗范氏於百泉厭旦於牧之野厭掩也夜掩於旦謂未明已前也厭於甲反鼓之而紂卒易鄉倒戈而攻後也鄉讀曰向遂乘殷人而誅紂乘其倒戈之勢○正文誅紂上元刻有進字蓋殺者非周人因殷人也非周人殺之因殷倒戈之勢自殺之故無首虜之獲無蹈難之賞周人無立功受賞者反而定三革偃五兵定息偃仆也皆不用之義三革犀也兕也牛也考工記曰函人爲甲犀甲七屬兕甲六屬合甲五屬穀梁傳曰天子救日置五麾陳五兵范甯云五兵矛戟鉞楯弓矢國語說齊桓定三革偃五刃韋昭云三革甲胄盾也五刃刀

劒矛戟矢也合天下立聲樂合天下謂合會天下諸侯歸一統也於是武象起而韶護廢矣武象周武王克殷之後樂名武亦周頌篇名詩序曰武奏大武也禮記曰下管象朱干玉戚冕而舞大武韶護殷樂名左氏傳曰吳季札見舞韶護者蓋殷時兼用舜樂武王廢之也○護與濩同宋本元刻竝同四海之內莫不變心易慮以化順之故外闔不閉闔門扇也○案宋本閉作閈係俗體跨天下而無蘄跨越也蘄求也越天下而無求言自足也亦人皆與之不待求也當是時也夫又誰爲戒矣哉太平如此復誰備戒

造父者天下之善御者也無輿馬則無所見其能造父周穆王之御者羿者天下之善射者也無弓矢則無所見其巧羿有窮之君逐夏太康而遂篡位者大儒者善調一天下者也無百

里之地則無所見其功輿固馬選矣而不能以至遠一日而千里則非造父也弓調矢直矣而不能以射遠中微則非羿也（善射者既能及遠又中微細之物也）用百里之地而不能以調一天下制彊暴則非大儒也彼大儒者雖隱於窮閻漏屋無置錐之地而王公不能與之爭名在一大夫之位則一君不能獨畜一國不能獨容成名況乎諸侯莫不願得以爲臣（已解非十二子篇○案此段在一大夫之位云云當爲衍文韓詩外傳卷五無此徑接下文語勢方脗合）用百里之地而千里之國莫能與之爭勝笞棰暴國齊一天下而莫能傾也是大儒之徵也（傾危也徵驗也）其言有類其行有禮（類善也謂

比類於善不爲狂妄之言其舉事無悔其持險應變曲當險危也其持危應變皆曲得其宜當丁浪反與時遷徙與世偃仰隨時設教千舉萬變其道一也是大儒之稽也其道一謂皆歸於治也故禹湯文武事跡不同其於爲治一也稽攷也攷成也其窮也俗儒笑之其通也英傑化之嵬瑣逃之倍千人曰英倍萬人曰傑言英傑之士則慕而化之狂怪之人則畏而逃去之也邪說畏之衆人媿之衆人初皆非其所爲成功之後故自媿也媿或爲貴通則一天下窮則獨立貴名儒名天不能死地不能埋桀跖之世不能汙非大儒莫之能立仲尼子弓是也故有俗人者有俗儒者有雅儒者有大儒者辨儒者之異也不學問無正義以富利爲隆是俗人者也逢衣淺帶解果其

冠逢大也淺帶博帶也韓詩外傳作逢衣博帶言帶博則約束衣服者淺故曰淺帶解果未詳或曰解果陿隘也左思魏都賦曰風俗以韰倮爲嫿韰音下界反倮音果嫿音獲靜好也或曰說苑淳于髡謂齊王曰臣笑鄰圃之祠田以一壺酒三鮒魚祝曰蟹螺者宐禾汙邪者百車蟹螺蓋高地也今冠蓋亦比之謂強爲儒服而無其實也○案韰當作韰所引說苑見復恩篇又見尊賢篇此所引尊賢篇之文也蟹螺彼作蟹堁鄰圃作臣鄰皆當從彼爲是

略法先王而足亂世術略粗也粗法先王之遺言不知大體故足以亂世法韓詩外傳作略法先王而不足於亂世

繆學雜舉不知法後王而一制度不知隆禮義而殺詩書後王後世之王夫隨當時之政而立制度是壹也若妄引上古不合於時制度亂矣故仲尼脩春秋盡用周法韓詩外傳作不知法先王也

其衣冠行僞已同於世俗矣然而不知惡者衣冠卽上所云逢衣淺帶之比行僞謂行僞而堅行下孟反

其言議談說已無

以異於墨子矣然而明不能別○別上宋本有分字今從元刻刪呼先王以欺愚者而求衣食焉呼謂稱舉得委積足以揜其口則揚揚如也揚揚得意之貌隨其長子事其便辟舉其上客僡然若終身之虜而不敢有他志是俗儒者也長子謂君之世子也便辟謂左右小臣親信者也便婢延反辟讀爲嬖舉其上客謂褒美其上客冀得其助也僡字書無所見蓋環繞四拘之貌莊子曰睆然在纆繳之中矣法後王一制度隆禮義而殺詩書其言行已有大法矣然而明不能齊雖有大體其所見之明猶未能齊言行使無纖介之差法教之所不及聞見之所未至則知不能類也有所不知則不能取比類而通之也禮記雖先王未之有可以義起是能類者矣知之曰知之不知曰不知內不自以誣外

不自以欺不自欺人以是尊賢畏法而不敢怠傲是雅儒者也有雅德之儒也法先王統禮義一制度以淺持博以古持今以一持萬以淺持博謂見其淺則可以執持博也先王當爲後王以古持今當爲以今持古皆傳寫誤也○案元刻作以一行萬外傳同本書王制篇亦同苟仁義之類也雖在鳥獸之中若別白黑善類在鳥獸之中猶別況在人矣倚物怪變所未嘗聞也所未嘗見也卒然起一方則舉統類而應之無所儗㤿倚奇也韓詩外傳作奇物怪變卒千忽反儗讀爲疑㤿與作同奇物怪變卒然而起人所難處者大儒知其統類故舉以應之無所疑滯慙怍也張法而度之則晻然若合符節是大儒者也既無所疑怍故開張其法以測度之則晻然如合符節言不差錯也度大各反晻與暗同符節相合之物也周禮門關用符節葢以全竹爲之剖之

爲兩各執其一合之以爲驗也故人主用俗人則萬乘之國亾不義而好利故亾也用俗儒則萬乘之國存僅存用雅儒則千乘之國安用大儒則百里之地久小國多患難用大儒然後可以長久也而後三年天下爲一諸侯爲臣長久之業既成又三年脩德化則可以一天下臣諸侯蓋殷湯周文皆化行之後三年而王也用萬乘之國則舉錯而定一朝而伯錯讀爲措伯讀爲霸言一朝而霸也

不聞不若聞之聞之不若見之見之不若知之知之不若行之學至於行之而止矣行之明也行之則通明於事也○此節舊不提行今案當分段明之爲聖人通明於事則爲聖人聖人也者本仁義當是非齊言行不失豪氂無它道焉已乎行之

矣當丁浪反已止也言聖人無他在止於行其所學也故聞之而不見雖博必謬雖博聞必有謬誤也見之而不知雖識必妄見而不知雖能記識必昧於指意謂若制氏然也○案漢書禮樂志云漢興樂家有制氏但能紀其鏗鎗鼓舞而不能言其義此注蓋本此俗本誤作制力今從宋本訂正知之而不行雖敦必困苟不能行雖所知多厚必至困躓也不聞不見則雖當非仁也雖偶有所當非仁人君子之通明者也其道百舉而百陷也言偶中之道百舉而百陷無一可免也故人無師無法而知則必爲盜勇則必爲賊云能則必爲亂云能自言其能察則必爲怪惠施鄧析之比辯則必爲誕人有師有法而知則速通勇則速威云能則速成察則速盡辯則速論察則速盡謂有聽察之性則能速盡物理速論謂能速論是非也故有師法

者人之大寶也無師法者人之大殃也人無師法則隆性矣有師法則隆積矣隆厚也積習也厚性謂恣其本性之欲厚於積習謂化爲善也○案宋本正文隆性作隆情隆積作隆性注積習也已下全不同作厚於情謂恣其情之所欲厚於性謂本於善也俗閒本亦同當出後人所改與荀子言性惡本旨不合與下文及注皆矛盾今悉据元刻改正而師法者所得乎情非所受乎性不足以獨立而治情謂喜怒愛惡外物所感者也言師法之於人得於外情非天性所受故性不足獨立而治必在因外情而化之或曰情當爲積所得乎積習非受於天性既非天性則不可獨立而治必在化之也○此注方釋情字謚可見上文不作隆情性也者吾所不能爲也然而可化也言天性非吾自能爲也必在化而爲之也情也者非吾所有也然而可爲也言情非吾天性所有然可以外物誘而爲之或曰情亦當爲積積習與天然有殊故曰非

吾所有雖非所有然而可爲之也注錯習俗所以化性也注錯猶措置也錯千故反并一而不二所以成積也并讀爲併一謂師法二謂異端習俗移志安久移質習以爲俗則移其志安之既久則移本質并一而不二則通於神明參於天地矣故積土而爲山積水而爲海○元刻作積土謂之山積水謂之海旦暮積謂之歲至高謂之天至下謂之地宇中六指謂之極六指上下四方也盡六指之遠則爲六極言積近以成遠涂之人百姓積善而全盡謂之聖人彼求之而後得爲之而後成積之而後高盡之而後聖故聖人也者人之所積也言其德行委積人積耨耕而爲農夫積斲削而爲工匠積反貨而爲商賈反讀爲販積禮義而爲君子工

匠之子莫不繼事而都國之民安習其服安習其土風之衣服居楚而楚居越而越居夏而夏夏中夏是非天性也積靡使然也靡順也順其積習故能然故人知謹注錯慎習俗大積靡則爲君子矣大積靡謂以順積習爲也縱性情而不足問學則爲小人矣爲君子則常安榮矣爲小人則常危辱矣凡人莫不欲安榮而惡危辱故唯君子爲能得其所好小人則日徼其所惡徼與邀同招也一堯反詩曰維此良人弗求弗迪維彼忍心是顧是復民之貪亂寧爲荼毒此之謂也詩大雅桑柔之篇迪進也言厲王有此善人不求而進用之忍害爲惡之人反顧念而重復之故天下之民貪亂安然爲荼毒之行由王使之然也

人論（論人之善惡論盧困反）志不免於曲私而冀人之以己爲公也行不免於汙漫而冀人之以己爲脩也（汙穢也漫欺誑也漫莫叛反）其愚陋溝瞀而冀人之以己爲知也是眾人也（溝音寇愚也溝瞀無知也眾人謂衆庶也）志忍私然後能公行忍情性然後能脩（忍謂矯其性行下孟反）知而好問然後能才（其智慮不及常好問然後能有才藝）公脩而才可謂小儒矣（皆矯其不及故爲小儒也）志安公行安脩知通統類如是則可謂大儒矣大儒者天子三公也（其才堪王者之佐也）小儒者諸侯大夫士也眾人者工農商賈也禮者人主之所以爲羣臣寸尺尋丈檢式也人倫盡矣（檢束也式法也度也寸尺尋丈所以知長短也檢束所以制放佚大儒可

爲天子三公小儒可爲諸侯大夫禮可以揔統羣臣人主之柄也倫當爲論或曰倫等也言人道差盡於禮也

君子言有壇宇行有防表道有一隆累土爲壇宇屋邊也防隄防表標也言有壇宇謂有所尊高也行有防表謂有標準也一隆謂厚於一不以異端亂之也言道德之求不下於安存此道德或當爲政治以下有道德之求故誤重寫耳故下云諸侯問政不及安存則不告也謂人以政治來求則以安存國家已上之事語之也言志意之求不下於士以脩其志意來求則語爲士已上之事言道德之求不二後王道德教化也人以教化來求則言當時之切所宜施行之事不二後王師古而不以遠古也舍後王而言遠古是二也道過三代謂之蕩道過三代已前事已久遠則爲浩蕩難信也法二後王謂之不雅雅正也其治法不論當時之事而廣說遠古則爲不正也高

之下之小之臣之不外是矣臣當爲巨雖高下小大不出此壇宇防表也是君子之所以騁志意於壇宇宮庭也宮謂之室庭門屏之內也君子雖騁志意論說不出此壇宇宮庭之內也是時百家異說多妄引前古以亂當世故荀卿屢有此言也故諸侯問政不及安存則不告也匹夫問學不及爲士則不教也百家之說不及後王則不聽也百家雜說不及後王之道妄起異端則君子不聽之也夫是之謂君子言有壇宇行有防表也

荀子卷第四

荀子卷第五

登仕郎守大理評事楊倞注

王制篇第九

請問爲政曰賢能不待次而舉不以官之次序若傅說起版築爲相也罷不能不待須而廢須須臾也○須俗本誤作頃宋本元刻竝作須元惡不待教而誅不教而殺謂之虐唯元惡不教誅之也中庸民不待政而化中庸民易與爲善故教則化之不待政成之後也分未定也則有昭繆繆讀爲穆父昭子穆言爲政當分未定之時則爲之分別使賢者居上不肖居下如昭穆之分別然不問其世族雖王公士大夫之子孫不能屬於禮義則歸之庶人雖庶人之子孫也積文學正身行能屬於禮義則歸

之鄉相士大夫屬繫也之欲反故姦言姦說姦事姦能遁逃反側之民職而教之須而待之反側不安之民也職而教之謂使各當教其本事也須而待之謂須暇之而待其遷善也勉之以慶賞懲之以刑罰安職則畜不安職則棄畜養也棄謂投四裔之比也五疾上收而養之材而事之五疾瘖聾跛躄斷者侏儒各當其材使之謂若矇瞽修聲聾聵司火之屬官施而衣食之兼覆無遺官爲之施設所職而與之衣食才行反時者死無赦夫是之謂天德王者之政也天德天覆之德

聽政之大分○舊本不提行今案當分段以善至者待之以禮以不善至者待之以刑兩者分別則賢不肖不雜是非不亂賢不肖不雜則英傑至是非不亂則國家治若

是名聲日聞天下願令行禁止王者之事畢矣願謂人人皆願凡聽論聽政也威嚴猛厲而不好假道人厲剛烈也假道謂以寬和假借道引人也則下畏恐而不親周閉而不竭隱閉其情不竭盡也若是則大事殆乎弛小事殆乎遂弛廢也遂因循也春秋傳曰遂繼事也下既隱情不敢論說則大事近於弛廢小事近於因循言不肎革弊也和解調通好假道人而無所疑止也和解調通謂寬和不拒下也疑定也疑止謂定止其不可也〇正文也字宋本作之則姦言並至嘗試之說鋒起嘗試之說謂假借他事試爲之也莊子曰嘗試論之鋒起謂如鋒刃齊起言鋭而難拒也若是則聽大事煩是又傷之也聽大謂所聽之事多也傷傷政也故法而不議則法之所不至者必廢議謂講論也雖有法度而不能講論則不周洽故法所不至者必廢也職而

不通則職之所不及者必隊〔雖擧當其職而不能通明其類則職所不及者必隊隊與墜同〕故法而議職而通無隱謀無遺善而百事無過非君子莫能故公平者職之衡也中和者聽之繩也〔聽聽政也衡所以知輕重繩所以辨曲直言君子用公平中和之道故能百事無過中和謂寬猛得中也〕其有法者以法行無法者以類舉聽之盡也〔類謂比類〕偏黨而無經聽之辟也〔無經謂無常法也辟讀爲僻〕故有良法而亂者有之矣有君子而亂者自古及今未嘗聞也傳曰治生乎君子亂生乎小人此之謂也〔其人存則其政舉其人亡則其政息○注兩則字宋本無〕

分均則不偏〔分均謂貴賤敵也分扶問反〕埶齊則不壹衆齊則不

使（此皆名無差等則不可相制也）有天有地而上下有差明王始立而處國有制（制亦謂差等也）夫兩貴之不能相事兩賤之不能相使是天數也（天之數也）埶位齊而欲惡同物不能澹則必爭（澹讀爲贍既無等級則皆不知紀極故物不能足也）爭則必亂亂則窮矣（物窮竭也）先王惡其亂也故制禮義以分之使有貧富貴賤之等足以相兼臨者是養天下之本也（使物有餘而不窮竭）書曰維齊非齊此之謂也（書呂刑言維齊一者乃在不齊以諭有差等然後可以爲治也）

馬駭輿則君子不安輿（馬駭於車中也）庶人駭政則君子不安位（駭政不安上之政也）馬駭輿則莫若靜之庶人駭政則莫

惠之（惠，恩惠也）選賢良，舉篤敬，興孝弟，收孤寡，補貧窮，如是則庶人安政矣。庶人安政，然後君子安位。傳曰：君者舟也，庶人者水也，水則載舟，水則覆舟，此之謂也。故君人者欲安則莫若平政愛民矣，欲榮則莫若隆禮敬士矣，欲立功名則莫若尚賢使能矣。是君人者之大節也。三節者當，則其餘莫不當矣；三節者不當，則其餘雖曲當，猶將無益也（曲當謂委曲皆當。當，丁浪反。○猶，元刻作由，與猶同）。孔子曰：大節是也，小節是也，上君也；大節是也，小節一出焉，一入焉，中君也（謂一得一失也。○宋本小節下有非也二字）；大節非也，小節雖是也，吾無觀其餘矣。

成侯嗣公聚斂計數之君也成侯嗣公皆衛君也史記衛聲公卒子成侯立成侯卒子平侯立平侯卒子嗣君立韓子曰衛嗣公重如耳愛泄姬而恐其皆因其愛重以壅己也乃貴薄疑以敵如耳尊魏妃以耦泄姬曰以是相參也又使客過關市賂之以金後召關市問其有客過與汝金汝回遣之關市大恐以嗣公爲明察此皆計數之類也○所引韓子見内儲說上篇魏妃作魏姬汝回遣之作汝因遣之未及取民也未及謂其才未及也取民謂得民心子產取民者也未及爲政者也禮記曰子產猶衆人之母能食之不能教之也管仲爲政者也未及脩禮者也言未及教化也故脩禮者王爲政者彊取民者安聚斂者亾故王者富民霸者富士士卒伍也僅存之國富大夫亾國富筐篋實府庫筐篋已富府庫已實而百姓貧夫是之謂上溢而下漏如器之上溢下漏空

虛可立而待也入不可以守出不可以戰則傾覆滅亡可立而待也故我聚之以亡敵得之以彊聚斂者召寇肥敵亡國危身之道也故明君不蹈也

王奪之人霸奪之與彊奪之地人謂賢人與謂與國也彊國之術則奪人地也奪之人者臣諸侯奪之與者友諸侯奪之地者敵諸侯臣諸侯者王友諸侯者霸敵諸侯者危用彊者用彊力勝人非知彊道者人之城守人之出戰而我以力勝之也則傷人之民必甚矣傷人之民甚則人之民惡我必甚矣人之民惡我甚則日欲與我鬭人之城守人之出戰而我以力勝之則傷吾民必甚矣傷吾民甚則

吾民之惡我必甚矣吾民之惡我甚則日不欲爲我鬬人之民日欲與我鬬吾民日不欲爲我鬬是彊者之所以反弱也地來而民去累多而功少（累憂累也）雖守者謚所以守者損是以大者之所以反削也（守者謂地也守國以地爲本故曰守者所以守者謂所以守地之人也）諸侯莫不懷交接怨而不忘其敵（交接連結也既以力勝而不義故諸侯皆欲相連結怨國而不忘與之爲敵本多作壞交接言壞其與己交接之道也）伺彊大之閒承彊大之敝此彊大之殆時也（殆危也○元刻敝作弊宋本敝下有也字又有知彊大之敝五字各本多同係衍文今從元刻去之）知彊大者不務彊也（知彊大之術者不務以力勝也者）慮以王命全其力凝其德（慮計也以用也其計慮常用王命謂不敢擅侵暴也凝定也定其德）

嘉善謝氏

謂不輕舉也力全則諸侯不能弱也德凝則諸侯不能削
也天下無王霸主則常勝矣是知彊道者也無王霸之主則
彊國常勝主或衍字彼霸者不然辟田野實倉廩便備用備用足用
也左傳曰無重器備案謹募選閱材伎之士案發聲謹嚴也募招也謹募猶重募
也選閱揀擇也材伎武藝過人者猶漢之材官也然後漸慶賞以先之漸進也言
進勉以慶賞也嚴刑賞以糾之存亾繼絕衞弱禁暴而無兼
并之心則諸侯親之矣并讀爲併下同脩友敵之道以敬接
諸侯則諸侯說之矣說讀爲悅下同所以親之者以不并也
并之見則諸侯疏之矣見賢徧反所以說之者以友敵也
臣之見則諸侯離矣故明其不并之行信其友敵之

道行下孟反謂使人不疑信天下無王霸主則常勝矣是知霸道者也無王者則霸主常勝也閔王毀於五國史記齊湣王四十年樂毅以燕趙楚魏秦破齊湣王出奔莒也桓公劫於魯莊公羊傳柯之盟齊桓公為魯莊公之臣曹沫所劫也無它故焉非其道而慮之以王也不行其道而以計慮為王所以危亾也彼王者不然仁眇天下義眇天下威眇天下眇盡也盡天下皆懷其仁感其義畏其威也仁眇天下故天下莫不親也義眇天下故天下莫不貴也威眇天下故天下莫敢敵也以不敵之威輔服人之道其道可以服人故不戰而勝不攻而得甲兵不勞而天下服是知王道者也知此三具者欲王而王欲霸而霸欲彊而彊矣

王者之人王者之佐飾動以禮義所脩飾及舉動必以禮義聽斷以類所聽斷之事皆得其善類謂輕重得中也明振毫末振舉也言細微必見舉措應變而不窮夫是之謂有原是王者之人也原本也如爲政之本

王者之制說王者制度也道不過三代法不貳後王論王道不過夏殷周之事過則久遠難信法不貳後王言以當世之王爲法不離貳而遠取之道過三代謂之蕩法貳後王謂之不雅竝巳解上衣服有制宮室有度人徒有數人徒謂士卒胥徒也喪祭械用皆有等宜械器也皆有等級各當其宜也聲則凡非雅聲者舉廢舉皆色則凡非舊文者舉息謂染綵畫繢之事也械用則凡非舊器者舉毀舊謂三代故事夫是之謂復古是王者之制也復三代故事則是復古不必遠舉也

王者之論論謂論說賞罰也盧困反無德不貴無能不官無功不賞無罪不罰朝無幸位民無幸生幸僥幸也尙賢使能而等位不遺不遺言各當其材等位等級之位也析愿禁悍而刑罰不過析分異也分其愿慤之民使與凶悍者異也悍凶暴也刑罰不過但禁之而已不刻深也百姓曉然皆知夫爲善於家而取賞於朝也爲不善於幽而蒙刑於顯也夫是之謂定論是王者之論也定論不易之論論不易則人知沮勸也

王者之等賦政事財萬物所以養萬民也等賦賦稅有等所以爲等賦及政事裁制萬物皆爲養人非貪利也財與裁同田野什一什稅一也關市幾而不征幾呵察也但呵察姦人而不征稅也禮記幾作譏山林澤梁以時禁

發而不稅石絕水爲梁所以取魚也非時則禁及時則發禮記曰獺祭魚然後漁人入澤梁草木零落然後入山林也相地而衰政相視也衰差也政爲之輕重政或讀爲征衰初危反理道之遠近而致貢理條理也貢任土所貢也謂若百里賦納總二百里納銍之類也通流財物粟米無有滯留貿遷有無化居不使有滯積也使相歸移也歸讀爲饋移轉也言通商及轉輸相救無不豐足雖四海之廣若一家也四海之内若一家故近者不隱其能遠者不疾其勞不隱其能謂竭其才力也不疾苦其勞謂奔走來王也無幽閒隱僻之國莫不趨使而安樂之幽深也閒隔也言無有深隔之國不爲王者趨使而安樂政教也夫是之謂人師是王者之法也師長也言爲政如此乃可以長人也師者亦使人法效之者也北海則有走馬吠犬焉然而中國得而畜使之海謂荒晦絕遠

之地不必至海水也走馬吠犬今北之大犬也○冀之北土馬之所生注走馬下當有脫文南海則有羽翮齒革曾青丹干焉然而中國得而財之翮大鳥羽齒象齒革犀兕之革曾青銅之精可繢畫及化黃金者出蜀山越巂丹干丹砂也盖一名丹干干讀爲矸胡旦反或曰丹丹砂也干當爲玕尚書禹貢雍州球琳琅玕孔云石而似玉者爾雅亦云西北方之美者有球琳琅玕焉皆出西方此云南方者盖南方亦有也東海則有紫紶魚鹽焉然而中國得而衣食之紫紫貝也紶未詳字書亦無紶字當爲蛣郭璞江賦曰石蛣應節而揚葩注云石蛣龜形春則生花盖亦蚌蛤之屬今案本草謂之石决明陶云俗傳是紫貝定小異附石生大者如手明耀五色內亦含珠古以龜貝爲貨故曰衣食之蛣居怯反○注蛣元刻作蚴同今從宋本西海則有皮革文旄焉然而中國得而用之禹貢梁州貢熊羆狐狸織皮孔云貢四獸之皮織皮今之罽也旄旄牛尾文旄謂染之爲文綵也故

澤人足乎木，山人足乎魚，農夫不斲削不陶冶而足械用，工賈不耕田而足菽粟。故虎豹爲猛矣，然君子剝而用之。故天之所覆，地之所載，莫不盡其美，致其用，物皆盡其美而來爲人用也上以飾賢良，下以養百姓而安樂之。飾謂車服，養謂衣食夫是之謂大神。能變通裁制萬物，故曰大神也詩曰：「天作高山，大王荒之；彼作矣，文王康之。」此之謂也。詩周頌天作之篇。荒，大也。康，安也。言天作此高山，使興雲雨，大王自豳遷焉，則能尊大之。彼大王作此都，文王又能安之也以類行雜，得其統類，則不患於雜也以一行萬，行於一人，則萬人可治也。皆謂得其樞要也始則終，終則始，若環之無端也，舍是而天下以衰矣（始謂類與一也終謂雜與萬也言以此道爲治終始不窮無休息則天下得其次序舍此則亂也衰初危反）天地者生之始也禮義者治之始也君子者禮義之始也（始猶本也言禮義本於君子也）爲之貫之積重之致好之者君子之始也（言禮義以君子爲本君子以習學爲本貫習也積重之謂學使委積重多也致極也好之言不倦也）故天地生君子君子理天地君子者天地之參也萬物之摠也民之父母也（參謂與之相參共成化育也摠領也○俗本又有要也二字宋本元刻皆無）無君子則天地不理禮義無統上無君師下無父子夫是之謂至亂君臣父子兄弟夫婦始則終終則始與天地同理與萬世同久夫是之謂大本（始則終終則始謂一世始言上下尊卑人之大本有君子然後可以長久）

也○注謂一世始何有誤疑當作謂治世也故喪祭朝聘師旅一也此已下明君子禮義之治爲之制喪祭朝聘之禮所以齊一民各當其道不使淫放也下一之義皆同○注之治舊作之始訛貴賤殺生與奪一也使民一於沮勸君君臣臣父父子子兄兄弟弟一也使人一於恩義農農士士工工商商一也使人一於職業

水火有氣而無生草木有生而無知生謂滋長知謂性識禽獸有知而無義人有氣有生有知亦且有義故最爲天下貴也亦且者言其中亦有無義者也○亦且二字乃謂異於禽獸注誤力不若牛走不若馬而牛馬爲用何也曰人能羣彼不能羣也人何以能羣曰分無分則爭爭則不能羣也分何以能行曰以義

故義以分則和（言分義相須也義謂裁斷也○正文曰以義元刻無以字）和則一一則多力多力則彊彊則勝物故宮室可得而居也（物不能害所以安居）故序四時裁萬物兼利天下無它故焉得之分義也（以有分義故能治天下也）故人生不能無羣羣而無分則爭爭則亂亂則離離則弱弱則不能勝物故宮室不可得而居也不可少頃舍禮義之謂也能以事親謂之孝能以事兄謂之弟能以事上謂之順能以使下謂之君（能以皆謂能以禮義也）君者善羣也（善能使人爲羣也）羣道當則萬物皆得其宜六畜皆得其長羣生皆得其命（安其性命）故養長時則六畜育殺生時則草木殖（殺生斬伐）政

令時則百姓一賢良服（時謂有常服謂爲之任使）聖王之制也草木榮華滋碩之時則斧斤不入山林不夭其生不絕其長也黿鼉魚鼈鰌鱣孕別之時（別謂生育與母分別也國語里革諫魯宣公曰魚方別孕韋昭曰自別於雄而懷子也）罔罟毒藥不入澤不夭其生不絕其長也（毒藥毒魚之藥周禮雍氏禁澤之沈者也）春耕夏耘秋收冬藏四者不失時故五穀不絕而百姓有餘食也汙池淵沼川澤謹其時禁（汙渟水之處謹嚴也）故魚鼈優多而百姓有餘用也（用謂食足之外可用貿易）斬伐養長不失其時故山林不童而百姓有餘材也（山無草木曰童）聖王之用也（用財用也）上察於天下錯於地（順天時以養地財也錯千故反）塞備天地之間

加施萬物之上言聖王之用使天地萬物皆得其所微而明短而長狹而廣言用禮義故所守者近所及者遠也神明博大以至約言用禮義治化雖神明博大原其本至簡約也故曰一與一是爲人者謂之聖人一與一動皆一也是此也以此爲人者則謂之聖人也

序官謂王者序官之法也宰爵知賓客祭祀饗食犧牲之牢數宰膳宰爵主掌也饗食饗宴也周禮膳夫之屬有庖人獸人皆掌犧牲一曰爵官爵也言膳宰之官爵掌犧牲之事者也司徒知百宗城郭立器之數百宗百族也城郭謂其小大也立器所立之器用也周禮大司徒之職掌建邦土地之圖與其人民之數立器言五方器械異制皆知其數不使作奇伎之器也司馬知師旅甲兵乘白之數周禮二千五百人爲師五百人爲旅四井爲邑四邑爲丘四丘爲甸亦謂之乘以其治田則謂之甸出長轂一乘則謂之乘乘每

乘又有甲士三人步卒七十二人白謂甸徒猶今之白丁也或曰自當爲百人百人也脩憲命脩憲法之命所以表示人也謂若以樂德教國子中和祗庸孝友之類也審詩商詩商當爲誅賞字體及聲之誤故樂論篇曰其在序官也脩憲命審誅賞謂誅賞其所屬之功過者或曰詩謂四方之歌謠商謂商聲哀思之音如甯戚之悲歌也○注中謂誅賞三字各本皆脫今案文義補禁淫聲周禮大司樂禁其淫聲慢聲鄭云淫聲鄭衛之音也以時順脩謂不失其時而順之脩之使夷俗邪音不敢亂雅大師之事也夷俗謂蠻夷之樂雅正聲也大師樂官之長也讀曰太脩隄梁隄所以防水梁橋也通溝澮溝澮皆所以通水周禮十夫之田有溝溝上有畛千夫有澮澮上有道鄭云溝廣深各四尺澮廣二尋深二仞也行水潦行巡行也下孟反安水臧使水歸其壑安謂不使漏溢臧才浪反以時決塞旱則決之水則塞之不使失時也歲雖凶敗水旱使民有所耘艾司空之事

也艾讀爲刈相高下視肥墝序五種高下原隰也五種黍稷豆麻麥觀其地所宐而種之墝苦交反省農功省觀也觀其勤惰而勸之謹蓄藏謹嚴以時順脩使農夫樸力而寡能治田之事也使農夫敦朴於力穡禁其它能也治田田畯也脩火憲不使非時焚山澤月令二月無焚山林鄭注周禮憲表也主表其刑禁也養山林藪澤草木魚鼈百索百索上所索百物也以時禁發禁謂爲之厲禁發謂許民采取使國家足用而財物不屈虞師之事也屈竭也虞師周禮山虞澤虞也順州里使之和順定廛宅廛謂市內百姓之居宅謂邑內居也定其分界不使相侵奪也養六畜勸人養之也閒樹藝樹藝種樹及桑柘也閒之使疏密得宐也勸教化趨孝弟勸之使從教化趨之使敦孝弟趨讀爲促以時順脩使百姓順命安樂處鄉鄉師之事也鄉師公卿也周禮鄉老二鄉公

一人鄉大夫每鄉卿一人論百工論其巧拙月令曰物勒工名以考其誠工有不當必行其罪也
審時事考工記曰天有時地有氣材有美工有巧合此四者然後可以爲良月令曰監工日號毋
悖于時皆審其時之事也辨功苦功謂器之精好者苦謂濫惡者韋昭曰功堅苦脆也尚完
利完堅也利謂便於用若車之利轉之類也便備用使雕琢文采不敢專
造於家工師之事也專造私造也相陰陽相視也陰陽謂數也占祲
兆占占候也祲陰陽相侵之氣赤黑之祲是其類也兆謂龜兆或曰兆萌兆謂望其雲物知歲之吉凶
也鑽龜陳卦鑽龜謂以火爇荆菙灼之也陳卦謂揲蓍布卦也主攘擇五卜
攘擇攘除不祥擇取吉事也五卜洪範所謂曰雨曰霽曰蒙曰驛曰剋言兆之形也知其吉凶
妖祥傴巫跛擊之事也擊讀爲覡男巫也古者以廢疾之人主卜筮巫祝之事故
曰傴巫跛覡覡胡狄反脩採清脩其採清之事採謂採去其穢清謂使之清潔皆謂除道路穢

惡也周禮蜡氏掌除骴凡國之大祭祀令州里除不蠲也易道路脩而平之謹盜賊謹嚴禁也周禮野廬氏職日有相翔者誅之平室律平均布也室逆旅之室平其室之法皆不使容姦人若今五家爲保也以時順脩使賓旅安而貨財通治市之事也此皆周禮野廬氏之職今云治市蓋七國時設官不同治市之官兼掌道路不必全依周禮制據當時職事言之也抃急禁悍抃當爲析急當爲愿已解上也防淫除邪戮之以五刑使暴悍以變姦邪不作司寇之事也本政教正法則兼聽而時稽之稽計也考也周禮太宰歲終則令百官府各正其治受其會而詔王廢置三歲則大計也度其功勞論其慶賞以時愼脩使百吏免盡而衆庶不偸冢宰之事也○自度其功勞已下至末各本皆無注文脫耳免盡之免與勉同漢書薛宣傳宣因移書勞免之谷永傳閔免遁樂皆以免爲勉論禮

樂正身行廣教化美風俗兼覆而調一之辟公之事也全道德致隆高綦文理一天下振毫末使天下莫不順比從服天王之事也故政事亂則冢宰之罪也國家失俗則辟公之過也天下不一諸侯俗反則天王非其人也

具具而王具具而霸具具而存具具而亾用萬乘之國者威彊之所以立也名聲之所以美也敵人之所以屈也國之所以安危臧否也制與在此亾乎人王霸安存危殆滅亾制與在我亾乎人夫威彊未足以殆鄰敵也名聲未足以縣天下也則是國未能獨立

也豈渠得免夫累乎○案渠與遽同天下脅於暴國而黨爲吾所不欲於是者日與桀同事同行無害爲堯是非功名之所就也非存亡安危之所墮也功名之所就存亡安危之所墮必將於愉殷赤心之所誠以其國爲王者之所亦王以其國爲危殆滅亡之所亦危殆滅亡殷之日案以中立無有所偏而爲縱橫之事偃然案兵無動以觀夫暴國之相卒也案平政教審節奏砥礪百姓爲是之日而兵剸天下勁矣案然脩仁義伉隆高正法則選賢良養百姓爲是之日而名聲剸天下之美矣權者重之兵者勁之名聲者美之夫

堯舜者一天下也不能加毫末於是矣權謀傾覆之人退則賢良知聖之士案自進矣刑政平百姓和國俗節則兵勁城固敵國案自詘矣務本事積財物而勿忘棲遲薛越也○薛越即屑越後同是使羣臣百姓皆以制度行則財物積國家案自富矣三者體此而天下服暴國之君案自不能用其兵矣何則彼無與至也彼其所與至者必其民也其民之親我也歡若父母好我芳若芝蘭反顧其上則若灼黥若仇讎彼人之情性也雖桀跖豈有肎爲其所惡賊其所好者哉彼以奪矣故古之人有以一國取天下者非往行之也脩

政其所莫不願如是而可以誅暴禁悍矣故周公南征而北國怨曰何獨不來也東征而西國怨曰何獨後我也就能有與是鬭者與安以其國爲是者王殷之日安以靜兵息民慈愛百姓辟田野實倉廩便備用安謹募選閱材技之士然後漸賞慶以先之嚴刑罰以防之擇士之知事者使相率貫也是以厭然畜積脩飾而物用之足也兵革器械者彼將日日暴露毁折之中原○日日元刻作日月下竝同我今將脩飾之拊循之掩蓋之於府庫貨財粟米者彼將日日棲遲薛越之中野我今將畜積幷聚之於倉廩材技股肱健勇爪

身之士彼將日日挫頓竭之於仇敵我今將來致之并閱之砥礪之於朝廷如是則彼日積敝我日積完彼日積貧我日積富彼日積勞我日積佚君臣上下之間者彼將厲厲焉日日相離疾也我今將頓頓焉日日相親愛也以是待其敝安以其國爲是者霸立身則從傭俗事行則遵傭故進退貴賤則舉傭士句之所以接下之人百姓者則庸寬惠如是者則安存○僅免於危亾而已立身則輕楛事行則蠲疑進退貴賤則舉佞俛之所以接下之人百姓者則好取侵奪如是者危殆立身則憍暴事行則傾覆進退貴賤則舉幽險

詐故○宋本有一字衍元刻無人之所以接下之人百姓者則好用其死力矣而慢其功勞好用其籍斂矣而忘其本務如是者滅亡此五等者不可不善擇也王霸安存危殆滅亡之具也善擇者制人不善擇者人制之善擇之者王不善擇之者亡夫王者之與亡者制人之與人制之也是其爲相縣也亦遠矣○篇末自具具而王至此文義淺雜當是殘脫之餘故不注耳

荀子卷第五

荀子卷第六

登仕郎守大理評事楊倞注

富國篇第十

萬物同宇而異體（同生宇內形體有異）無宜而有用（雖於人無常定之宜皆有可用人之理必在理得其道使之不爭然後可以富國也）爲人數也人倫竝處同求而異道同欲而異知（倫類也竝處羣居也其在人之法數則以類羣居也同求異道謂或求爲善或求爲惡此人之性也）生也皆有可也知愚同所可異也知愚分（可者遂其意之謂也）埶同而知異行私而無禍縱欲而不窮則民心奮而不可說也（禍患也窮極也奮謂起而爭競也說讀爲悅若縱縱其性情而無分則民心奮起爭競而不可悅服也）如是則知者未得治

也知者未得治則功名未成也功名之立由於任智功名未成則羣眾未縣也有功名者居上無功名者居下然後羣眾縣隔若未有功名則羣眾齊等也羣眾未縣則君臣未立也既無縣隔則未有君臣之位也無君以制臣無上以制下天下害生縱欲無上下相制則天下之害生於各縱其欲也欲惡同物欲多而物寡寡則必爭矣同物謂飲食男女人之大欲存焉死亾貧苦人之大惡存焉是賢愚同有此情也無君上之制各恣其欲則物不能贍故必爭之也故百技所成所以養一人也技工也一人君上也言百工所成之眾物以養一人是物多而所奉者寡故能治也而能不能兼技雖能者亦不兼其技功使有分也謂梓匠輪輿各安其業則治離之則亂也人不能兼官皆使專一於分不二事也謂若夔典樂稷播種之類也離居不相待則窮羣而無分則爭不相待遺

弃也窮謂爲物所困也此言不羣則不可羣而無分亦不可也窮者患也爭者禍也
救患除禍則莫若明分使羣矣此已上皆明有分則能羣然後可以富國
也彊脅弱也知懼愚也民下違上少陵長不以德爲
政德謂教化使知分義也如是則老弱有失養之憂而壯者有
分爭之禍矣老弱不能自存故憂失養壯者以力相勝故有分爭也事業所惡
也功利所好也職業無分事業謂勞役之事人之所惡職業謂官職及四人之
業也必使各供其職各從所務若無分則莫不惡勞而好逸也如是則人有樹事之
患而有爭功之禍矣樹立也若無分則人人患於樹立己事而爭人之功以此爲禍
也男女之合夫婦之分合配也分謂人各有偶也婚姻娉內送逆
無禮婦之父爲婚壻之父爲姻言婚姻者明皆以二人之命也聘問名也內讀曰納納幣也送致女

逆親迎也○娉說文同也匹正切廣韻云娶也後人入詩作平聲娉婷訛甚注作聘今字如是則人有失合之憂而有爭色之禍矣失合謂喪其配偶也故知者為之分也知如字知者謂知治道者又讀為智皆通

足國之道明富國之術也節用裕民而善臧其餘裕謂優饒也善臧其餘謂雖有餘不秏損而善藏之○臧古藏字正文從古注以今文解之楊氏往往如此節用以禮裕民以政以禮謂用不過度以政謂取之有道也彼裕民故多餘人得優饒務於力作故多餘也裕民則民富民富則田肥以易易謂耕墾平易田肥以易則出實百倍所出穀實多也上以法取焉而下以禮節用之法取謂什一也以禮節用謂不妄秏費也餘若丘山不時焚燒無所臧之以言多之極也夫君子奚患乎無餘以墨子憂不足故知

節用裕民則必有仁義聖良之名而且有富厚丘山之積矣名實皆美此無它故焉生於節用裕民也不知節用裕民則民貧民貧則田瘠以穢貧則力不足耕耨失時也田瘠以穢則出實不半不得其半上雖好取侵奪猶將寡獲也而或以無禮而用之○元刻作無禮節用之則必有貪利糾譑之名而且有空虛窮乏之實矣糾察也譑發人罪也譑音矯此無它故焉不知節用裕民也康誥曰弘覆乎天若德裕乃身此之謂也弘覆如天又順於德是乃所以寬裕汝身言百姓與足君孰不足也○宋本正文并引不廢在王庭句注無解今依元刻去之注百姓與足二句又見第二十卷注中不必定依今論語改此文

禮者貴賤有等長幼有差貧富輕重皆有稱者也稱尺證反○舊本不提行今案當分段故天子袾裷衣冕袾古朱字裷與衮同畫龍於衣謂之衮朱衮以朱爲質也衣冕猶服冕也諸侯玄裷衣冕謂上公也周禮公之服自衮冕而下如王之服也大夫裨冕衣裨衣而服冕謂祭服也天子六服大裘爲上其餘爲裨裨之言卑也以事尊卑服之諸侯以下亦服焉鷩冕絺冕皆是也士皮弁服皮弁謂以白鹿皮爲冠象上古也素積爲裳用十五升布爲之積猶辟也辟蹙其腰中故謂之素積也德必稱位位必稱祿祿必稱用由士以上則必以禮樂節之衆庶百姓則必以法數制之君子用德小人用刑量地而立國謂若王制天子之縣內九十三國也計利而畜民謂若周制計一鄉地利所出畜萬二千五百家度人力而授事謂若一夫受田百畝使民必勝事事必出利利

足以生民皆使衣食百用出入相揜百用雜用養生送死之類出出財也入入利也揜覆蓋也出入相揜謂量入爲出使覆蓋不乏絶也必時臧餘謂之稱數足用有餘則以時臧之此之謂有稱之術數也故自天子通於庶人事無大小多少由是推之故曰朝無幸位民無幸生此之謂也上下所爲之事皆以稱數推之故無徼幸之徒無德而祿謂之幸位惰游而食謂之幸生也輕田野之稅平關市之征平猶除也謂幾而不征也省商賈之數省減也謂使農夫衆也罕興力役無奪農時如是則國富矣夫是之謂以政裕民此以政優饒民之術也

人之生不能無羣羣而無分則爭爭則亂亂則窮矣窮困故無分者人之大害也有分者天下之本利也本當

爲大而人君者所以管分之樞要也樞戶樞也故美之者是美天下之本也美謂美其有分○美之安之貴之三之字皆謂人君安之者是安天下之本也貴之者是貴天下之本也古者先王分割而等異之也以分割制之以等差異之故使或美或惡或厚或薄或佚或樂或劬或勞美謂褒寵惡謂刑戮厚薄貴賤也在位則佚樂百姓則劬勞也非特以爲淫泰夸麗之聲將以明仁之文通仁之順也仁謂仁人也言爲此上事不唯使人瞻望自爲夸大之聲將以明仁人乃得此文飾言至貴也通仁人乃得此順從言不違其志也故爲之雕琢刻鏤黼黻文章玉謂之雕亦謂之琢木謂之刻金謂之鏤白與黑謂之黼黑與青謂之黻青與赤謂之文赤與白謂之章使足以辨貴賤而已不求其觀不求使人觀望也古亂反○不求其觀言非以

此爲觀美也爲之鍾鼓管磬琴瑟竽笙使足以辨吉凶合歡定和而已不求其餘和謂和氣餘謂過度而作鄭衛者也爲之宮室臺榭使足以避燥溼養德辨輕重而已不求其外德謂君上之德輕重尊卑也外謂峻宇雕牆之類也詩曰雕琢其章金玉其相亹亹我王綱紀四方此之謂也詩大雅棫樸之篇相質也亹亹勸勉之貌言雕琢爲文章又以金玉爲質勉力爲善所以綱紀四方也與詩義小異也若夫重色而衣之重味而食之重財物而制之合天下而君之重多也直用反非特以爲淫泰也固以爲王天下治萬變材萬物材與裁同養萬民兼制天下者爲莫若仁人之善也夫故其知慮足以治之其仁厚足以安之其德音足以化

之得之則治失之則亂百姓誠賴其知也故相率而爲之勞苦以務佚之以養其知也知讀爲智誠美其厚也故爲之出死斷亾以覆救之以養其厚也厚恩厚也出死謂出身致死斷猶判也言判其死亾也覆蓋蔽也斷丁亂反○正文末一也字各本俱鈌今依上下例增誠美其德也故爲之雕琢刻鏤黼黻文章以藩飾之以養其德也有德者宜備藩衛文飾也故仁人在上百姓貴之如帝天帝也親之如父母爲之出死斷亾而愉者愉歡無它故焉其所是焉誠美其所得焉誠大其所利焉誠多是謂可其意也言百姓所得者多故親愛之也詩曰我任我輦我車我牛我行既集蓋云歸哉此之謂也詩小雅黍苗之篇引此以明百姓不憚勤勞以奉上

也鄭云集猶成也葢猶皆也轉餫之役有負任者有輓輦者有將車者有牽傍牛者事既成召伯則皆告之云可以歸矣○注末宋本作云可歸哉故曰君子以德小人以力君子以德撫下故百姓以力事上也力者德之役也力爲德所使役百姓之力待之而後功百姓雖有力待君上所使然後有功也百姓之羣待之而後和百姓之財待之而後聚百姓之埶待之而後安百姓之壽待之而後長皆明待君上之德化然後無爭奪相殺也父子不得不親兄弟不得不順男女不得不歡少者以長老者以養故曰天地生之聖人成之此之謂也古者有此語引以明之也今之世而不然厚刀布之斂以奪之財重田野之稅以奪之食苛關市之征以難其事苛暴也征亦稅也苛關市之征出入

賣買皆有稅也使貨不得通流故曰難其事不然而已矣不唯如此而已有掎挈伺詐權謀傾覆以相顚倒以靡敝之有讀爲又掎摭其事挈舉其過伺候其罪詐僞其辭顚倒反覆也靡盡也敝敗也或曰靡讀爲麋麋散也敝盡也○案禮記少儀國家靡敝釋文亾皮切正義亦有靡散一訓百姓曉然皆知其汙漫暴亂而將大危亾也汙漫皆穢行也漫莫半反是以臣或弒其君下或殺其上粥其城倍其節而不死其事者無它故焉人主自取之也粥其城謂以城降人以爲己利節忠節也此皆由上無恩德故下亦傾覆之詩曰無言不讎無德不報此之謂也詩大雅抑之篇

兼足天下之道在明分掩地表畝掩地謂耕田使土相掩表明也謂明其經界使有畔也刺中殖穀刺絕也中古草字多糞肥田是農夫衆

庶之事也守時力民（守時敬授人時力民使之疾力）進事長功（進其事業長其功利）和齊百姓使人不偷是將率之事也（將率猶主領也若今宰守）高者不旱下者不水寒暑和節而五穀以時孰是天下之事也（是天下豐穰之事非由人力也）若夫兼而覆之兼而愛之兼而制之歲雖凶敗水旱使百姓無凍餒之患則是聖君賢相之事也（○此下宋本提行今案當連爲一條）墨子之言昭昭然爲天下憂不足夫不足非天下之公患也（非公共之患也）特墨子之私憂過計也今是土之生五穀也人善治之則畝數盆一歲而再獲之（蓋當時以盆爲量考工記曰盆實二鬴墨子曰子墨子弟子仕於衛而反子曰何故反曰與我言而不當曰待汝以千盆授我五百盆故去之獲讀

爲穫然後瓜桃棗李一本數以盆鼓一本一株也鼓量也禮記曰獻米者操量鼓數以盆鼓謂數度以盆量之也言然後者謂除五穀之外更有此果實然後葷菜百疏以澤量葷辛菜也疏與蔬同以澤量言滿澤也猶谷量牛馬然後義與上同然後六畜禽獸一而剸車剸與專同言一獸滿一車黿鼉魚鱉鰌鱣以時別一而成羣別謂生育與母分別也以時別謂不夭其生使得成遂也一而成羣言每一類皆得成羣然後飛鳥鳧鴈若烟海遠望如烟之覆海皆言多然後昆蟲萬物生其閒昆蟲蚔螘蜩范之屬也除大物之外其閒又有昆蟲萬物鄭云昆明也得陽而出得陰而藏之蟲也○注螘字誤疑本是蝝字可以相食養者不可勝數也夫天地之生萬物也固有餘足以食人矣麻葛繭絲鳥獸之羽毛齒革也固有餘足以衣人矣夫有餘不

足非天下之公患也特墨子之私憂過計也天下之公患亂傷之也胡不嘗試相與求亂之者誰也我以墨子之非樂也則使天下亂墨子之節用也則使天下貧非將墮之也說不免焉非將墮毀墨子論說不免如此墨子大有天下小有一國天子諸侯將蹙然衣麤食惡憂戚而非樂墨子言樂無益於人故作非樂篇無樂則人情憂戚故曰憂戚而非樂也若是則瘠瘠則不足欲不足欲則賞不行瘠奉養薄也奉養既薄則不能足其欲欲既不足則賞何能行乎言皆由不顧賞也夫賞以富厚故人勸勉有功勞者而與之麤衣惡食是賞道廢也莊子說墨子曰其生也勤其死也薄其道也大觳郭云觳無潤也義與瘠同觳苦角反墨子大有天下小有一國將少人徒省官職省所景反上功勞苦與

百姓均事業齊功勞謂君臣竝耕而食饔飧而治若是則不威不威則罰不行上下縣隔故得以決蹄馭若君臣齊等則威不立矣○舊本正文俱作則賞罰不行賞字衍今刪賞不行則賢者不可得而進也罰不行則不肖者不可得而退也賞罰所以進賢而退不肖賢者不可得而進也不肖者不可得而退也則能不能不可得而官也不可置於列位而廢置也若是則萬物失宜事變失應上失天時下失地利中失人和賞罰不行賢愚一貫故有斯獘也天下敖然若燒若焦敖讀爲熬若燒若焦言萬物寡少如被焚燒然墨子雖爲之衣褐帶索嚽菽飲水惡能足之乎嚽與啜同惡音烏既以伐其本竭其原而焦天下矣故先王聖人爲之不然知夫爲

人主上者不美不飾之不足以一民也不富不厚之不足以管下也管猶包也不威不強之不足以禁暴勝悍也故必將撞大鐘擊鳴鼓吹笙竽彈琴瑟以塞其耳必將錭琢刻鏤黼黻文章以塞其目錭與彫同必將芻豢稻粱五味芬芳以塞其口塞猶充也然後衆人徒備官職漸慶賞漸進嚴刑罰以戒其心使天下生民之屬皆知己之所願欲之舉在是于也故其賞行舉皆也是于猶言于是言生民所願欲皆在于是也說苑亦作是于也○正文是于舊本俱作于是反將注語互易誤甚今改正下同皆知己之所畏恐之舉在是于也故其罰威其罰可畏賞刑罰威則賢者可得而進也不肖者可得而退也

能不能可得而官也若是則萬物得宜事變得應上得天時下得地利中得人和則財貨渾渾如泉源（渾渾水流貌如泉源言不絕也渾戶本反）汸汸如河海（汸讀爲滂水多貌也）暴暴如丘山（暴暴卒起之貌言物多委積高大如丘山也）不時焚燒無所臧之夫天下何患乎不足也故儒術誠行則天下大而富使有功（大讀爲泰優泰也使謂爲上之使也可使則有功也）撞鐘擊鼓而和詩曰鐘鼓喤喤管磬瑲瑲降福穰穰降福簡簡威儀反反既醉既飽福祿來反此之謂也（詩周頌執競之篇毛云喤喤瑲瑲皆聲和貌穰穰衆也簡簡大也鄭云反反順習之貌反復也○管磬瑲瑲元刻作磬筦將將案說文作管磬蹡蹡今從宋本又注反復也宋本與毛傳合元刻作反復之也非又此處宋本與下分段今不從）故墨術

誠行則天下尙儉而彌貧非鬭而日爭墨子有非攻篇非攻卽非鬭也旣上失天時下失地利則物出必寡雖尙儉而民彌貧物不能贍雖以鬭爲非而日日爭競也勞苦頓萃而愈無功愀然憂戚非樂而日不和說文云頓下首也萃與顇同上下不能相制雖勞苦頓顇猶將無益也鄭注禮記云愀然變動貌也詩曰天方薦瘥喪亂弘多民言無嘉憯莫懲嗟此之謂也詩小雅節南山之篇薦重也瘥病也憯曾也懲止也嗟柰何薦或爲荐

垂事養民垂下也以上所操持之事下就於民而養之謂施小惠也○宋本連上條今案當分段拊循之唲嘔之拊與撫同撫循慰悅之也唲嘔嬰兒語聲也唲於佳反嘔與謳同冬日則爲之饘粥夏日則與之瓜麩麩煑麥飯也丘舉反以偷取少頃之譽焉是偸道也可以少頃得姦民之譽然

而非長久之道也事必不就功必不立是姦治者也姦人爲治偷取其譽僡然要時務民僡然盡人力貌說文云僡終也要時趨時也務勉强也謂以勞役强民也僡子勞反要一饒反進事長功言上之功利也輕非譽而恬失民恬安也言不顧下之毁譽而安然忘於失民也事進矣而百姓疾之事雖長進而百姓怨是又不可偷偏者也言亦不可苟且偏爲此勞民之事也徒壞墮落必反無功雖苟求功利旋即毁壞墮落必反無成功也○徒壞元刻作徒壞故垂事養譽不可以遂功而忘民亦不可皆姦道也以用故古人爲之不然使民夏不宛暍使民謂役使民也宛讀爲蘊暑氣也詩曰蘊隆蟲蟲暍傷暑也或曰宛當爲奥篆文宛字與奥字畧相似遂誤耳奥於六反熱也冬不凍寒急不傷力緩不後時皆謂量民之力不使有所傷害事成功立

上下俱富而百姓皆愛其上人歸之如流水親之歡如父母為之出死斷亡而愉者無它故焉忠信調和均辨之至也（均平均辨明察也）故君國長民者欲趨時遂功則和調累解速乎急疾忠信均辨說乎賞慶矣必先脩正其在我者然後徐責其在人者威乎刑罰（自故君國長人已下其義未詳亦恐脫誤或曰累解解嬰累解釋也言君國長人欲趨時遂功者若和調而使嬰累解釋則民速乎急疾言效上之急不後時也若忠信均辨則民悅乎慶賞若先責己而後責人則民畏乎刑罰累音類解佳買反說讀為悅）三德者誠乎上則下應之如景嚮（三德謂調和解累忠信均辨正己而後責人也誠乎上謂上誠意行之也嚮讀為響或曰三德卽忠信調和均辨）也雖欲無明達得乎哉書曰乃大明服惟民其力懋

和而有疾此之謂也書康誥懋勉也言君大明以服下則民勉力爲和調而疾速以明效上之急也○元刻作惟民其勅懋和若有疾與今書同案注則宋本爲是今從之故不教而誅則刑繁而邪不勝教而不誅則姦民不懲誅而不賞則勤屬之民不勸屬也者謂箸於事業也屬之欲反屬或爲厲誅賞而不類則下疑俗儉而百姓不一不類不以其類謂賞不當功罰不當罪儉當爲險險謂徼幸免罪苟且求賞也故先王明禮義以壹之致忠信以愛之尚賢使能以次之爵服慶賞以申重之申亦重也再令日申時其事輕其任以調齊之時其事謂使人趨時不奪之也輕其任謂量力而使也潢然兼覆之養長之如保赤子潢與滉同潢然水大至之貌也若是故姦邪不作盜賊不起而化善者勸勉矣化善

化而爲善者也是何邪則其道易平易可行其塞固其政令一其所充塞民心者固其防表明隄防標表明白易識故曰上一則下一矣上二則下二矣辟之若中木枝葉必類本此之謂也譬讀爲譬中古草字

不利而利之不如利而後利之之利也不愛而用之不如愛而後用之之功也利而後利之不如利而不利者之利也愛而後用之不如愛而不用者之功也利而不利也愛而不用也者取天下矣利而後利之愛而後用之者保社稷也不利而利之不愛而用之者危國家也

觀國之治亂臧否至於疆易而端已見矣易與埸同端首也見賢遍反其候徼支繚候斥候徼巡也支繚支分繚繞言委曲巡警也其竟關之政盡察竟與境同盡察極察言無不察也是亂國已亂國多盜賊姦人故用苛察之政也入其境其田疇穢都邑露是貪主已露謂無城郭墻垣主貪財民貧力不足故露也○露元刻作路古通用今從宋本觀其朝廷則其貴者不賢觀其官職則其治者不能觀其便嬖則其信者不慤是闇主已便嬖左右小臣寵幸者也信者不慤所親信者不愿慤也主闇故姦人多容也凡主相臣下百吏之俗其於貨財取與計數也須孰盡察俗謂風俗取謂賦斂與謂賜與計數計算也須待也孰精孰也盡察極察也其於計數貨財必待精孰極察然後行言不節易急於貪利者也其禮義節奏也芒軔僈楛是

辱國巳禮義節奏謂行禮義之節文芒眛也或讀爲荒言不習孰也韌柔也亦怠惰之義僈與慢同楛不堅固也辱國言必見陵辱也其耕者樂田其戰士安難其百吏好法其朝廷隆禮其卿相調議是治國巳安難不逃難也觀其朝廷則其貴者賢觀其官職則其治者能觀其便嬖則其信者慤是明主巳凡主相臣下百吏之屬其於貨財取與計數也寬饒簡易不汲汲於貨財也其於禮義節奏也陵謹盡察是榮國巳陵侵陵言深於禮義也謹嚴也言不敢慢易也○案爾雅釋言淩慄也郭云淩慄戰慄釋文云案郭意當作陵然則陵謹義相近賢齊則其親者先貴能齊則其故者先官雖舉在至公而必先親故所謂故舊不遺則民不偷其臣下百吏汙者皆化而脩悍者皆化而愿躁

者皆化而慤是明主之功已躁暴急之人也觀國之強弱貧富有徵徵驗言其驗先見也上不隆禮則兵弱上不愛民則兵弱已諾不信則兵弱慶賞不漸則兵弱漸進將率不能則兵弱率與帥同上好攻取功則國貧民不得安業也○元刻無攻取二字上好利則國貧賦斂重也士大夫衆則國貧所謂三百赤芾○元刻作赤芾古通用工商衆則國貧農桑者少無制數度量則國貧不爲限量則物耗費下貧則上貧下富則上富百姓與足君孰不足故田野縣鄙者財之本也垣窌倉廩者財之末也垣築牆四周以藏穀也窌窖也掘地藏穀也穀藏曰倉米藏曰廩窌匹教反百姓時和事業得敘者貨之源也等賦府庫者貨之流也時和得天之和氣謂歲豐也事業得

敘耕稼得其次序上不奪農時也等賦以差等制賦貨財皆錢穀通名別而言之則粟米布帛曰財錢布龜貝曰貨也故明主必謹養其和節其流開其源而時斟酌焉節謂薄斂開謂勸課時斟酌謂賦斂賑卹豐荒有制也潢然使天下必有餘而上不憂不足如是則上下俱富交無所藏之是知國計之極也交無所藏言上下不相隱故禹十年水湯七年旱而天下無菜色者十年之後年穀復孰而陳積有餘無食菜之色也是無它故焉知本末源流之謂也故田野荒而倉廩實百姓虛而府庫滿夫是之謂國蹷蹷傾倒也伐其本竭其源而并之其末然而主相不知惡也則其傾覆滅亾可立而待也以國持之而不足以容其身

夫是之謂至貪是愚主之極也以一國扶持之至堅固也而無所容其身者貪也將以求富而喪其國將以求利而危其身古有萬國今有十數焉是無它故焉其所以失之一也皆以貪失之也君人者亦可以覺矣以此自覺悟也百里之國足以獨立矣此言無道則雖大必至滅亡有道則雖小足以獨立也

凡攻人者非以爲名則案以爲利也不然則忿之也凡攻伐者不求討亂征暴之名則求貨財土地之利不然則以忿怒不出此三事也爲于僞反○舊本不提行今案當分段仁人之用國將脩志意正身行用爲也行下孟反伉隆高伉舉也舉崇高高遠大之事致忠信期文理期當爲綦極文理謂其有條貫也布衣紃屨之士誠是則雖在窮閻漏屋而王公不

能與之爭名（紃條也謂編麻爲之麤繩之屬也或讀爲穿王公不能與之爭名言名過王公也）以國載之則天下莫之能隱匿也（載猶任也以國委任賢士則天下莫能隱匿言其國聲光大也）若是則爲名者不攻也（伐有道祇成惡名故不攻）將辟田野實倉廩便備用上下一心三軍同力與之遠舉極戰則不可（遠舉縣軍於遠也極戰若戰也境彼舉國欲與我如此則不可也）境內之聚也保固視可（其境內屯聚則保其險固視其可進謂觀釁而動也）午其軍取其將若撥麷（午讀爲迕遇也周禮籩人職云朝事之籩其實麷蕡鄭云麷熬麥今河閒以北煑種麥賣之名曰麷據鄭之說麷麥之牙蘖也至脆弱故以喻之若撥麷如以手撥麷也麷音豐）彼得之不足以藥傷補敗（藥猶醫也彼縱有所得不足以藥其所傷補其所敗言所獲不如所亾也）彼愛其爪牙畏其仇敵若是則爲利者

不攻也愛己之爪牙畏與我為仇敵為于偽反將脩小大強弱之義以持慎之慎讀曰順脩小事大弱事彊之義守持此道以順大國也禮節將甚文珪璧將甚碩貨賂將甚厚文謂敬事之威儀也珪璧所用聘好之物碩大也所以說之者必將雅文辯慧之君子也所使行人往說之者則用文雅禮讓之士說音稅彼苟有人意焉夫誰能忿之若是則忿之者不攻也為名者否為利者否為忿者否否不攻也為于偽反則國安於盤石壽於旗翼盤石盤薄大石也旗讀為箕箕翼二十八宿名言壽比於星也莊子曰傅說得之乘東維騎箕尾而比於列宿亦其類也或曰禮記百年曰期頤鄭云期要也頤養也○盤石即磐石旗翼以其行度之多天官書亦有旗星人皆亂我獨治人皆危我獨安人皆失喪之我按起而治之或曰按然後也故仁

人之用國非特將持其有而已也又將兼人不唯持其所有而已詩曰淑人君子其儀不忒其儀不忒正是四國此之謂也曹風尸鳩之篇

持國之難易論守國難易之法也○舊本不提行今案當分段事強暴之國難使強暴之國事我易事之以貨寶則貨寶單而交不結約信盟誓則約定而畔無日約已定隨即畔之無日言不過一日文子作約定而反無日也割國之錙銖以賂之則割定而欲無猒十黍之重爲銖八兩爲錙此謂以地賂強國割地必不多與故以錙銖言之猒一占反韓詩外傳作割國之彊垂以賂之也○案今本說文云銖權十分黍之重也以禾部云十二粟爲一分十二分爲一銖訂之則當爲權十二分黍之重也楊云十黍之重爲銖蓋用許說而轉寫脫誤八兩爲錙又用禮記儒行鄭注

（與說文六銖異）事之彌煩其侵人愈甚必至於資單國舉然後已（單盡也國舉謂盡舉其國與人也）雖左堯而右舜未有能以此道得免焉者也辟之是猶使處女嬰寶珠佩寶玉（嬰繫於頸也寶謂珠玉中可寶者）負戴黃金而遇中山之盜也雖爲之逢蒙視詘要橈膕君盧屋妾由將不足以免也（逢蒙古之善射者詘與屈同要讀爲腰橈曲也膕曲脚中古獲反盧當爲廬由與猶同言處女如善射者之視物謂微眇不敢正視也既微視又屈腰橈膕言俯伏畏懼之甚也君盧屋妾謂處女自稱是君廬屋之妾猶言箕帚妾卑下之辭也雖畏懼卑辭如此猶不免劫奪也〇逢蒙視言不敢正視也不必引善射人淮南子有籠蒙目視語君盧句疑有詭字）故非有一人之道也（謂不能齊一其人同力以拒大國也）直將巧繁拜請而畏事之（但巧爲繁多拜請以畏事之也）則不

足以爲持國安身故明君不道也恥辱如此雖得免禍亦不足以爲持國安身之術故明君不言也必將脩禮以齊朝正法以齊官平政以齊民然後節奏齊於朝齊整也節奏禮之節文也謂上下皆有禮也百事齊於官百事皆有法度衆庶齊於下上政均平故民齊一如是則近者競親遠方致願致極也極願來附也上下一心三軍同力名聲足以暴炙之名聲如日暴火炙炎赫也威強足以捶笞之拱揖指揮而強暴之國莫不趨使譬之是猶烏獲與焦僥搏也烏獲秦之力人舉千鈞者焦僥短人長三尺者搏鬬也故曰事強暴之國難使強暴之國事我易此之謂也

荀子卷第六

傳古樓景印

“四部要籍選刊”已出書目

序號	書名	底本	定價 / 元
1	四書章句集注（3 册）	清嘉慶吴氏刻本	150
2	阮刻周易兼義（3 册）	清嘉慶阮元刻本	150
3	阮刻尚書注疏（4 册）	清嘉慶阮元刻本	200
4	阮刻毛詩注疏（10 册）	清嘉慶阮元刻本	500
5	阮刻禮記注疏（14 册）	清嘉慶阮元刻本	700
6	阮刻春秋左傳注疏（14 册）	清嘉慶阮元刻本	700
7	楚辭（2 册）	清初毛氏汲古閣刻本	100
8	杜詩詳注（9 册）	清康熙四十二年初刻本	450
9	文選（12 册）	清嘉慶十四年胡克家影宋刻本	600
10	管子（3 册）	明萬曆十年趙用賢刻本	150
11	墨子閒詁（3 册）	清光緒毛上珍活字印本	150
12	李太白文集（8 册）	清乾隆寶笏樓刻本	400
13	韓非子（2 册）	清嘉慶二十三年吴鼒影宋刻本	98
14	荀子（3 册）	清乾隆五十一年謝墉刻本	148

圖書在版編目（CIP）數據

荀子 /（戰國）荀況撰．-- 杭州 ：浙江大學出版社，2018.7（2024.8 重印）
（四部要籍選刊 / 蔣鵬翔主編）
ISBN 978-7-308-18116-7

Ⅰ．①荀… Ⅱ．①荀… Ⅲ．①儒家②《荀子》—注釋 Ⅳ．①B222.62

中國版本圖書館 CIP 數據核字（2018）第 065350 號

荀子
（戰國）荀況 撰

業書策劃　陳志俊
業書主編　蔣鵬翔
責任編輯　王榮鑫
責任校對　田程雨
封面設計　温華莉
出版發行　浙江大學出版社
（杭州市天目山路 148 號　郵政編碼 310007）
（網址：http://www.zjupress.com）
排　　版　杭州尚文盛致文化策劃有限公司
印　　刷　浙江海虹彩色印務有限公司
開　　本　850mm×1168mm 1/32
印　　張　23.75
字　　數　218 千
印　　數　1301—1800
版 印 次　2018 年 7 月第 1 版　2024 年 8 月第 3 次印刷
書　　號　ISBN 978-7-308-18116-7
定　　價　148.00 元（全三册）

浙江大學出版社發行中心聯繫方式：（0571）88925591；http://zjdxcbs.tmall.com